法律宝典

—— 民事篇

侯兴政 编著

上海交通大学出版社
SHANGHAI JIAO TONG UNIVERSITY PRESS

内容提要

作者具有十余年律师实务经验,洞悉哪些民事法律规范是为民众所必需的法律常识;作者在上海交通大学从事法律教学工作十七年,知道怎样的表达可以更有效率和质量。本书覆盖了实践中最为重要的民事法律领域,包括民事诉讼证据规则、民事诉讼的管辖、婚姻、继承、房屋买卖、消费者权益保护、民间借贷、机动车保险及机动车事故等。

本书以问题为导向,以法律规范为依据,以案例为范本,力求做到法理说透,结论易懂,建议明确。对于涉及的法律领域,本书全面梳理了常见的法律问题,在援引法律规范的基础上,分析法律上的利害关系,并给读者提出明确的法律风险防范的建议,寄望成为民众生活的法律指南。

图书在版编目(CIP)数据

法律宝典.民事篇 / 侯兴政编著. —上海:上海
交通大学出版社,2016(2018重印)
ISBN 978-7-313-14159-0

Ⅰ.①法⋯ Ⅱ.①侯⋯ Ⅲ.①法律–中国–问题解答
②民法–中国–问题解答 Ⅳ.①D920.5②D923.05

中国版本图书馆 CIP 数据核字(2015)第 307437 号

法律宝典
——民事篇

编　　著:侯兴政
出版发行:上海交通大学出版社　　　　　地　　址:上海市番禺路 951 号
邮政编码:200030　　　　　　　　　　　电　　话:021-64071208
出 版 人:谈毅
印　　制:常熟市文化印刷有限公司　　　经　　销:全国新华书店
开　　本:787mm×960mm　1/16　　　　印　　张:19
字　　数:266 千字
版　　次:2016 年 1 月第 1 版　　　　　印　　次:2018 年 7 月第 3 次印刷
书　　号:ISBN 978-7-313-14159-0/D
定　　价:45.00 元

法律宝典

　　中国现行有效的法律有多少部？这是个让你感觉到庞大的数字。仅全国人大及其常委会层面制定的就有二百余部，如果加上国务院制定的行政法规、国务院所属各部门制定的行政规章、地方制定的地方法规、地方规章，只能形容成汗牛充栋了①。有的读者虽然受过法律训练，但是在离开考场的一刹那已经将所有的枯燥的法规全部快乐地抛弃了。于是乎，发生一起法律事件或者行为时，用哪部法律去处理，如何处理，这确实让人抓狂。更何况法律本来就已经被描述成一门高深学科，当然，从事法律工作的人也乐意其他人有这样的设想，因为只有大家这样想，法律职业才越吃香，价值才更高。

　　一个成功人士，应该有一个医生朋友，还应该有一个律师朋友。如今越来越多的人有这样的共识，遇到法律问题，需要寻求专业律师的意见。如果

---

　　① 时任全国人大常委会吴邦国委员长 2011 年 3 月 10 日上午向十一届全国人大四次会议作全国人大常委会工作报告时说，到 2010 年底，我国已制定现行有效法律 236 件、行政法规 690 多件、地方性法规 8 600 多件，并全面完成对现行法律和行政法规、地方性法规的集中清理工作。另据中国法学会《中国法治建设年度报告(2014)》显示，截至 2014 年 12 月底，中国除现行宪法外，现行有效的法律共 242 件，行政法规共 739 件。

你有钱,找个律师不成问题;如果你不懂法,你可能不知道如何找到一个好律师;如果你不懂法,你可能会付出更高昂的费用,却不一定能收获好的结果。道理很简单,如同我们去4S维修、保养你的爱车,如果你对车懂一些,你就知道服务人员建议你换的刹车是否确实有换的必要,如果你不懂却草率地拒绝了建议,内心的忐忑是次要的,危害到安全才是要紧的;如果你不懂,驯服地听取了工作人员的建议,结果可能换掉了尚好的刹车,甚至换了一个劣质刹车,花了冤枉钱。

写一本人人看得懂的法律宝典,是我一直以来的愿望。现在有不少法律书籍难以让非专业人士看得懂,它们要么是法律汇编,要么是教材式图书,从法律关系着手,先是概念,接着是理论,最后是实践的总结,语言复杂、生涩。他们哪里晓得我们普通人并不需要去懂得整个体系,不需要去理解概念,也不想深入掌握某个部门法的全部核心内容。我们唯一关心的是发生了一个具体法律问题时,能快速地从中找到直白的答案。所以,这本书一定是问题导向的,打开这本书的目录,就能找到平常生活遇到的最常见的法律问题,在对应的正文处你就可以找到解决这个法律问题的答案。它会告诉你明确的法律依据,会告诉你法律后果,会向你解释为什么会是这样,最重要的是它将会告诉你:我应该怎么做。

生活的海洋宽广浩瀚,我无法涉及生老病死的方方面面,但是结婚与离婚、死亡与继承、卖房与买房、消费欺诈与权益保护、民间借贷、机动车保险与事故等却是当今下最大多数公众最密切相关的问题。

面对最平凡的生活,接触到最基层的地气,通俗易懂的语言,依据现有法律,专注于社会公众生活普遍涉及的领域,不追求教育公众成为法律专家,而追求使公众建立初步的法律风险防范意识、防范能力和解决具体的法律问题的能力。

2014年在德国汉诺威大学访问时,时差让我每每在当地时间凌晨三点多钟就会醒过来,窗外的雪地泛出的白光穿透房间的暖意,多了清凉,打开一盏台灯,把自己笼罩其中,每日竟然能写三五千字。归国后迫于琐碎工作的压力,搁置在侧,然而工作中遇到的越来越多鲜活的事例告诉我不能再容忍自己继续拖沓下去,因为我感受到了常识性的法律被需求的程度正在以从未有过的烈度被激发出来。所以,虽然还有很多不满意的地方,但是毕竟可以先把它呈现出来,再容我尔后慢慢挖掘、打磨、完善。

我相信这本书会成为社会公众的法律指导手册,比法律易懂,比个案可靠。笔者建议这本书不要放在你的书架上,那儿的书是让人看封面的;我想你会把它放在床头,睡前拿起来一看,会心一笑,然后踏实躺下,因为你又掌握了重要一招。

作者

2015 年夏于上海

法律宝典

目　录

1

法律宝典

一、拼爹、拼金钱、拼关系还是拼法律

1. 拼爹变成坑爹

拼爹的前提是有一个管用的爹,位高权重最好,至少也得有个一官半职,但凡你遇到麻烦,你爹就可以出马,靠他在官场的一张脸,人家给他面子;或者靠他的职位掌握的权力,和他人交换。因此,你酒驾不幸发生交通事故,你可以振臂一呼,我爸是某某;酒后失控非礼了女子,你也可以面无惧色,告诉他:爱告就去告,我爸爸是某某。

放在 2010 年以前,你喊一声真有用;会有人立马帮你去擦屁股;但是现在你喊一声试试看,你爸不仅帮不了你,你还会成一坑爹的主,虽然一人做事一人当,在法律上不搞连坐,但是出了你这档事,你爹不仅帮不了你,就是他自己都得惹麻烦。

过去几年发生了众多让人眼花缭乱的案例。在这里仅举两例。

2010 年的李启铭在河北大学校园内的交通肇事案,结果是一死一伤。

本来很普通的一起交通肇事案,普通得没有人会知道李启铭的名字,但是他说了句:我爸是李刚,结果是什么呢?而"我爸是李刚"让受众记住的可能不是李启铭,而是李刚,甚至促成了很多"李刚体"文学作品,也不能不说是一件偶然交通事故,一句没有过脑子的习惯成自然的话,促成了这样一段因果。

《刑法》第133条"违反交通运输管理法规,因而发生重大事故,致人重伤、死亡或者使公私财产遭受重大损失的,处三年以下有期徒刑或者拘役;交通运输肇事后逃逸或者有其他特别恶劣情节的,处三年以上七年以下有期徒刑;因逃逸致人死亡的,处七年以上有期徒刑。"按照李启铭的犯罪情节,刑期当在3年以上7年以下。法院在审理中认为:鉴于案发后,李启铭的父亲李刚积极赔偿死者家属46万元,伤者9.1万元,取得了被害方谅解,并且李启铭当庭表示认罪,悔罪态度较好,因此法院酌情采纳了辩护人对李启铭从轻处罚的意见。看到这儿,由不得让人有原来如此、一切尽在不言中的会意,毕竟李刚是当地区公安局主管刑侦的副局长。诸位读者,那么我来告诉你,李启铭最终刑期是6年,在法定刑的高处还是低处?

更引人注目的还有著名军中歌唱家李先生之子李某强奸案,李某双亲均是有名的歌唱家,而受害人仅是一外地在京打工小职员,据称同时在酒吧陪客。暂且不论其是否真是酒吧陪酒女,其外来打工小职员身份与李某及其父母身份相比,李家有大得多的社会影响力和资源调动能力,不少人从开始就相信李某会被轻判,甚至无需承担任何法律责任,而最终的结果是未满18周岁的李某被判处10年有期徒刑。同期审理的云南大关县机构编制委员会办公室主任的郭某某强奸年仅4岁的幼女案,一审判决结果是5年。我不敢妄言强奸普通女子造成的社会危害性大于强奸酒吧陪酒女的社会危害性,但是笔者还是同意强奸一个年仅4岁的女童比强奸一个成年酒吧陪酒女的社会危害性要大。说这句话有风险,估计会有人拍砖,但是我承认我还是这么想的,估计有不少人也是这么想的。现在来看,李某父母的身份和地位对李某案有多大帮助?结论不言自明:不仅没有能够帮助李某减轻多少刑罚,相反使得公安、检察、法院慎之又慎,从结果来看,笔者看只会重不会纵。

类似的现实仍会存在,这些例子提醒当事者以及当事者的爹,那就是在

第一章　解决法律问题靠什么

法律问题上拼爹越来越不可靠,弄不好,拼爹就会转化为坑爹,两者之间距离仅在毫厘间。为什么会有这样的现象,笔者会在后面专门做讨论。但是无论如何,这不是偶然发生的,而是有着深刻的社会原因,是必然的。为此,拼爹的风险正在变得越来越大。

2. 拼金钱、拼关系,何时才是个头

有人相信有钱能使"鬼推磨",有关系也能使关系人帮你推磨。唯金钱论者、关系论者忽略了一个基本的事实,那就是钱的多少永远是相对的,关系的深浅也是相对的。金钱、关系总是山外有山、人外有人,道高一尺,魔高一丈。遇到金钱比自己少、关系比自己浅的对手,你可以很容易摆平对方;但是如果遇到金钱比你自己多,关系比你自己更深的,结果就是对方把你摆平。但是彼此实力可能是此消彼长、动态变化的过程,占了优势的一方,可能会随着偶然的机会,优势会消失,比如家道中落、千金散尽,或者友朋退休、人走茶凉;原先劣势的一方却颇可能有三十年河东与河西的味道,家中有人得道了,或者生意有了起色,那是否要对原来的结果来个乾坤大扭转?

因此,如果社会真的按照拼钱、拼关系的手段来解决法律问题,那么每个人都置自己于不确定的状态之中,为了避免风险,只有不断地投入金钱、关系等成本,暂时得到的会被不断削减,在未来也面临极大的不确定性。结论:要么没有条件,要么成本过高、效益不确定。

拼钱、拼关系最终都是通过与掌握权力的人进行权钱交易、权权交易来实现利益企图,它一定要借助于见不得光的交易,它实现的结果一定或多或少背离了法律,接受了金钱贿赂或者利益交换的当权者就是枉法者,一旦东窗事发,轻则丢官降级,重则锒铛入狱,最悲哀的莫不是丢了自家性命。这种可能性过去似乎只存在于法律上,而现在越来越转化为现实可能性。

二、找到一个好律师最靠谱

1. 找个律师花费的成本和不找律师的风险,不言自明

爹不可靠、金钱不可靠、关系不可靠,那么在解决法律问题时,什么最可靠? 笔者告诉你:找到一个好律师比什么都重要。好律师的标准是什么?

3

我们怎样才能找到他们呢？发自内心的呼唤是不少人真挚的声音。

我们越来越具有这样的社会经验，那就是在很多专业领域，对于作为非专业人士的消费者而言，在消费时，总是有忐忑的恐惧，这个恐惧来自信息不对称。比如，你刚买了辆车，到4S里保养时，技术人员跟你说：你该换刹车盘了。换个刹车盘，少则几百元，你心里嘀咕是不是有这个必要呀。你陪着笑脸对技术员说：是不是还可以再用用呀？我的车才开了3万公里呀。技术员严肃地说：反正我和你说过了，换不换你自己决定，要是确定不换你在工作任务书签个字。技术员的义正词严让你的忐忑加重，暗思千万不要为省几百块钱而带来真的风险。这个决定对于不肯换刹车盘的你来说是好决定还是坏决定？有可能是技术员故意危言耸听，你损失了几百块钱；有可能技术员说的是正确的，你为了省几百块钱，结果真的发生了事故。那么，你还要不要再找4S店给你做保养呢？答案当然是肯定的，只是在下次找4S店时，你会希望找一个技术优秀，同时操守、品性良好的店而已。你会怎么找呢？有懂行的朋友推荐最好，没有懂行的朋友的话，你就要考虑：

首先，这家店在客户接待、维修流程等方面，至少显得貌似很规范。

其次，请值班经理推荐一个技术人员，你初次与他接触，虽然不了解，但是可以从外形精干、操作熟练上有个初步判断，对你提出的问题有问必答，而且答案合理。

第三，如果第一次安排的技术人员好，建立了信任，以后就可以专门找他了。

这套来自于经验的法则也可以贯彻去找一个好律师。虽然，找了律师会花费一定的成本，但是与其可以帮助你防范的风险相比较，显而易见，这个成本是足可以承受的。为了尽可能节省成本，并且找到一个优秀的律师，以下步骤应该是可以遵循的：口口相传是可靠的方法，你所信任的朋友、家人推荐律师，这个办法将会节省大量的时间而且有效。

2. 律师流派，总有一款适合你

律师界戏谑式的将律师划分为"死磕派"、"勾兑派"、"技术派"和"行为艺术派"。"勾兑派"通常指律师通过和公、检、法等公权力机关的不正当关系来影响诉讼,似乎还颇为流行,通常由皮条律师花钱请"红霞"带头引路,或买点"糖衣炮弹",跪求公、检、法等机关相关工作人员亲密关照。此为法律所不许,但由于潜规则大行其道。"技术派"通常是指律师通过自己娴熟的专业技能来达到诉讼目的,即以法为依据,正规地工作。"死磕派"的意思是依法辩护,但是和技术流派相比,行事方式更为高调,言语更为激烈,不以与公权力机关的对抗为惧,甚至以通过对抗给公权力机关施加压力来维护当事人的合法利益。比如在刑事案件办理过程中,穷尽刑事诉讼法所赋予的程序上的权利,对公安、检察、法院办案行为中的瑕疵进行猛烈攻击,或者使用一切方法对案件的处理设置障碍,维护当事人的利益。行为艺术派是指在刑诉中,律师在合法的前提下通过恰当的方式来影响诉讼,通常选择具有法律意义的行为或事件与办案人员进行法律价值交流。

在著名的陈某某"非法拘禁案"中,根据警方的陈述,事件源于2013年8月9日上午,司机郭晓刚开着铲车进场,自称平整已被拆除的建筑垃圾。受到阻拦后,司机离开。中午1点左右,司机返回,称老板让把铲车开回去,陈某某等人认为司机侵犯其合法财产,便手持自制的斧头,将铲车司机控制在车内,并往司机身上泼汽油。之后,陈某某等人多次报警,警方随后赶到现场。僵持25个小时后,10日下午两点半,警方将被扣的铲车司机解救出来,并以涉嫌非法拘禁的名义对陈某某刑拘。

此事一出,陈某某家属及代理律师一方,质疑警方在做局,故意设套诱使陈某某违法。陈某某的哥哥陈某某认为,平度警方是钓鱼执法,做局下套,就等陈某某"撞线"。陈某某的辩护律师向青岛市公安局提出复议申请,称"为了更好地保护陈某某家的财产权,包括防止宅基地被非法占用在废墟里的财物遭到毁坏,也为了避免事态进一步恶化,保护自己的人身权,申请人等留置司机和挖掘机后,拨110报警,从8月9日上午到8月10日下午,共报警18次,被申请人却未能依法履行法定职责。被申请人出警或者不及时或者未穿警服或者未依法接受申请人要求移交郭晓刚。"为此要求青岛市公安局"确认被申请人平度市公安局2013年8月9日至8月10日未按法定要求处理申请人等的报警违法。"2013年11月15日,针对青岛市公安局未作出复议决定向青岛市市南区人民法院依法提起诉讼。法院一直没有受理也没有裁定不予受理,经办律师于 2014 年 1 月 8 日到青岛市南区法院交涉,在这个过程中引发了轰动的"被袭警事件",法院法警指责代理律师袭警,哪知这个代理律师不好捏,随即向公安机关提出了诬告陷害的控告。整个过程,犹如一出舞台剧,情节也算跌宕。参与陈某某案的律师大多是网络大 V,在整个事件演变过程中,微博上的声音明显盖住了地方政府主导的传统媒体声音,而且赢得了更多的信任;事件的主角俨然已经由陈某某转化成了代理律师。代理律师在代理过程中,与平度公安局、青岛公安局、市南区法院均发生剑拔弩张的对抗,这些对抗通过微博等自媒体的传播,不论传播信息本身的客观性有几何,公众中先入为主的同情与对政府官员的反感,强化了对陈某某的支持力量。

而行为艺术派律师,在实务中则也越来越多,有的律师为了当事人申请到政府主管机关或者司法机关游行示威,有的律师给法官送红薯,寓意"当官不为民做主,不如回家种红薯",有的律师高调宣布绝食,以赢得公众关注。

3. 怎样的律师合乎你的需要

一旦你需要律师,你要慎重考虑你需要的是哪一类律师。

如果你自己没有关系,而又迷信所谓的关系,那么"勾兑派"律师首当其选。但是你要保持清醒的是,不要片面相信一些"勾兑派"律师的口头承诺,"包在我身上"、"全部给你搞定",越是这样的话,越是要清醒。要把"勾兑派"律师的报酬与案件的结果相挂钩,根据绩效来支付律师费,尤其是要把大部分律师费在绩效确定后再支付。这样,即使"勾兑派"律师不靠谱,也不会发生大的损失。怕的是,"勾兑派"律师先把你忽悠了,事情还没有办就付了很多钱,付了钱也没有合同,没有收据。将来事情没有办成也是有苦说不出。因此,请"勾兑派"律师,一要谈好付款条件,尽可能在事情办成后付款;二要把"勾兑派"的承诺写清楚,免得将来说不清楚;三是付款要有发票或者收据。当然,如果你把这些条件提出来,大多数"勾兑派"律师都会拒绝和你合作了,因为这样做,他们的风险太大,在这种情况下,你还要不要继续与他合作,你好自为之吧。

如果你的案子是个需要与公检法激烈对抗,或者对手是政府机关的案子,比如涉嫌黑社会案、拆迁案件等,这些案件中,推动案件解决的有效方式是与公检法较真,与政府机关较真,这个时候,"死磕派"律师可能是个好的选择。"技术派"和"死磕派"最大的区别在于"技术派"更温和,因此在一些非必要与公权力机关激烈对抗的案件中,比如大多数民商类案件中,案件的结果不在于给法院施加多大的压力,而在于用庭审陈述、代理词以及其他理性方式与法官沟通,让法官更易于接受本方的观点,这个时候,技术派的律师就是个好的选择。

所谓的纯粹的行为艺术流派,不在笔者的推荐之列,虽然恶俗是每个人的权利,但是拒绝与恶俗亲近是你们的权利。

4. 优秀律师的闪光点

每个优秀的律师都有很多的不同,但是透过这些不同,让笔者来帮你揭示他们共有的闪光点。如果你很容易就从一个律师身上发现他具备这些闪光点,那么毫无疑问,他就是一个优秀律师。一个优秀的律师,应当有优秀的专业素养,应当有尊崇法律的信念,应当善于沟通但是不轻易放弃原则立场,应当有面对困境而不轻言放弃的精神。

优秀的专业素养表现在熟悉法律规范的核心内容。以事实与依据,以法律为准绳是法律适用的基本原则。只有准确、全面地掌握法律规范的具体内容,才有可能正确适用法律。虽然所有的律师都通过了律师资格考试或者司法考试,但是现行有效法律多达 200 多部,还有数量众多的行政法规,司法解释更是神秘而且汗牛充栋;中国社会的发展日新月异,体现在立法领域就是法律修订的频率不是一般的快,因此,没有学习精神的故步自封的律师、不能掌握现代网络手段,缺乏有效学习手段或者学习能力的律师,会被淘汰。

优秀的专业素养还表现在具有高超的洞悉法律事实本质的能力。法律规定是死的,而社会现实千差万别。特定的法律事实中,从故事的角度看都很简单,但是从法律的角度去看的时候就变得异常复杂。涉及几种法律关系?各种法律关系的性质是什么?在各个法律关系中各方当事人的权利和义务的内容应当是什么?这需要律师具有大局观,能够从纷纭复杂的表面现实中厘清。

优秀的专业素养还表现在具有优秀的证据搜集、整理和归纳的能力。哪些材料对本方不利不能提供,哪些证据材料需要进行公证,哪些材料需要申请法院调查取证,材料提供的先后顺序如何安排等,在案件筹划阶段就要有系统考量。一个真正优秀的律师不仅在于对法律规定如数家珍,而且在于搜集、整理、归纳证据的能力。

优秀的律师应当有尊崇法律的信念。如果一个律师动不动就把我和法官很熟,我能搞得定之类的话挂在口头,只能表明他缺乏依法维护当事人利益的决心与勇气,而决心与勇气的缺乏比能力的欠缺更为可怕。既然为了利益,而不是出于职业操守而有维护当事人利益的动力,那又怎能保证他不会为了利益,而放弃职业操守,进而损害当事人呢?

优秀的律师应当善于与当事人沟通,善于与法院等公权力机关沟通。在与当事人的沟通中,律师能保持自己独立的见解至关重要,这需要律师有独立见解的能力,更需要有独立见解的品质,不人云亦云。因此,不要轻信那些只会顺着当事人想法而言说的律师,他们附和着你的观点或者意见,稍后他却又附和法官对你不利的意见或者观点了。

优秀的律师应当有面对困境不轻言放弃的精神。法律事务,尤其是诉讼事务,存在着对抗,甚至是激烈的对抗,有时候对抗的不仅是对方当事人,甚至对抗的是公权力机关。律师应当有勇气依据法律竭力维护当事人的利益。不要因为对方当事人的激烈言行而畏惧,不要因为公权力机关的,尤其是办案法官对当事人不利的观点的陈述就自己画地为牢,进而在整个进程中不敢据理力争。只要案件没有结束,依法竭尽全力维护当事人利益的意气就不能丢。即使案件本身对当事人不利,也要有敢于垂死挣扎的勇气。只有这样做,才能实现当事人利益的最大化。

三、公众缺乏的是什么

法律从未宣称自己是万能的,在调整社会生活的众多社会规范之中,法律只是其中之一。但是在调整权利、义务的问题上,法律注定会是最重要的规范。

权利、义务本身就来自于法律的赋予,权利的实现、义务的遵循中,当然某些时候会与纪律、道德等规范关联在一起,但是归根结底还是取决于法律。

一个有着好爹,或者好干爹,或者由于其他原由而拥有权力、金钱等社会资源的人,确实可以通过这些资源的调配,在法律关系的处理中取得某些便利条件,但是不要寄希望于由此改变基本法律事实,或者改变基本法律事实的性质及其法律后果。为此,处理一个具体的法律关系,当事者的强大不在于所谓的拼爹、拼金钱、拼关系以期使得黑白颠倒,而是通过这些资源的运用,赢得更加全面、充分地阐释基本事实以及对于法律适用的观点的机会。如此做法,虽然已经属于不妥当,但是在当今之中国,却也是存在的现象。虽然危害了法治,但是却也是一个现实的折中而有效的选择了。

公众需要强化法律风险防范的能力,而不仅是增加法律知识。法律风险防范能力的高低与掌握的法律知识的多少确实存在着关联,掌握的法律知识多,在某种程度上可以帮助我们了解在一个具体的法律事实中,法律关系的主体的权利和义务的内容,及由此而产生哪些法律风险点,进而有助于防范或者降低法律风险发生的概率。但是即使你精确了解法律规定,清楚知道某项法律事实中存在的法律风险,但是你视法律为无物,忽略了这些风险,那么你懂得这些法律又有什么用呢,丝毫不能帮助你防范法律风险。所在,在法律风险防范中,首要的是建立对法律的信仰。无须承认法律是万能的,但是绝对不能视法律为浮云,最妥当的就是承认法律是最重要的之一。就是说要信任法律已经成为社会最重要的规范,不以你是谁而发生转移。要把遵循法律作为维护自己权利的最后依靠,要把遵循法律作为履行自己义务或者职责的底线。确实有很多社会现实让你忽略了这样的判断,但是如果你是个智慧人,你就应当坦率地承认这一点:金钱、权力等确实可以给你带来便利,但如同我们刚才所讨论的,无论如何,它不可能超越法律。如果你对法律心存敬畏,知道这是底线,不能轻易碰,至少你不会有大的风险;但是如果你视法律为儿戏,盲目相信凭金钱、权力、关系可以搞定一切,那么终有一天你搞不定之时,此时的风险已经非你所能承担。

法律宝典

一、诉讼时效

过时不候,这句话在维护自己权利的问题上同样适用。法律赋予当事人享有的诸多权利如被他人侵犯时,当事人有权向法院或者仲裁委员会等机构提出诉讼或者仲裁请求,请求法律的保护,但是切记:请求法律保护是有时间限制的,当超过了法律规定的期限后,当事人虽然仍然有权向法院起诉或者仲裁委员会提起仲裁,但是会丧失"胜诉权",也就是说法律将不再给予强制性的保护。既然如此,行使起诉权也就没有什么实质性的意义了,除非你只是所谓的"为了一口气"而已。所以,如果你希望你的权利能够得到法律的保护,一定要在诉讼时效期限内采取法律行动。

民事诉讼时效的长度一般是 2 年,有四种特殊情形是 1 年,有两种特殊情形是 4 年,有一种情形是 3 年。属于 1 年情形的是:身体受到伤害要求赔偿的;出售不合格的商品没有声明的;延付或者拒付租金的;寄存商品灭失或者毁损。属于 4 年的情形的是:国际货物买卖合同;国际技术进出口合同。

诉讼时效期间为 3 年的情形针对的是环境污染损害赔偿。对于普通的公众而言,倒无必要去记住各种情形下诉讼时效具体的时间长度,重要的是要有诉讼时效风险的意识,要知道法律上存在一个时间界限,不能无节制地拖延不采取任何行动,至于时效到底是多长,可以在事发时查阅法条或者咨询律师就好了。

诉讼时效应用的难度在于从什么时候开始计算,截止到哪一天结束。

无论具体时效长短,所有时效的起算点均是当事人知道或应当知道权利被侵害之日起开始计算,但是,无论诉讼时效的期限是多长,从权利被侵害之日起超过 20 年的,人民法院不予保护。

显然,权利实际被侵害之时,权利人并不一定知晓,权利人知晓时间点完全可能落后于实际被侵害时间点。毋庸顾虑的是,诉讼时效并不是从实际被侵害时开始起算,而是从权利人知晓或者应当知晓权利被侵害时开始计算。在一起借贷纠纷中,双方明确约定了还款时间,借款人未按照约定的时间还款,则应当还款而未还款日则是出借人应当知道权利被侵害之日。在一起房屋买卖合同纠纷中,买房人未按照合同约定时间付款,则约定付款日则是卖房人应当知道权利被侵害之日。

如果时效届满日是法定节假日,则顺延至法定节假日之后的第一个工作日。在一项货物买卖合同中,买方依约应在 2012 年 5 月 1 日支付货款,嗣后买方违约,未按照合同约定的时间如期支付货款,则 2 年诉讼时效的第一日为 2012 年 5 月 2 日,2 年的最后一日为 2014 年 5 月 1 日,由于 2014 年 5 月 1 日为劳动节法定假日,则其后的第一个工作日 5 月 2 日为时效的最后一天。

有无可能将诉讼时效的期限实际延长呢? 有时很实际哦,比如对方是长期客户,暂时资金周转困难,拖欠你货款,马上起诉的话担心影响双方关系,进而影响以后合作;不采取行动嘛,又担心诉讼时效届满。这可如何是好? 遇到这种情形,只要措施得当,就无须操心。根据法律规定,一旦权利人在诉讼时效期限内向义务人主张了权利,那么从主张之日起诉讼时效中断,重新计算。现在我可以给你支一招了。只要诉讼时效还没有满,哪怕今天是诉讼时效的最后一天,你给对方发份 EMS 或者挂号信,或者以任何其他可以证明的方式向对方催款就好。权利人可以通过这种方法将诉讼时效的实际期限充分地延长。但是要注意的是,向对方主张权利的方式一定是便于证明的,万一对方不讲诚信,而你主张权利的方式无法举证证明,那你就只能怪自己没有仔细看过这本书了。

如果不幸的是,你的诉讼时效期限届满了,而且你没有在诉讼时效届满前采取过任何有效行动向对方主张过权利,这个时候虽然还没有完全无望,但是濒临"死亡"了,能不能起死回生,主动权已经不在于你,而在于对方当事人。一是对方当事人不仅懂法律,而且更重诚信,因此即使明知已经过了诉讼时效期限,但是仍然具有道义上的驱动力主动履行债务。二是对方当事人不懂法律,这就给了你一个争取保护利益的机会。比如已经过了诉讼时效的应收账款,债权人给债务人发了张对账函,债务人在对账函上盖章或者签字确认,此时诉讼时效重新开始计算。所以,你要想方设法让对方在对账函上盖章或者签字,聪明的人不会指着对方鼻子说:你不签字我就去告你。你要知道你需要的是对方的配合,把对方逼得要赖了,无所顾忌了,你也要彻底没戏了。聪明的你可以演出一出戏:兄弟,我们公司最近年审需要对所有应收账款进行确认,麻烦你关心一下,盖了章后给我寄回来,快递费用我们公司付。对方不深究的话,就会给你盖了章了。这时候你可以指责对方说:你们太过分了,自己吃香喝辣,把我们的钱拖了这么久,你赶快付了,不然我就告你。

反过来,如果你是义务的承担人,你也就知道如何利用诉讼时效制度来免除法律上的责任了。

二、管辖权的运用

1. 地域管辖的主要规则

原告和被告在不同的地域,彼此之间发生纠纷,这个案件由哪个地域的法院管辖呢?在一个确定的区域,又有四个层级的法院,基层法院、中级法院、高级法院、最高法院,由哪个级别的法院管辖呢?以上两个问题的交集决定了最终有权管辖的法院。第一个问题被称为地域管辖,第二个问题被称为级别管辖。

原告起诉被告,如果原告和被告在不同的地区,对于原告而言,当然希望在本方所在地法院起诉,一来比在异地诉讼降低了诉讼成本;二来在本地诉讼降低了地方保护主义存在可能而增加的败诉风险。可惜,这个想法和法律的一般规定并不一致。由哪个法院管辖并不取决于原告的主观意愿,而是取决于法律关于管辖权的规定。原告就被告,是地域管辖的基本规则。也就是说,原告起诉被告需要到被告住所地法院起诉。法律的这条规定自然是有其合理性的,因为由被告所在地法院管辖,将会产生最大的一个便利,那就是未来判决生效后执行将更为便利。所以,无论你喜欢与否,原告起诉被告,一般情况下,需要去被告住所地的法院起诉。

如何确定被告的住所地呢？对于自然人而言,一般情况下依照其户籍所在地确认其住所地;如果自然人最近连续居住一年以上的地方与户籍所在地不一致,则以经常居住地为住所地。但是,如果是作为患者长期生病住院,不会将医院认定为住所地。对于法人或者其他组织,则依照其注册登记地为住所地,如果主要办事机构所在地与其注册登记地不一致的,则以其主要办事机构所在地为住所地。

上海闵行区一王姓男子和户籍在湖北的一盛姓女子在上海登记结婚,婚后因家务分担、经济收入等原因陷入恶战,经对话,双方均有意离婚,但女方提出要求男方另外支付 10 万元补偿费。由于男方不肯接受这个条件,女方离家出走再无归来,婚姻名存实亡。男方遂向闵行法院起诉要求离婚,法院告知他,由于最近一年以来女方一直是离家出走,在何处亦没有证据证明,为此闵行不是被告经常居住地,因女方户籍在也不在上海市闵行区,为此闵行区法院无权受理。法院建议男方去女方的户籍所在地湖北起诉。虽然本案还有其他办法可以来确定上海法院的管辖,但是繁杂。诉讼管辖这件事情,真不是可以随心所欲那么简单。

原告就被告是基本规则,但是这样一个基本规则同样存在着例外,这些例外可以改变基本规则的内容。它们分别是专属管辖、特殊地域管辖、约定管辖。

　　第一种例外是专属管辖的情形。与普通民众生活相关性最高的就是不动产纠纷和继承纠纷。不动产纠纷只能由不动产所在地法院管辖。关于房屋、土地等的所有权、使用权、相邻权纠纷属于不动产纠纷,而房产租赁、建设工程施工合同等纠纷,虽然与不动产的所有权、使用权、相邻权等无关,但是也会被作为不动产纠纷来据以确定管辖法院。继承纠纷则由被继承人死亡时住所地或者主要遗产所在地法院管辖。被继承人在死亡前在医疗机构接收治疗的,无论多长时间,也不能将医疗机构所在地认定为住所地。

　　第二个例外是法律设定了很多特殊管辖规则。在这儿介绍其中最常见的两个,一则是合同纠纷,另外一则是侵权纠纷。

　　合同纠纷,原告既可以在被告住所地起诉,也可以在合同履行地起诉。如果合同履行地与被告住所地不一致的话,和民事诉讼一般地域管辖规则相比较,原告多了一个选项,那就是合同履行地。所以,合同在哪儿履行,不仅关系到履行的费用由哪一方承担,而且关系到哪个法院有权管辖。上海振田有限公司和成都古都有限公司于 2003 年 4 月 19 日订立电脑买卖合同,振田公司出售 500 台电脑予古都公司,单价 5 800 元/台。合同约定买方根据需要确定下单时间,一旦下单,买方在 5 个工作日支付 30％款项;余款在验收合格后支付。双方约定,如果买方按约定时间支付 30％首付款,则卖方保证在 30 天内将货物送达成都机场;并且在买方支付全部款项后交付货物。后古都公司于 4 月 30 日下单,于 5 月 12 日将 30％款项汇出账户,5 月 13 日到达振田公司账户。由于当时恰逢中国发生非典型性肺炎事件,振田公司未能立即前往北京信息产业部办理入网许可证,导致货物在 7 月 30 日方送达成都机场。双方代表联合进行了验收,签署了验收合格说明,但是嗣后古都公司表示由于振田公司交货迟延,暂时无力支付款项。于是振田拒绝交货。在处理这起合同纠纷时,振田公司找到了笔者,明确表示要起诉对方,经过研究,笔者告知振田公司董事长,如果振田公司主动起诉对方,那么只能到成都的法院起诉对方。振田公司遂决定暂时不采取诉讼行动。三个月后,振田公司收到了古都公司在成都高新技术区人民法院起诉的应诉通知书等,赶紧把笔者找过去,质疑到:问什么我们起诉古都公司时,你告诉我们必须到古都公司所在地法院起诉,现在古都公司起诉我们,为什么没有到上海来起诉我们呢？如果看到此处,你也有与这位董事长一样的疑问,那说明你也有就管辖权普法的必要。本案属于合同纠纷,有权管辖的法院包括被告住所地或者合同履行地。本案标的物的交付地是成都,合同履行地就是成都。为此,位于上海的振田公司起诉位于成都的古都公司时,无论被告住所地还是合同履行地,均是成都,管辖的法院只能是成都地区的法院;而古都公司起诉振田公司时,既可以在被告住所地上海起诉,也可以在合同履行地成都起诉。这起典型的合同纠纷案例①揭示,合同纠纷最终由哪个地方的法院管辖,不仅在于法律的规定,还在于当事人在合同中约定的履行地点。所以在订立合同的过程中,关于履行地点的问题,不仅需要从履行合同的成本角度考虑,还要从一旦发生纠纷,管辖权的角度考虑。

侵权纠纷,由被告住所地或者侵权行为地法院管辖。侵权纠纷,是指因民事权益被侵犯而引发的纠纷。民事权益,包括生命权、健康权、姓名权、名誉权、荣誉权、肖像权、隐私权、婚姻自主权、监护权、所有权、用益物权、担保物权、著作权、专利权、商标专用权、发现权、股权、继承权等人身、财产权益。侵权行为将导致侵权行为人和被侵权人之间形成债权债务关系,债务人是侵权行为人,债权人是被侵权人。和一般民事诉讼管辖规则相比较,如果侵权行为地与被告住所地不一致,就使得原告增加了一个选项。侵权行为地,既包括侵权行为实施地,也包括侵权结果发生地。传统的侵权行为在确定侵权行为地时是比较容易的,但是一些新型的侵权纠纷在确定侵权行为地就存在着明显的不同,最典型的就是网络名誉侵权案件。

2008年10月著名导演谢某在参加母校上虞中学百年校庆时,夜间在宾馆因为心脏病发不幸离世。此后,宋某某和刘某某在自己的博客上写出诋毁谢某的文字:"谢某去世的前夜'一夜风流'""与刘某某有残障私生子"……谢

---

① 振田公司与古都公司买卖合同纠纷案是笔者本人所代理的案件,鉴于当事人不愿意公开其真实身份,为此案例中公司名称为虚构;但是所述案情皆忠实于事实,案件的管辖法院亦没有做掩饰。

某遗孀徐某某终于打破沉默,以一纸5 000字的诉状状告宋某某和刘某某,请求判令宋某某、刘某某停止侵害、撤销所发侵权文章、公开赔礼道歉并赔偿直接经济损失10万元及精神损害抚慰金40万元①。宋某某提出了管辖权异议,认为"根据我国《民事诉讼法》第二十九条规定,因侵权行为提起的诉讼,当事人有权选择由侵权行为地或被告住所地人民法院管辖。本案纠纷始于互联网,原告所诉可能产生的侵权行为的实施与结果均发生在互联网,故法律所规定的侵权行为的实施地、结果地是无法确定的,因此只能由被告住所地人民法院管辖。宋某某的住所在广州市荔湾区,刘某某的住所在上海市长宁区,二人因工作原因常在外但无经常居住地,故上海静安区人民法院针对本案无相应管辖权"。那么徐某某住所地上海市静安区人民法院对本案到底有无管辖权呢? 答案是肯定的。由于本案的侵权文字是在互联网络发表的,为此任何可以与互联网络连接的电脑终端所在地都可以成为侵权文字扩散地,进而该地事实上也是侵权行为实施地;徐某某本人所在地因此也是侵权行为发生地。同时,徐某某本人居住在上海市静安区,因此上海市静安区是侵权结果发生地。我们发现,在网络名誉侵权案件中,由于互联网的无限延展性,侵权行为发生地和侵权结果发生地无限拓展,原告可以根据自己的意愿和案件的具体情况,选择相应的管辖法院。

第三种例外是约定管辖。法律还允许当事人在合同中约定管辖的法院,因此在合同谈判中,有优势的一方就可以利用这种优势要求在合同中约定对本方有利的管辖法院。一般情形下,这种约定显然对一方有利,对另一方不利,而由于这种做法本身是法律允许的,因此,对于不利方而言,

---

① 资料来源:http://news.sohu.com/20090813/n265917062.shtml。静安法院判决结果如下:一、被告宋某某、刘某某立即停止对谢某名誉的侵害;二、被告宋某某、刘某某于本判决生效之日起10日内连续10天在新浪、搜狐、腾讯、网易网站首页,在华西都市报、新京报、成都商报、生活报、天府早报、扬子晚报醒目位置刊登向原告徐某某公开赔礼道歉的声明(致歉声明内容须经本院审核同意),消除影响,为谢某恢复名誉;三、被告宋某某、刘某某于本判决生效之日起10天内赔偿原告徐某某经济损失人民币89 951.62元;四、被告宋某某、刘某某于本判决生效之日起10天内赔偿原告徐某某精神损害抚慰金人民币20万元。如果未按本判决指定的期间履行给付金钱义务,应当依照《中华人民共和国民事诉讼法》第二百二十九条之规定,加倍支付迟延履行期间的债务利息。本案受理费人民币1 749.76元,由被告宋某某、刘某某共同负担。

一旦接受了这种安排,嗣后再想推翻就变得难乎其难。但是当事人在合同中的约定不能是任意的,所选择的法院之所在地必须与合同有着实质性的联系,包括:被告住所地、合同履行地、合同签订地、原告住所地、标的物所在地。意图推翻管辖权约定,可以从以下几个方面之任意一方面进行考量。思路之一是去研究约定的法院是否属于以上范围,如果不属于以上范围,则约定属于无效。思路之二是去证明对方当事人存在着欺诈、胁迫等情形。思路之三是,探究合同纠纷的类型是否属于法律所规定的专属管辖的情形,比如不动产纠纷,对于这些情形的纠纷,法律不允许当事人选择管辖的法院。思路之四是,探究当事人之间争议的事项是否超过了约定法院的级别管辖的范畴。

发包人宁波某公司将其投资设立于上海市青浦区的某子公司发包给潘先生承包,承包合同中约定:因本协议发生的一切纠纷由浙江省象山县人民法院管辖。后双方在履行合同中发生争议。鉴于发包人在象山县有较强的社会影响力,潘先生不希望由象山法院管辖,此时必须设法推翻双方在合同中关于管辖的约定。穷究本案的具体情况,最终唯一可行的措施是设计出超过象山法院管辖权限的标的额。潘先生起诉对方要求对方赔偿损失的金额是 180 万元,而当时浙江省基层法院管辖案件的金额是 200 万元以下。如果按照实际损失主张,则本案只能按照管辖权的约定由象山法院行使管辖权,则根据潘先生的估计在诉讼进程中将会遭遇重大困难,胜诉的可能性微乎其微;如果将诉讼的标的刻意提高到 200 万元以上,其中超过 180 万元的部分,即使潘先生本人也认为是没有任何事实基础和法律依据的。鉴于诉讼的标的额已经超过了象山法院有权管辖的范围,此时约定无效。潘先生可以按照合同诉讼管辖的规则,在被告住所地宁波市中级人民法院或者合同履行地上海市青浦区人民法院起诉。该两法院行使管辖权,使得宁波公司利用自己的势力影响诉讼的可能性大大减弱。假设潘先生的主张中 180 万元是有比较充分的事实和法律依据的,则其诉讼请求中的 180 万元将得到法院的支持,而没有事实和法律依据的部分,潘先生为之所付出的代价仅仅是支付给法院的诉讼费,与潘先生胜诉得到的收益相比,可以说微不足道。这个投资是值得的。①

管辖权问题是程序问题,并不涉及实体性问题,但是却不可避免地牵动着当事人的神经,因为它最终很可能会影响到实体性结果。因此,在诉讼的开始阶段,打的不是谁对谁错的实体问题,打的是应该由哪个法院来管辖的问题。

2. 管辖权异议是法律赋予当事人的程序权利

原告向法院起诉后,法院会向被告寄送应诉通知书等法律文件,在应诉通知书中会指定被告答辩的期限,该期限为 15 天。如果被告认为该法院对案件没有管辖权,应在答辩期限内提出管辖权异议,无论被告提出的管辖权异议是否符合法律的规定,法院都应该对被告提出的管辖权异议进行处理并且做出裁定,如果裁定驳回被告的管辖权异议的,被告还可以就此裁定予以上诉。管辖权异议制度是法律赋予民事案件中被告的程序权利,在很多案件中,被告提出的异议并无法律和事实依据,但是由于在处理管辖权异议期间,案件将不能进行实体审理,进而拖延了案件审理的进程,可以帮助被告实现一些特殊的目标。

上海某国有企业国药公司将其位于北外滩的一栋四层小楼出租给上海美梦公司,合同约定租期至 2014 年 12 月 31 日,租赁到期后,承租人拒绝将房屋交还出租方,出租方为此在虹口区人民法院起诉了美梦公司,要求被告返还房屋,支付占有使用费。对于一起租赁合同纠纷,常识告诉我们,租赁期满后,承租人应该将房屋返还给出租人,所以本案虽然还没有开始进行实体审理,但是可以预计案件的结果应该是法院判决支持原告诉请。美梦公司在收到法院的应诉通知之后,在 15 日答辩期限的最后一日向法院提出了管辖权异议,提出本案应该由被告注册地普陀区人民法院管辖,要求虹口法院将案件移送给普陀区法院。本案纠纷是房屋租赁纠纷,依据民事诉讼法司法解

---

① 潘先生与宁波某公司承保经营合同纠纷案中,笔者和另一前辈是潘先生之代理律师。关于管辖权的纷争,双方之间进行了长期的法律交涉。先后经过管辖权异议、对驳回管辖权异议的裁定提起上诉、法院指定管辖等多种情形。鉴于保守当事人秘密的出发点,本案中披露的当事人名称为虚拟,但是所述案情是从真实案情中简化、剥离而来,所涉及法院亦为真实。

释的规定,房屋租赁合同纠纷按照不动产纠纷,适用专属管辖的规则处理,为此本案应该由房屋所在地虹口区法院管辖。虹口法院确实裁定驳回了美梦公司提出的管辖权异议,对此裁定,美梦公司又向上海市第二中级人民法院提起上诉,虽然上诉最终也为第二中级法院驳回,但是通过管辖权异议的程序,被告为自己争取了近三个月的时间,达到了被告特殊的利益目标。

三、证据规则

处理法律问题的基本原则之一是以事实为依据,处理案件的基本环节之一是用证据证明事实。虽然现实中还存在虚假证据或者证据短缺的情形,但是法律上仍然确立了基本的举证规则,那就是当事人有义务提供证据来证明自己主张的事实。这样的举证规则被归纳为:谁主张谁举证。如果当事人不能提供证据的,那么他主张的事实就不能得到认定,并由此承担相应的不利的法律后果。所以在诉讼中,无论你自认为在道义上具有怎样的优势,只要没有证据,都无法转化为法律上的优势。

证据意识和证据能力是处理法律事务的核心。任何公众都不一定熟悉众多领域实体法律的内容,但是一定要有证据的意识和证据的能力。法律规定可以咨询具体的专家,可以临时抱佛脚,但是证据功夫在平时,临时抱佛脚起不了决定性的作用。也就是说,需要在法律事实进展的过程中,随时保存相应的证据,对于法律事实的每个环节、每个细节,都要设定相应的方式使其有可供证明的存在,并且将其妥善地存档、保管;而不是待法律事实结束了之后,去寻找已经结束事实的零碎凭证。我们很多的企业、个人仍然没有证据意识,甚至是极度缺乏证据意识,只片面着重业务,而忽略业务开展过程中的法律风险,忽略开展业务活动中各个环节证据的留存,一旦双方发生争议,此时就难以证明各个环节。

某家物流公司和另一生产企业建立了长期物流服务关系,交易的习惯是当生产企业需要物流公司提供运输服务时,就电话通知物流公司,物流公司派车运输。每个季度末,物流公司汇总金额,开具发票,与生产企业结算。由于生产企业拖欠款项,物流公司欲起诉生产企业。它提供的证据是开具的发票的存根。各位读者,发票是该物流公司单方开具的,发票的作成无须生产企业在发票存根上做任何签注等。如果可以通过开具的发票的存根就可以证明生产企业已经确实接受物流公司的相应金额的物流服务的话,那么物流公司就可以不用真正做生意了,在家里开发票就好了。要证明自己的主张,物流公司最好能提供派工单,派工单上应当有生产企业的印章或者由生产企业的相关人员签名;如果不能提供派工单,在将发票交付生产企业时,应当由生产企业加盖印章或者财务人员或者负责人签字确认收到。现在我们该对自己的日常工作和生活进行反思了,你是否会犯与物流公司同样的错误呢?

请你尝试着回答以下几个问题,如果超过半数以上的答案都是否定的,那么你真的要引起高度关注了。

● 与业务伙伴所有往来函件,包括邮件、书面函件、传真你都会存档吗?

● 给客户发送的快递的凭证上会清楚载明快递的内容与主题吗?

● 重大的事项你会在传真和电子邮件之后以书面函件的方式确认吗?

● 收到对方发送的货物,如果质量有问题,你会以书面函件向对方提出来吗?

● 发快递时,你会选择中国邮政的 EMS 或者挂号信并且将寄送凭证存档吗?

我们来澄清实践中几个最容易发生的证据问题的误解。

(1)证据的提交是否有时间限制?中国借鉴美国等国的证据制度,要求当事人在举证期限内提交证据,按照证据规则,除了符合新证据性质的证据,如果没有在一审的举证期限内提交,除非对方当事人同意质证,则其不能作为案件定案证据。所以,在诉讼进程中,无论是原告还是被告,在诉讼程序中最需要关注的问题之一就是清楚知悉法院给定的举证期限是多长。如果确实因为客观原因,无法在举证期限内提交相应证据,则应当在该期限内及时向法院提出延期举证的申请。在法院初期给你寄送的所有文件当中,最重要的文件就是举证通知书,举证通知书中会明确设定举证期限的截止时间。

(2)没有签订合同书是否影响合同的成立?没有盖章、没有法定代表人签字,合同是否有效?口头合同和书面合同的法律效力有没有区别?这几个问题是相互连接在一起的。根据我国法律规定,除非法律有特殊规定,当事人订立合同既可以采用书面形式,也可以采用口头形式,为此,一般的合同,当事人可以采用任意形式订立合同,包括口头形式。虽然法律允许这样的形式订立合同,但是口头形式订立合同最大的缺陷是口说无凭,如果没有其他证据相互佐证,而且对方当事人拒绝承认,则对它的证明就是一个麻烦的事情。所以,重要合同最好以书面形式订立,最好加盖对方公章。

（3）录音、录像资料可否作为证据？如果是取得被摄录人同意拍摄或者录音的内容,一般情况下作为证据是没有任何问题的。在实践中,争议的主要是用偷录、偷拍的方式取得的录音、录像资料是否可以作为证据。在这一点上,中国法律的规定是有变迁的,笔者在此只告诉大家现行规定是什么,免得混淆了大家的记忆。凡是合法手段取得的录音、录像资料可以作为证据,这就是现行规定。相对于合法手段的是非法手段,也就是说以非法手段取得的录音、录像资料不能作为定案依据。哪些手段是非法手段,法律并没有用一一列举的方式完全澄清。但是我们还是可以用举例的方式来分析哪些手段是非法或者合法的。比如,甲方和乙方是好友,甲方出借10万元人民币给乙方,但是没有要求乙方出具借条,更加没有签订借款合同,乙方久拖不还。甲方在和乙方对话的过程中,使用偷录设备进行录音,在录音中,乙方承认借款事实。此案例中,甲方使用的手段是合法的,录音资料可以作为定案证据。再比如,甲方在乙方的办公室安装了窃听器,或者使用设备对乙方的电话进行窃听,取得的录音资料中,乙方认可向甲方借款了10万元,但是由于取得该些录音、录像资料的手段是违法的,不得作为本案定案证据。再比如,某男与另一女子在婚外同居,其妻子通过跟踪方法知晓其行踪后,邀请家人朋友破门而入,强迫对丈夫和同居女子拍摄裸体照和录像资料,由于录音、录像使用了暴力的、限制人身自由的方法,因此也是非法的,不得作为定案证据。

自从关于录音、录像资料作为证据的新规则出台后,在司法实践中,当事人通过偷拍、偷录的方式取得证据,成为越来越普遍的现象。尤其是在中国这样一个不少人还不习惯有言在先的国家,在其权利被侵害欲提起诉讼时,经常会发现没有证据来证明自己的主张,允许用偷录、偷拍的方法来取证不失为一个有效的方法。但是用录音、录像的方式来取证也是有技巧的,在偷录、偷拍前应当事先设计好台词、脚本,既要防止打草惊蛇,又要问清楚关键问题,而且要确保对方对关键问题的回答不仅是嗯、呀等语气词,最好能让对方主动来说,如此对方事后再行否认的难度就大多了。

(4)快递如何发送?这个问题多简单呀,中国已经成为快递大国,快递已经成为传输物品和信息的重要方式,谁还不会发个快递呀。但是客观事实上,确实不少人不了解在快递寄送过程中需要从证据层面关注哪些要点。

2006年6月1日,买方和卖方签署《胶塞清洗机买卖合同》,合同就胶塞清洗机的买卖所涉事项进行了约定。合同约定总价款144.2万元人民币;买方在合同签订后1周内支付30%的预付款43.26万元人民币;交货期为预付款付款之日起6个月内交货;卖方逾期交货/安装,买方逾期付款,应按合同总价0.1%每天的比例,按日向对方支付逾期交货或者逾期付款的违约金,但是违约金总额不超过每台设备金额的3%。2006年6月7日,买方向卖方支付了43.26万元人民币预付款。2006年12月7日,卖方未能按约交付货物进行预验收,也未曾通知买方进行预验收。2007年1月30日,买方以快递方式向卖方发送《关于履行合同的函》(1月31日送达卖方),督促卖方交付货物,否则将解除合同。由于卖方仍未能交付货物,2007年3月6日,买方以快递方式向卖方发送《关于解除合同的函》(3月7日送达),通知卖方解除合同,要求卖方退还款项,进行清算。由于卖方拒绝退款,为此双方根据约定在中国国际经济贸易仲裁委员会上海分会进行了仲裁。庭审中,卖方称:我方从没有收到申请人发的两份函件,退一步说,即使我方收到了该两份函件,函件的内容也不是申请人所称的内容。

在一方主张给另一方寄送过书面函件,而另一方否认时,抗辩的主要方式与本案中卖方的抗辩方式如同一辙。为此,我们在寄送函件时,在细节上如何操作能够有效对抗这种抗辩呢?

首先,应当选择社会公信力较高的快递企业来寄送,中国邮政虽然速度可能比较慢,但是中国邮政属于国家邮政,它的快递凭证,包括送达的凭证等容易得到法院、仲裁委员会等的认可。如果对方否认收到了该快递,则可以到快递机构调取送达凭证,与发件联一并来证明快递行为的真实性。

其次,在填写快递凭证时,应当明确载明快递的文件名称或者主题,比如"关于要求解除 2006 年 6 月 1 日 LT180 ICOS - Austar 胶塞清洗机买卖合同的函"等。如果对方否认收到的函件的内容,则一般情况下,法官或者仲裁员会提出,快递凭证上已经明确载明了快递的内容,如果实际收到的内容与载明的内容不一致,为什么在收到快递之后没有及时提出异议?如果对方不能给出合理的解释,那么认定送达的内容就是快递凭证上载明的内容的可能性是很高的。

第三,对于特别重要的文件,比如催促履行合同、要求对方承担违约责任等,可以对发送的函件及其快递过程进行公证。公证机构出具的公证书是效力比较高的,一般情况下断然没有被推翻的道理。

(5)传真、电子邮件、qq 等的聊天记录能否作为证据?在商业活动中,传真内容的证明也是一件麻烦的事情,即使能够证明在某个时间点,两个号码的电话之间发生了一次通话,也无法证明其具体内容是什么。电子邮件的情况更为复杂,如果对方的用户服务器是其专有服务器,比如对方公司专有邮箱,那么通过该邮箱发送的内容还是容易证明,是对方难以否认掉的。但是很多人使用的邮箱是公众邮箱,而公众邮箱上并不实行实名制注册,为此在没有其他证据佐证的情况下,要去断定该邮箱地址与某个具体的人对应起来在逻辑上就很难成立。qq 聊天记录、微信内容、微博内容、博客内容等作为证据材料时存在与电子邮件类似的问题,那就是必须证明虚拟网络世界中的某个用户与真实世界中的某个具体的人的对应关系。如果有效地解决了这个问题,则它们的内容作为证据被认定的可能性当然是很大的;但是在实践中,最大的麻烦就是证明不了这个对应的关系。所以,如果是重大事项,即使双方为了沟通的便捷,使用的是邮件、传真等便捷方式进行沟通、谈判、达成一致等,建议最终也通过书面协议的形式来固定。同时,邮件、qq 聊天记录等存放于互联网络,为此在作为证据进行提交时,需要委托公证机构对相应的内容进行公证。

四、二审终审制度中的关键问题

中国实行的审级制度是二审终审制度,对一审判决不服的,可以向一审法院的上一级法院提起上诉。上诉的提起是有时间的限制的,外国当事人(包括外籍华人)上诉期限是 30 天,中国当事人上诉期限是 15 天。如果一个案件中一方当事人是外国人,另一方当事人是中国人,则双方的上诉期限各自分别计算。要确保上诉的提起没有超过法律规定的上诉期限,否则二审程序不会启动,一审判决将会生效。上诉期间的起算点是当事人收到判决书次日起开始计算;如果期限的最后一日是法定节假日或者周末,则顺延到假日结束后的第一个工作日;期间中间的法定节假日或者周末,计算在期间之内,不能扣除。举例说明:4 月 30 日收到法院寄送的一审判决书,假设第 15 天的 5 月 15 日是周六,则截止日顺延到 5 月 17 日。在上诉期限内,一审判决的法律效力处于不确定的状态。任何一方当事人或者双方当事人均提起上诉,则一审判决不生效,进入二审。没有当事人上诉,则上诉期限届满之后,一审判决生效。

案件当事人对一审判决不满,要采取的首要法律行动就是提起上诉。上诉期限届满,如果没有提起上诉,在法律上能采取的行动基本上很少了。要么是异常艰难的申诉,如果是热衷上访的,但是你得先掂量一下自己的心理素质能否承受其间的心理折磨,那种压力还真不是普通人可以承受的。

在上诉期限内,无论早或者晚,上诉行为的法律效力是没有差异的,不存在越早上诉越有利的说法。相反,笔者从个人经验出发,倒认为只要是在上诉期限内,上诉的提起稍晚一些是有利的选择,因为这将避免对方过早获知本方上诉的主要理由、依据的可能。一旦本方上诉状等过早提交给法庭,那么对方就有可能更早决定针对性的上诉方案。

五、一些特殊的民事案件实行一审终审

我国一般实行二审终审制度,但是在审理选民资格案件、宣告失踪或者宣告死亡案件、认定公民无民事行为能力或者限制民事行为能力案件、认定财产无主案件、确认调解协议案件和实现担保物权案件时,根据民事诉讼法

第十五章的规定,实行一审终审制。

为提高司法效率,降低社会运行成本,我国在近年设计了小额诉讼一审终审制度。适用一审终审的案件需要满足如下必要条件:① 事实清楚、权利义务关系明确,争议不大,案件简单;② 标的额为各省、自治区、直辖市上年度就业人员年平均工资 30% 以下的。

除了要满足以上条件之外,只有下列类别的金钱给付案件,才能适用小额诉讼程序审理:(一)买卖合同、借款合同、租赁合同纠纷;(二)身份关系清楚,仅在给付的数额、时间、方式上存在争议的赡养费、抚育费、扶养费纠纷;(三)责任明确,仅在给付的数额、时间、方式上存在争议的交通事故损害赔偿和其他人身损害赔偿纠纷;(四)供用水、电、气、热力合同纠纷;(五)银行卡纠纷;(六)劳动关系清楚,仅在劳动报酬、工伤医疗费、经济补偿金或者赔偿金给付数额、时间、方式上存在争议的劳动合同纠纷;(七)劳务关系清楚,仅在劳务报酬给付数额、时间、方式上存在争议的劳务合同纠纷;(八)物业、电信等服务合同纠纷;(九)其他金钱给付纠纷。

但是对于如下案件,即使在金额上符合小额诉讼标准,也不能适用一审终审:(一)人身关系、财产确权纠纷;(二)涉外民事纠纷;(三)知识产权纠纷;(四)需要评估、鉴定或者对诉前评估、鉴定结果有异议的纠纷;(五)其他不宜适用一审终审的纠纷。

法律宝典

一、有效婚姻的标志是结婚登记

有效婚姻的标志是结婚登记,不是婚礼,不是共同居住,不是生儿育女。

杨女士和李先生是高中同学,一起到上海读大学,双方自然走到了一起,经过两年的恋爱,大学毕业后双方一起在上海买了房,同年春节回老家时举办了婚礼。回到上海不到半年,双方决定分手。这个案子的关键之一在于房产是婚前财产还是婚后财产,而判断是否是婚后财产的关键在于认定结婚的标准到底是什么?切记,根据我国现行法律的规定,没有办理结婚登记的,即使举办了婚礼,以夫妻名义共同生活,甚至生育了子女,都不会认定存在有效婚姻,而充其量只能认定是同居关系。旧婚姻法所规定的事实婚姻的概念,在现行婚姻法中已经不复存在。现实生活中,有的女生想"反正我们都举办了婚礼了"、"我给他生个孩子,我就不信拴不住他",这些想法没有任何法律依据,因为所形成的关系不属于婚姻法律关系,不受婚姻法的保护,任何一方均有权与他人恋爱,也有权利与他人进行结婚登记。

二、离婚不是一件容易的事情

"恋爱是喜剧,结婚是悲剧,离婚是闹剧。恋爱是追求,结婚是追打,离婚是追杀。"这段顺口溜至少对离婚的描述在很大程度上是真实的。

每每看到身边的人离婚,我们都心怀惋惜,也为他们将离婚弄得像场战争一般而摇头叹息,甚至会暗暗下定决心,有一天自己走到离婚这一步时,一定优雅地好合好散。殊不知,真的有一天轮到你走到人生的这个境遇时,你也是道德声讨、法律主张。因为,归根结底,结婚是资源的整合,离婚是资源的再次分配。触动灵魂容易,触动利益不容易,但凡哪次利益调整不会带来纷争呢?

中国法律规定了离婚的条件是夫妻感情破裂。《婚姻法》第 32 条第 2 款①规定了四种可以认定夫妻感情破裂的标准;如果满足其中任一项,那么当然可以认定夫妻感情已经破裂。但事实上对以上所列任一条件的证明都是艰巨的,稍后我们依次讨论其中的前三项。

有的婚姻中,夫妻一方已经没有了与另一方共同生活的意愿,但对方不同意离婚。在没有前三个条件的情况下,决意离婚的一方唯一可以采取的主动措施就是分居。问题是如何证明双方分居了。假设夫妻只是分房或者分床而睡,不同意离婚的一方在离婚诉讼中不承认分居的事实,法官显然不可能认定分居。所以分居不仅要事实上分居,而且应当采取可以证明的方式分居。比如分居方另行租房居住,可以提供房屋租赁合同作为凭证。

如果不具备婚姻法所规定的前四项标准之一,原告起诉到法院要求离婚,而被告不同意离婚,则第一次起诉,原则上法院不会支持。民事诉讼法规定"判决不准离婚和调解和好的离婚案件,没有新情况、新理由,原告在六个

---

① 《婚姻法》第 32 条第 2 款　有下列情形之一,调解无效的,应准予离婚:(一)重婚或有配偶者与他人同居的;(二)实施家庭暴力或虐待、遗弃家庭成员的;(三)有赌博、吸毒等恶习屡教不改的;(四)因感情不和分居满二年的;(五)其他导致夫妻感情破裂的情形。一方被宣告失踪,另一方提出离婚诉讼的,应准予离婚。

月内又起诉的,不予受理。原告撤诉或者按撤诉处理的离婚案件,没有新情况、新理由,六个月内又起诉的比照上述规定不予受理,"因此第一次离婚起诉被驳回后,一般情况下,必须时隔六个月才能再次起诉,否则不会被法院受理。如此算来,在被告不同意离婚的条件下,从第一次起诉要求离婚,到最终判决离婚,花一年以上的时间是常见的。为了加快离婚进程,笔者的建议是① 一旦决意离婚,尽快分居;② 一旦分居,尽快提起离婚诉讼;③ 第一次起诉被法院正式受理后,如果法院判决离婚的可能性基本没有,可以主动撤诉;④ 从判决不予离婚或者主动撤诉之日起届满六个月后,及时提起第二次诉讼。

在特殊的情况下,配偶一方离婚的权利还受到某些限制。婚姻法第33条规定"现役军人的配偶要求离婚,须得军人同意,但军人一方有重大过错的除外。"因此,与军人结婚,是一种荣光,但是这个选择本身就是一种责任和牺牲,这种牺牲就体现在为维护军婚的稳定,法律限制军人配偶离婚的权利。因此,在结婚时就要知道这项规定并且有牺牲自我的思想准备。婚姻法第34条规定"女方在怀孕期间、分娩后一年内或中止妊娠后六个月内,男方不得提出离婚。女方提出离婚的,或人民法院认为确有必要受理男方离婚请求的,不在此限。"这条规定是婚姻法对女性的特别保护。这条权利行使的关键在于女方,一旦男方向法院起诉,法院并不掌握和了解女性怀孕、分娩、中止妊娠的事实,只有女方主动向法院告知该情形并且明确主张该条规定的权利的情况下,女性的特殊保护才能真正得到落实。

通过讨论,可以发现:① 离婚的条件不容易具备;② 离婚需要耗费相当的时间;③ 特殊的情况下,离婚受到限制。总而言之,离婚不容易。

三、夫妻感情破裂的标准不低

对于夫妻感情破裂的四项标准,本章分别对其加以分析。

1. 重婚行为的认定

认定重婚,关键要看是否构成另一夫妻关系。依据有关司法解释,重婚有两种情况:一是法律上重婚,指有配偶的人与他人登记结婚;二是事实上重婚,即有配偶的人与他人以夫妻名义共同生活。有以下情形之一的,应视为以夫妻名义共同生活:① 有配偶的人与他人举行结婚仪式的;② 有配偶的人虽未与他人举行结婚仪式,但以夫妻相称或者对外以夫妻自居的。以夫妻相称,除当事人间承认、日常生活间的称呼外,当事人同居生活,女方生病时男方以丈夫的名义签名、陪侍,女方生育孩子男方以父亲的名义在医院签字,当事人以父母的名义为子女庆祝满月等,也可以作为认定以夫妻相称的辅助证据。认定重婚,通常还需要取得周围群众、当事人亲戚朋友的证言,以证明周围群众认为当事人是夫妻。

重婚行为不仅构成夫妻感情破裂的标准的,而且是一种犯罪行为,但属于自诉刑事案件,不属于公诉案件,也就是说需要配偶自行向法院起诉,要求追究其刑事责任。

2. 有配偶者与他人同居的表现形式及认定

没有构成重婚罪的"包二奶"、姘居是婚姻法所指有配偶者与他人同居的两种主要形式。"包二奶"、姘居违反了婚姻法关于夫妻互相忠实的规定,侵害了合法配偶的权利。"包二奶"和姘居行为的性质与重婚相似,只是程度不同而已。

"包二奶",通常表现为有配偶的男性以金钱、物质付给女方,双方保持较为稳定的同居关系或较为固定的性关系,女方一般只与对方保持这种关系。严重的"包二奶"行为可能构成重婚,受到刑法的惩处,但大多数的"包二奶"行为没有达到重婚的程度。

姘居,是指有配偶的一方与婚外异性公开同居,共同生活,双方主观上没有以夫妻名义共同生活的目的,未构成重婚的行为。姘居当事人不以金钱、物质与性为交易目的,有的当事人还有一定的感情基础。

从以上可以看出,有配偶者与他人同居行为有以下几个特点:一是当事人有较固定的住所;二是保持较稳定的性关系;三是断续或较长时间在一起共同生活;四是双方不以夫妻名义共同生活。同居与重婚的区别,在于同居没有形成婚姻关系,只是两个人在一起持续地共同居住生活,对外不以夫妻相称。有些人认为,有了非婚姻生子就能证明有同居事实的存在,其实这是不对的。因为对于构成同居有一定共同生活持续时间的要求,而一次婚姻外性行为就可能导致非婚姻生子的出现,因此,不能仅凭有了孩子就断定出轨方构成了同居。证明同居的存在也是一件相对困难的事,要有证据证明同居双方居住一处,且已共同居住了较长一段时间,比如二三个月等。

因此,偶然的出轨并不属于婚姻法所称的婚外同居,更加不属于重婚。而在实践中,一方要求离婚的原因是对方存在出轨的情形,显然,如果基于这样的事实和理由主张离婚,是很难得到支持的。在婚姻关系存续期间,配偶一方掌握到了另一方存在与他人非法同居的信息,应当按下火气,周全计划,务必取到过错方与其他异性长期共同稳定居住的证据,而不能只是逞一时之快,骂上门去、打草惊蛇,什么证据也取不得;或者是打上门去,只抓到偶然一次共同居住或者发生了性关系的证据,这些都不足认定存在稳定的共同居住关系。

张女士为支持其丈夫工作,同意丈夫到广州工作,忽然有一天收到了法院传票,丈夫起诉离婚,张女士伤心欲绝,在庭上痛哭流涕,法院最终驳回了丈夫的离婚请求。但是无风不起浪呀,怎么会突然提出了离婚呢?张女士就请广州的朋友跟踪他老公,一跟还真发现了问题,原来他和本部门的一个新进女大学生共同居住、生活在一个一居室的房子里面,两人甚是亲昵,这换了谁都明白,那就是先生在外面有相好了。按照张女士父母的想法,真希望马上全家杀到广州,破门而入抓个现行。咨询了笔者之后,张女士倒很冷静,回家做通了父母的工作。一时抓个现行是痛快了,但是这难以被认定为是婚外同居呀,要认定婚外同居,必须找到他们形成稳定共同居住关系的证据。张女士本人及家人多次前往广州拍摄她的丈夫和另一女生共同生活的场景,一直持续了近 6 个月,最后一次,张女士和家人破门而入。从入门开始就进行录像,并且绝不采取暴力行动,以防对方将来声称是用暴力等非法手段取得的证据。在双方发生争执后及时拨打 110,110 到场当然不会对婚姻问题进行处理,只是要求双方不要发生冲突,告知婚姻中的问题通过诉讼解决,但是110 出警会有相应的出警记录,出警记录会记载现场情况,包括配偶双方、第三者的身份情况等,这在未来的离婚诉讼中都会有重大帮助①。

忠告:

(1) 发现配偶有重婚或者婚外同居的迹象,要稳住,要冷静无论多么愤怒,也要稳住,不要气急败坏,要把这段内容认真看一遍。

(2) 然后周密计划,要设法通过跟踪等办法取得证据,这些证据最好能证明对方长期与婚外异性共同居住,甚至以夫妻相称。

(3) 在摊牌之前,要取得对方主要财产的证据,包括房产、汽车、银行账号与存款、股票与债券或基金等账户等信息。

(4) 这些工作做好后才是可以摊牌时。有些做法从本人道义层面无法接受,但是不妨碍我将其推荐给各位读者。在与配偶就其婚外同居交涉时,如果有本事,你可以让他(她)写保证书,保证书里写清楚细节、过错,如果你不确信自己可以做到这一点,你可以试着对摊牌过程录像或者录音,当然如果他(她)知道你录,那估计你什么也录不到。

3. 实施家庭暴力或者虐待、遗弃家庭成员

《婚姻法解释(一)》第1条界定"家庭暴力"是指"行为人以殴打、捆绑、残害、强行限制人身自由或者其他手段给其家庭成员的身体、精神等方面造成一定的伤害后果的行为。"暴力行为的表现形式有殴打、捆绑、残害、强行限制及其他手段。前者即殴打、捆绑、残害、强行限制等实际上是属于身体暴力的范畴;后者即其他手段可包括性暴力。性暴力是指丈夫为满足自己的性欲,在妻子病重、经期、产期、哺乳期等特殊情况下,违背妻子意愿,经常强迫其从事性行为或用残暴的方式伤害妻子的生殖器官,使其身心受到极大损害的行为。

每对夫妻走到婚姻中,基本上都有恩爱的阶段,因此,一旦发生家庭暴力时,受害人通常出于好面子的思想,不肯告诉他人,更加不要说采取法律行动了。事态持续恶化,以此为由主张离婚时,却发现难以举证。家庭暴力是夫

---

① 在这起离婚案的处理过程中,笔者作为女方的代理律师,曾多次与当事人沟通,探讨其与男方和好的可能性,女方对男方是有深厚感情的,男方在后期亦愿意回归家庭,但是最大的障碍在于女方对男方的信任已经消耗殆尽。女方在离婚的过程中表现的自立、勇气、对子女的爱,给笔者留下深厚印象。最终在上海市闵行区人民法院主持调解下,男方和女方以调解方式结案,结束了婚姻关系,重新开始新的生活。在此真诚祝福他们。

妻关系的恶魔,不少家庭暴力的案例中,实施家庭暴力时,行为人几乎是魔鬼,但是一旦过去了,又是赔礼道歉,又是捶胸顿足,然而日后还是旧态萌发。也就是说家庭暴力一旦发生,如果没有断然的措施,很容易形成恶性循环。所以各位读者,当你本人或者朋友遭遇家庭暴力时,一定要高度重视。我们不鼓励仇视,但是不应该无原则的妥协,一定要有有效的措施能来防范对方在今后继续实施暴力,比如双方对财产进行约定,遭遇家庭暴力的一方分取更多的份额。如果持续发生家庭暴力,一定要提起离婚,不要指望对方能在不久的将来可以改变自己。

忠告:

(1) 切记,好面子害死人。作为家庭暴力的受害人,应该清醒地认识到,暴力是违法行为,甚至是犯罪行为,它与双方之间是否有夫妻关系无关。

(2) 遭遇家庭暴力时,果断拨打 110 电话,要求公安机关开具验伤单进行验伤;即使不要求公安机关开具验伤单,也应当自行前往医院就诊,并且将病历等资料妥善保管。家庭暴力,过去警方一直认为这是家庭内的问题,这种观点即使到现在仍然还有一定的普遍性。如果出警的警察"捣浆糊",只是做和事佬,你要严正指出警方的行为是不妥当的,并且坚决要求警方做笔录、开具验伤单。如果警方仍然置之不理,你有权及时向公安机关的督察进行投诉。

虐待、遗弃家庭成员在婚姻中并不多见,在此不做详细讨论。

4. 有赌博、吸毒等恶习屡教不改

这项规定不仅要求配偶一方存在赌博、吸毒的恶习,而且要求具备"屡教不改"的条件,但是法律并没有明确规定几次才属于屡教不改。但是无论如何,不会少于两次吧。如果你的配偶有这样的习惯,我还真建议你早离婚,能早则早,不然家庭真是个火坑。痴迷于赌或者毒的人,在特殊情境下,已经不是一个正常的人,不具有正常的人的理性,为此常会有出格行为,从而导致难以预料和难以承受的创伤。2013 年南京发生的吸毒女乐某在独自抚养两个孩子(分别出生于 2011 年 1 月,2012 年 3 月)期间,因痴迷毒品,2013 年 4 月一天下午,竟然将孩子独自关在家中外出吸毒、玩乐,最终导致孩子被饿死的惨剧,孩子饿死被人发现是 6 月 21 日,而此时乐某从未回过家。两个凄惨凋落的如花生命让人不胜唏嘘,但是乐某的非常人能想象的举动令人想起来不禁毛骨悚然①。

四、忠诚协议不是配偶双方之间一个很好的游戏规则

两人走到婚姻,实属不易,付出的不仅是感情,更是一辈子的寄托,为了表示双方的忠诚,双方承诺在婚姻中有任何一方出现婚外情,或者其他不忠行为,则净身出户。类似的例子在结婚后更是层出不穷。一方偶然身体或者精神出轨或者疑似出轨,为了挽救婚姻,或者为了表示自己对婚姻的忠诚,向对方写下下列文字:在此一生,如果我对我的妻子(先生)不忠,我自愿将所有的财产全部分给我妻子(先生),我本人净身出户。

由于夫妻忠诚协议并不是法律上的专业术语,我国法律并没有对此做出明确的规定,不同人的对其有不同的定义。就几种具有代表性的观点来看,有人认为夫妻忠诚协议是夫妻双方关于夫妻互负忠实义务的约定,内容包括夫妻在婚姻关系存续期内应当相互忠实,如任何一方有不忠实于对方的行为则应支付对方"违约金"等。湖南省冷水滩区人民法院法官认为,"夫妻忠诚协议"是指将要或者已经登记结婚的男女双方,为慎重起见,经双方平等协商,签署的一份"忠诚协议书"。该协议往往约定夫妻婚后应互敬互爱,对家庭、配偶、子女要有道德品质和责任感。另有观点认为"夫妻忠诚协议"就是男女双方在婚前或婚后,自愿制定的有关在婚姻存续期间夫妻双方恪守婚姻法所倡导的夫妻间互相忠实的义务,如有违反,过错方将在经济上对无过错方支付违约金、赔偿金、放弃部分或全部财产的协议,现实中还有以保证书、"空床费"等形式存在②。在现实生活中,夫妻忠诚协议常见的多为三段论表述:① 夫妻应当忠诚;② 不忠诚则离婚;③ 离婚时过错方按协议约定赔偿损失、分割财产或子女归忠诚方等。因此,所谓夫妻忠诚协议,是指夫妻双方在婚前或者婚姻关系存续期间,在平等协商的基础上所达成的规定夫妻双方忠

---

① 资料来源:http://news.sohu.com/20130919/n386869478.shtml,最近浏览时间:2014 年 4 月 17 日,乐某最终被南京市中级人民法院于 2013 年 9 月 18 日以故意杀人罪被处无期徒刑。

② 资料来源:http://zcznhfx.fyfz.cn/b/738072,最近浏览时间:2014 年 1 月 28 日。

实义务及违约后果的协议。

以下是个典型的忠诚协议文本内容：

为兑现双方百年好合之承诺，互相督促履行夫妻忠实义务，经双方平等协商，自愿订立以下协议：

一、双方在婚姻关系建立之日，以及存续期间，应当互相遵守忠实义务，不得发生任何婚外性行为，违反夫妻互相忠诚的义务。

二、若任何一方有下述行为，视为对本协议第一条规定的违反。

1. 一方有嫖娼、卖淫行为。

2. 一方与异性的偶然的婚外性行为。

3. 一方与异性的长期通奸，同居行为。

4. 一方出现配偶所不知晓的血缘关系儿女。

5. 一方出现配偶所不知晓的婚恋关系。

三、若任何一方有下列行为，可推定对本协议第一条规定的违反。

1. 一方与异性在非合理场合存在明显超出正常交际的亲密行为。类如接吻、爱抚等情形。

2. 一方与异性在非正常时段、单独相处在封闭、隐秘场所，同时明显无法给予合理解释的情形。

3. 一方与异性在非正常时段，长期、频繁的存在有通讯联系，同时明显无法给予合理解释的情形。

4. 有异性出现，主动承认自己为第三者。并且能提供相关证据予以直接证明的。

5. 一方与异性长期存在赤裸淫秽言语、图片、视频信息往来，经配偶劝阻过一次不予悔改的。

四、关于违约则离婚以及具体的违约赔偿和财产分割等内容的规定。

对方揣着这张忠诚协议，心里踏实多了，心想最好能留住人留住心，万一留不住人留不住心，我至少还可以留住财。如果你有这样的想法，我告诉你，你是盲目乐观了。由于法律并未对"忠诚协议"有明确规定，因此在实践中，该协议是否有法律效力，各地的法院存在着众多的差异，比如就有观点认为，忠诚协议中，夫妻双方以一方忠诚为条件而做出的财产分割承诺，违背了婚姻法婚姻自由的原则，利用财产分割的手段对当事人的离婚自由形成了实质性的约束，为此属于无效协议。上海市高级人民法院《关于审理婚姻家庭纠纷若干问题的意见》"夫妻共同生活期间或者分居期间达成的财产分割协议，当事人无证据证明其具有无效或可撤销、可变更的法定情形，或协议已经履行完毕的，应认定协议对双方有拘束力。如果财产分割协议以离婚为前提条件，而双方未离婚的，应该允许当事人反悔"。根据该项规定，忠诚协议等内容当属于无效。

同时，夫妻为离婚签署的关于财产等的协议，只有双方真正前往民政机关进行离婚登记，该协议中的约定才生效，如果协议签署后，双方并没有前往民政机关进行离婚登记，双方事后进行诉讼离婚，先前关于财产的约定无效。

五、离婚赔偿请求权

依据婚姻法规定[①]，由于配偶一方过错导致离婚的，无过错方有权要求赔偿。婚姻法第 46 条规定了认定过错的四种情形。如果配偶一方存在任一过错情形，在离婚时，无过错方有权要求过错方赔偿损失。我们知道这四条也是现行婚姻法规定的可以认定夫妻感情破裂的标准，在前文已经花了大量的笔墨详细讨论了在法律上认定这四种情形的要点。总而言之：

（1）要构成这四种情形，在法律上设定了严格的条件，这些严格的条件可能不同于普通民众的主观设想。

（2）更重要的是，在实践中，最麻烦的问题是取得证据。必须设法取得

---

① 婚姻法第 46 条 有下列情形之一，导致离婚的，无过错方有权请求损害赔偿：（一）重婚的；（二）有配偶者与他人同居的；（三）实施家庭暴力的；（四）虐待、遗弃家庭成员的。

证据,而且取得证据的手段必须合法。

根据婚姻法的规定,离婚损害赔偿请求权的成立,需具备下列构成要件:

(1) 相对方具有法定的严重过错行为,此为构成离婚损害赔偿的必要条件。根据婚姻法的有关规定,严重过错行为限于以下四项:重婚、有配偶者与他人同居、实施家庭暴力和虐待、遗弃家庭成员。此为限制性的列举规定,实践中不能对法定的过错行为作任意的扩大化解释。

(2) 请求方须为无过错,如双方均有过错,则根据过错相抵原则,任何一方均不能以对方有过错为由要求赔偿。

(3) 因严重过错行为而导致夫妻离婚。只有当夫妻一方的过错而导致双方离婚的,才需追究过错方的损害赔偿责任。在婚姻关系存续期间,无过错一方不得以对方有过错为由提起损害赔偿之诉。人民法院判决不准离婚的,对当事人提出的损害赔偿请求,也不予支持。

此外,根据《婚姻法司法解释(一)》第30条的规定,人民法院在适用婚姻法第46条时,应当区分以下不同情况:

(1) 无过错方作为原告提起损害赔偿请求的,必须在离婚诉讼的同时提出。

(2) 无过错方作为被告的离婚诉讼案件,一审时未提出损害赔偿请求,二审期间提出的,人民法院应当进行调解,调解不成的,告知当事人在离婚后1年内另行起诉。

损害赔偿,包括物质损害赔偿和精神损害赔偿。物质损害,一般应以无过错方遭受财产上的实际损失为限,以支付赔偿金等方式承担,因离婚而受到的财产期待权损失除外。比如为取得对方过错的证据所发生的交通费用、摄制费用等。对于精神损害赔偿,根据《民法通则》和最高人民法院《关于确定民事侵权精神损害赔偿责任若干问题的解释》,人民法院除判令侵权人承担停止侵害、恢复名誉、消除影响、赔礼道歉等民事责任外,还可根据无过错方的请求,判令赔偿相应的精神损害抚慰金,抚慰金的具体数额可结合多种因素酌定。这些因素主要包括:① 精神损害程度,即受害人遭受精神伤害和精神痛苦的程度;② 过错方的过错程度,包括过错方实施过错的种类、动机情节等；③ 具体的侵权情节，可以根据过错方侵权行为方式、侵权行为的具体情节等综合考虑其情节之轻重；④ 其他情节，如双方结婚的年限，过错方对家庭的贡献大小，过错方的经济状况以及当地的平均生活水平等。具体案件发生以后，无过错方主张损害赔偿时，具体的金额要参照当地法院一般会支持的通常水平。

六、夫妻共有财产划分的唯一标准是财产的取得时间

旧婚姻法区分夫妻共有财产的标准杂乱，而现行婚姻法区分夫妻共有财产的标准进行了简化，只有一条标准，那就是看财产取得是在婚姻关系建立前，还是在婚姻关系存续期间。结婚前已经取得的财产，在结婚后仍然属于个人所有，不会转化为夫妻共有；结婚后取得的财产，原则上属于夫妻共有。嫁人要嫁个金龟婿，如此看来不是聪明人的选择，金龟婿的财产是在婚前已经取得的，已经属于其个人财产，即使结婚了仍然属于其个人所有，未来离婚时，配偶也无权要求分割。相反，真正的聪明人应该找有潜力成为金龟的婿，结婚登记后，有钱有房有存款，那这些财产均属于夫妻共有财产，离婚时，配偶有权要求分割。要改变这一婚姻法规定的夫妻共有财产的规则，唯一的办法就是夫妻双方通过约定来改变该规则。

我们已经讨论过了夫妻共有财产的范围，那就是婚后取得的财产属于夫妻共有财产。夫妻共有财产的范围包括夫妻在婚姻关系存续期间所得的下列财产：（一）工资、奖金；（二）生产、经营的收益；（三）知识产权的收益；（四）继承或赠与所得的财产，但遗嘱或者赠予合同中确定只归一方的属于个人财产；（五）其他应当归共同所有的财产。此处所称其他应当归共同共有的财产，主要包括：（一）一方以个人财产投资取得的收益；（二）男女双方实际取得或者应当取得的住房补贴、住房公积金；（三）男女双方实际取得或者应当取得的养老保险金、破产安置补偿费；（四）夫妻一方个人财产在婚后产生的收益，除孳息和自然增值外，应认定为夫妻共同财产。

需要特别指出的是，一方以个人财产在婚后进行投资或者通过其他方式所得收益并不属于个人所有，而属于夫妻共有。具体在判断时可以参照以下

实例。

（1）当事人以个人财产投资于公司或企业，若基于该投资所享有的收益是在婚姻关系存续期间取得的，则对该公司或企业生产经营产生的利润分配部分如股权分红等，应为夫妻双方共同所有。

（2）当事人将属于个人所有的房屋出租，因对房屋这类重大生活资料，基本上是由夫妻双方共同进行经营管理，包括维护、修缮，所取得的租金事实上是一种夫妻共同经营后的收入，因此，婚姻关系存续期间所得的租金一般认定为共同所有。但若房屋所有人有证据证明事实上房屋出租的经营管理仅由一方进行，则婚姻存续期间的租金收益应归房产所有人个人所有。

（3）当事人以个人财产购买债券所得的利息，或用于储蓄产生的利息，由于利息收益是债券或储蓄本金所必然产生的孳息，与投资收益具有风险性的特质不同，应依本金或原物之所有权归属为个人所有。

（4）当事人以个人财产购买了房产、股票、债券、基金、黄金或古董等财产，在婚姻关系存续期间，因市场行情变化抛售后产生的增值部分，由于这些财产本身仅是个人财产的形态变化，性质上仍为个人所有之财产，抛售后的增值是基于原物交换价值的上升所致，仍应依原物所有权归属为个人所有。

具体实践中，判断个人财产在婚姻关系存续期间所取得的收益是否属于夫妻共同所有时，人民法院可根据案件实际情况，对各种形式的个人财产的婚后收益，从是基于原个人财产的自然增值还是基于夫妻共同经营行为所产生来判断，前者原则为个人所有，后者原则为共同所有。此外，若收益是基于个人财产与共同财产混同后进行投资行为所产生，无证据证明具体比例的，推定为共同财产投资收益，归夫妻共同所有。

下列财产为夫妻一方的财产：（一）一方的婚前财产；（二）一方因身体受到伤害获得的医疗费、残疾人生活补助费等费用；（三）遗嘱或赠与合同中确定只归夫或妻一方的财产；（四）一方专用的生活用品；（五）其他应当归一方的财产。过去争议比较大的有，夫妻中的男方父母在结婚后出资为子购房，产权证写的是儿子一人的名字，那么是否属于夫妻共有财产呢？按照现行规定，该项财产不属于夫妻共有财产，离婚时，女方不得要求分割。再比如,夫妻婚后,一方父母去世留下遗产,该遗产是否属于夫妻共有财产呢?除非被继承人在遗嘱中明确写明该财产由自己的子女继承,否则就属于夫妻共有财产。为此,一些老人如果不放心的话,就可以事先留下遗嘱,明确载明其去世后财产由自己的子或者女继承,则该部分继承的遗产就不会转化为子女的夫妻共有财产。如果没有留下遗嘱,则继承后就转化为夫妻共有财产。

总结一下:

(1)婚前取得的财产属于个人财产,婚后取得的财产属于夫妻共有。

(2)要想财产各自归各自,担心对方是为财而与自己结婚,那就需要双方订立财产约定,说明婚后财产仍然属于各自所有。

(3)结婚后继承得到的遗产是夫妻共有财产,除非被继承人事前立有遗嘱,载明遗产只给夫妻中的某方。

(4)个人财产在婚后取得的自然孳息仍然属于个人财产,通过经营取得的收益属于夫妻共有财产。

七、"二奶"得到的财产不合法,不合理

配偶一方在婚姻关系存续期间,与第三人之间形成暧昧关系,甚至为第三者购房买车,这种现象在生活中不稀奇,有好事者将其称为"包二奶"。但凡"包二奶",双方之间的关系会存在一定的金钱交易,一方需要向对方支付一定金额的款项,或者赠送财物。一旦其配偶知道,正常情况下,都会大动肝火,非要求回心转意,而且要求第三者把财产返还回来。

2003年11月,金女士与丈夫周先生登记结婚,婚后两人生活幸福并育有一儿一女。2009年5月,周先生在朋友聚会时认识了大学生杨小姐,两人随即发展为情人关系。2009年10月至2013年2月期间,周先生向杨小姐账户转账82次,支付"生活费"共计100余万元。而金女士直到2013年3月才发现两人的关系,对丈夫花费巨款包养"小三"的行为更是大感震惊。愤怒的金女士遂将杨小姐告上法庭,认为丈夫的行为侵犯了自己的财产权,杨小姐取得上述财产违反了公序良俗原则及婚姻法的相关规定,应属无效,收取的100余万元"生活费"理应返还。周先生在庭审中承认确实未

经金女士同意将夫妻共同财产赠与杨小姐,并同意由杨小姐将全部款项直接返还给金女士。

杨小姐称自己虽在 2009 年就和周先生在一起,但直到今年年初才知道周先生已婚,自己也是受害者。周先生转账给自己的钱款是两人恋爱期间共同生活的开销费用,并不是周先生对自己的赠与,自己未从周先生处获益,所以请求法院驳回金女士的诉请。

杨浦法院经审理认为,周先生向杨小姐交付钱款的行为属赠与行为。周先生将大额钱款赠与杨小姐,既非因日常生活需要,又未经作为财产共有人的金女士同意,严重损害了金女士的财产权益,且周先生的赠与行为系基于其在婚外与杨小姐之间的不当关系,有悖公序良俗,更有违公平,所以认定赠与行为无效,判决杨小姐将收取的 100 余万元返还金女士。①

类似的判例众多,虽然很多人认为归根结底错在花心的丈夫身上,"小三"也是受害者,但是婚姻法关于夫妻共有财产制度的安排,使得配偶双方对夫妻共有财产的共有是共同共有,正因为如此,任何一方非为日常生活需要,单方对夫妻共有财产做出的重要处理决定,均属于无效。因此,二奶拿到的这些赠予财产,归根结底是不可靠的,通过做二奶来改变命运的想法更是海市蜃楼。更无论,还有不少人情深意浓时什么都愿意给对方,一旦成明日黄花,一切都是过眼云烟,说过的话、做过的承诺都成了感慨人间冷暖的最好例证了。正所谓"包了二奶扔二奶,二奶哀告无人问:'别人闲事不好管'(邻居);'两相情愿不好管'(居委);'非婚非嫁不好管'(妇联);'不碍治安不好管'(公安);'不算犯法不好管'(法官),二奶心酸泪涟涟。"

问题来了,如果是"二奶",那怎么"保护"自己? 首先要知道的是逢场作戏算不得数,在多少起案件中,原配夫人起诉要求二奶返还财产时,男方在法庭上做出的表示是确实在没有取得配偶的同意给第三者赠送过这些财产,各位,这样的表达意味着什么? 那不是很明确的吗? 就是便宜已经占过了,然

---

① 引自新民晚报报道,网址:http://news.163.com/13/0921/16/99AEUBFJ00014AEE.html,最近浏览时间:2014 年 1 月 24 日。

后和配偶合作再把财产抢回去呗。所以,靠人不如靠己。有尊严、独立的生活这是最重要的生活准则。

八、离婚时财产的分割是个大麻烦

1. 对半分割是基本原则

夫妻共有财产,在离婚时,原则上对半分割。但是特殊情况下,在分割财产时,会考虑到其他一些情况。

第一种特殊情形是配偶一方在家庭义务中承担较多。婚姻法第 40 条"夫妻书面约定婚姻关系存续期间所得的财产归各自所有,一方因抚育子女、照料老人、协助另一方工作等付出较多义务的,离婚时有权向另一方请求补偿,另一方应当予以补偿"。

第二种情况是,离婚时一方生活困难。婚姻法第 42 条"离婚时,如一方生活困难,另一方应从其住房等个人财产中给予适当帮助。具体办法由双方协议;协议不成时,由人民法院判决。"所称"一方生活困难",是指依靠个人财产和离婚时分得的财产无法维持当地基本生活水平。一方离婚后没有住处的,属于生活困难。离婚时,一方以个人财产中的住房对生活困难者进行帮助的形式,可以是房屋的居住权或者房屋的所有权。

第三种情况,对女方和抚养子女的一方给予适当照顾。

第四种情况,离婚时,一方隐藏、转移、变卖、毁损夫妻共同财产,或伪造债务企图侵占另一方财产的,分割夫妻共同财产时,对隐藏、转移、变卖、毁损夫妻共同财产或伪造债务的一方,可以少分或不分。

第五种情况,照顾无过错方原则。对于因一方过错导致离婚的,可在分割财产时适当照顾无过错方,以体现法律的公平与正义。但这种照顾不是民事责任,其性质不同于离婚损害赔偿责任,因此,这里的过错并不限于重婚、姘居、实施家庭暴力、虐待、遗弃等重大过错行为,还包括其他违反婚姻义务或故意以悖于善良风俗的方法损害婚姻关系的过错行为。

第六种情况,有利于生产、生活需要的原则。分割夫妻共同财产时,应从充分发挥共同财产的效用和不损害财产的经济价值出发。对生活必需品,应考虑双方和子女的生活需要，分给需要的一方；对生产资料，应分给有生产、经营的条件和能力或正在生产、经营的一方；对一方从事职业或正当爱好所必需的物品，应分给需要的一方。

以上六种特殊情况仅是原则性规定，法律没有具体规定如何倾斜或者照顾，它完全取决于法庭的自由裁量。在离婚时，冀求多分得财产的一方就要从这六个角度出发去举证，并且在此基础上提出主张。

2. 对方有多少财产，不凭猜想，而是凭证据

对方有多少财产，不仅要他知道、天知道、你知道，更重要的是有证据予以证明。

在离婚中对财产进行处理时，比较容易出现的纷争是一方清楚知道对方有多少财产，但是却没有办法提供证据证明对方财产的多少。由于中国还没有建立完善的信用机制，同时民事诉讼奉行的是谁主张谁举证的制度，收入多的一方，尤其是主要收入来源不是来自于薪金收入的情况下，要配偶另一方举证证明它有多少财产是很难的。你知道对方有很多银行存款，但是你不知道银行账号，你能要求分割吗？你知道对方有股票、债券、基金，但是你没有对方证券账户，你能要求分割吗？你知道对方有其他房产，但是你不知道房产的具体坐落在哪儿，你能要求分割吗？不能，统统不能。只有你准确提供了对方任职的单位信息，你才可以请求法院出具调查令，要求雇主提供配偶的收入情况；你知道对方银行账户，你才能请求法院责令对方提供该账户清单或者法院直接调查；你只有知道证券账号，才能请求法院责令对方提供证券账户的清单或者法院直接调查；你只有提供了房屋的产权基本信息，你才能要求法院分割该房产。所以，在婚姻当中，有时还是需要做一个有心人，尤其是那些在家庭中经济地位比较弱的一方，应当对对方的收入及财产情况有一定的了解，比如有哪几个银行账户，有哪几个证券账户，有哪些不动产，开办的公司名称叫什么等。千万不要等到离婚诉讼时，你才发现你无从提供任何证据证明对方的主要财产，那个时候你就会后悔不迭。不是你心态怪，只怪这个社会变化太快。哼着这首歌，你的心会有些许轻松。

3. 共有财产的分割

对于夫妻共同财产的分割,具体方法主要有三种:

(1) 实物分割,即在不影响财产的作用、价值和特定用途的情况下,进行实际分配,双方根据其分割的份额取得应得的财产。

(2) 价金分割,即将共有物变卖,双方分割取得的价金,主要在共有物不能实物分割或分割后有损其价值与用途时采用。

(3) 价值补偿,即共有物归一方所有,对另一方应得的部分补偿相当的价金。针对不同的财产,具体分割方法为:① 夫妻分居两地分别管理、使用的婚后所得财产,为夫妻共同财产,分割时应归各自所有。如双方所分得的财产相差悬殊的,差额部分由多得一方以相当的财产抵偿另一方或以相应的价金作为补偿;② 已登记结婚,尚未共同生活,一方或双方受赠的礼金、礼物为夫妻共同财产,应考虑财产、数量等情况合理分割。各自出资购置、各自使用的财物,原则上归各自所有;③ 对双方都愿意取得共有物、支付对方补偿款的,必要时可采取竞价的方式解决;④ 与生产经营有关的共同财产,按照本章第十二部分的规定办理。

九、房产的分割是重中之重

从 2000 年以来,随着房价的不断上涨,使得离婚时双方对于财产的争夺主要集中在房产的分割上。以上海为例,一套 100 平方米的房子在 2000 年左右总价在 50 万元,那么到 2010 年,这套房子的总价要有 400 万。对于任何一个普通家庭而言,房子都意味着金额巨大的一项财产。但是婚姻中的房产有很多不同的情况,这使得离婚时对于房产的处理显得尤为复杂。

第一种情形,婚前购买的商品房,产证登记在一人名下。夫妻一方婚前以个人财产购买房屋并按揭贷款,产证登记在自己名下的,该房屋仍为其个人财产。同样,按揭贷款为其个人债务。婚后配偶一方参与清偿贷款,并不改变该房屋为个人财产的性质。因此,在离婚分割财产时,该房屋为个人财产,剩余未归还的债务,为个人债务。对已归还的贷款中属于配偶一方清偿的部分,应当予以返还。对于产证登记在一方名下,但配偶方有证据证明婚前购房时其也共同出资的，在离婚分割财产时，该房屋仍为产证登记人的个人财产，剩余未归还的债务，为其个人债务，但于首付款和已归还的贷款中属于配偶一方出资和清偿的部分，应当予以返还。若配偶方同时有证据证明，其婚前是基于双方均认可所购房屋为共同所有的前提下进行出资的，则虽然该房产登记在一方名下，仍宜认定为夫妻共同财产，分割时应按共同财产的分割原则进行处理，同样，其按揭贷款债务为共同债务。但在分割共同所有的房产时，对于存在当事人出资数额比例悬殊，且婚后确未共同生活或婚姻关系存续期间较短等情形的，也应一并考虑，可参考当时的出资比例对房产进行分割，而不宜拘泥于各半分割。还贷支付的款项及其相对应财产增值部分，由产权登记一方对另一方进行补偿。

第二种情形，关于购买公房的分割。

（1）一方婚前承租的公房，是基于福利政策分配取得的，婚后以共同财产购买为产权的，由于在婚姻关系存续期间内无法体现出原公房使用权的交换价值，则在离婚分割该产权房时可不考虑原公房使用权的交换价值的单独归属问题。

（2）一方婚前承租的公房使用权是其以个人财产支付对价取得的，婚后又以共同财产购买为产权，在离婚分割该产权房时，应当将取得原公房使用权时所支付对价部分确定为当时承租的夫或妻一方个人所有，产权房的剩余价值部分按共同财产分割。

（3）对于婚前由夫或妻一方父母承租、婚后又以共同财产购买为产权的公房，原公房使用权的交换价值，推定为父母对夫妻双方的赠与，离婚时可直接将产权房按共同财产分割处理。

（4）婚姻关系存续期间，双方用夫妻共同财产出资购买以一方父母名义参加房改的房屋，产权登记在一方父母名下，离婚时另一方主张按照夫妻共同财产对该房屋进行分割的，人民法院不予支持。购买该房屋时的出资，可以作为债权处理。

第三种情形，婚后以夫妻共有财产购买的房产。无论登记在一人名下，还是登记在双方名下，均属于夫妻共有财产。但是夫妻一方在婚后通过福利、单位补贴取得产权房,但同时与用人单位签有服务协议的,由于该方对此房的获得具有较大贡献,且其将来择业的自由会在服务期内受到限制,因此,夫妻离婚时,因服务期问题而导致房产权利受影响的事实尚未发生的,对该房产的分割应考虑尚存服务期的长短、夫妻共同生活的时间,适当多分给签有服务期的一方。

第四种情形,婚前一方出资购买,登记在双方名下。夫妻一方婚前出资购置房屋,权利登记在双方名下的,为夫妻双方共有财产。如未约定按份共有,可认定共同共有,但在离婚分割该房产时,出资一方可适当多分。原则上,未出资的一方不超过30%。

第五种情形,父母出资为子女购房。当事人结婚前,父母为双方购置房屋出资的,该出资应当认定为对自己子女的个人赠与,但父母明确表示赠与双方的除外。当事人结婚后,父母为双方购置房屋出资的,该出资应当认定为对夫妻双方的赠与,但是产权登记在出资人子女名下的,视为只对自己子女一方的赠与,该不动产应认定为夫妻一方的个人财产。

综上,关于房产问题:

(1) 如果房子是婚前买的,并且登记在一人名下,那么房产原则上属于该方所有,另一方对房产要享有权利,只有要求加名。所以婚姻法司法解释三出台后,社会中出现了加名潮,甚至由此在不少家庭引发了震荡。

(2) 如果房子是婚后购买的,虽然房产登记在一人名下,房产仍然属于双方共同共有,但是为防范对方擅自处置房产,最好在房产证中写下双方的名字。

(3) 如果购房时父母出资的性质是借款,最好在借款发生时就写明协议或者借条。

(4) 购房款最好有清晰的银行往来,以便发生纠纷时能证明购房款的来源。

(5) 进行产权登记时,最好不要把老人等小家庭以外的其他人一起列在产权证上,因为他们本不是婚姻关系当事人,因此一旦与该些人士对房产共有时,在离婚诉讼中就不能处理该房,而必须另行进行诉讼,以确认产权份额。

对于房产,法院在判决时一般按照如下方法处理:

（1）住房为共同财产的，按照一般共同财产分割，如不宜分割使用，可根据双方住房情况，本着照顾子女、女方利益和照顾无过错方的原则分给一方所有，分得住房的一方可参考房屋评估价给予另一方相应的经济补偿。必要时也可采取竞价的方式解决。

（2）住房为一方所有，离婚时住房一般仍归该所有人。如另一方离婚后确实无房，法院可根据具体情况判决允许其暂住；也可判决无房一方另外租房居住，若经济确有困难，享有房屋产权的一方可给予一次性经济帮助。需要注意的是，婚后双方对婚前一方所有的房屋进行过修缮、装修、原拆原建，离婚时未变更产权的，房屋仍归产权人所有，增值部分中属于另一方应得的份额，由房屋所有人折价补偿另一方；进行过扩建的，扩建部分的房屋应按夫妻共同财产处理。

（3）住房为双方均可承租的公房的，应依照下列原则处理：照顾抚养子女的一方；男女在同等条件下照顾女方；照顾残疾或生活困难的一方；照顾无过错一方。

（4）离婚时，一方对另一方婚前承租的公房无权承租而解决住房确有困难的，如果原公房面积较大可分室居住的，可调解或判决暂时居住，暂住方应交纳一定的房屋使用费或其他必要费用。如无法分室居住，无房一方又经济困难的，则应由承租方给予一次性经济帮助。

（5）单位自管的房屋。夫妻共同居住的公房系单位自管公房，婚前或婚后由一方向本单位取得承租权，离婚时不符合双方均可承租的情形，则仍由原承租方继续租赁，另一方解决住房确有困难的，可参照说明第4点意见处理。如离婚时双方均可承租该公房，法院在处理时认为需要变更租赁关系的，应征求自管房单位的意见，经同意后方可调解或判决变更房屋租赁关系。取得承租权一方应给予另一方相应的经济补偿。

（6）一方婚前承租，婚后共同出资购买的房屋，房屋权属证书登记在一方名下的，应当认定为夫妻共同财产，可参照本条说明第1点的意见处理。

十、配偶一方偷卖夫妻共有房产，对方能追回房子吗

李丽珍是转业军人，丈夫王强自己经营一家小型贸易公司，双方共同居

住在李丽珍转业前部队分配的房中,该房作为军产虽然暂时不能交易,但是一家三口居住足够了。婚后,双方又共同出资购买了一套产权房,登记在王强一人名下,用于出租,租金由王强负责收取。几年之后,王强逐渐出现了夜不归宿的现象,突然有一天向法院起诉要求离婚,这个时候李丽珍才想到去看看他们共有的那套产权房,一看才知道在王强起诉之前,他已经将房子卖掉。李丽珍向法院申请中止离婚案件的审理,同时起诉了王强及房子的买方贺君,请求法院确认王强与贺君之间的房产买卖合同无效①。

首先,李丽珍的这个做法在法律上是正确的,而且是唯一的办法。王强处理的房产属于夫妻共有财产,但是由于房产已经被出售,各方争议的焦点不在于该房产是否是夫妻共有财产,焦点在于房产买卖是否有效。为此,必须先行解决房产买卖的有效性法律问题,然后再回头来继续处理离婚问题。如果判决房屋买卖无效,则房产作为夫妻共有财产进行分配;如果判定买卖有效,则在离婚案件中不能对该房产进行分割,男方擅自处分给李丽珍造成损失的,由王强在离婚诉讼中予以赔偿。

其次,判断该房产买卖是否有效的关键是什么呢?婚姻法司法解释三规定"一方未经另一方同意出售夫妻共同共有的房屋,第三人善意购买、支付合理对价并办理产权过户登记手续,另一方主张追回该房屋的,人民法院不予支持,"根据该项规定,判断买卖是否有效的关键在于第三人贺君是否明知系争房产是王强与其配偶的夫妻共有财产。如果贺君明知王强已婚,并且系争房产属于王强和李丽珍的夫妻共有财产,那么他应该要求王强出示证据证明该房的出售取得了李丽珍的同意。因此,从李丽珍的角度来说,要争取将房屋返回,就要设法证明:贺君明知王强已婚,并且房产属于夫妻共有财产。那么如何来证明这一点呢?比如贺君是王强和李丽珍的多年的共同朋友,清楚知道王强与李丽珍结婚的时间。

总之,要防止这类事件发生的最简单有效的办法就是,即使对于属于夫

---

① 本案例对当事人的真实名字进行了处理,所述案情忠实于事实,上海市徐汇区人民法院最终判决驳回了原告要求认定房屋买卖合同无效的诉讼请求,判决同时指出,男方单独将夫妻共有的房屋予以出售损害了女方的利益的,女方可以另行起诉,要求其赔偿。

妻共有的房屋,最好也是登记在夫妻双方名下;如果房屋登记在对方一人名下,不要只是落得轻松,至少要参与房屋的管理,以便及时了解房屋的情况,瓜熟蒂落,买卖手续办妥,房屋交接、过户完成后你才发现,只能悔之晚矣。

十一、房子归一方,另一方的户口一直不肯迁走,可以要求法院强迁吗

到目前为止,户籍仍然是中国人生活中的一个重要符号,甚至与利益直接相关。一旦双方离婚,无论是判决离婚还是协议离婚,如果房子归一方,而另一方的户籍也在该房中,当对方自愿将户籍迁走则不会有纷争。但是在实践中,该方要么无处可迁户口,要么恶意不肯签转户口,此时得房方有什么办法吗?

首先,民事纷争中的户口迁移问题,不属于法院受案范围,法院在离婚案件中不会以判决的形式处理户籍问题,也就是说在离婚诉讼中,户口迁移问题不是法院处理的事项,法院更加不会就此问题给出任何判决;其次,如果双方当事人以调解的形式结案,在调解内容中就户口迁移问题达成了一致,或者双方是协议离婚,在离婚协议书中双方就户口迁移问题达成了一致,但是事后应当迁出户口方未能按照约定迁出,得房方无权向法院起诉要求实际履行户口迁移的承诺;直接向公安机关申请办理,公安机关也不会予以批准。总而言之,户口迁移如果没有迁移方的主动配合,就不可能实现户口迁移的目的。

得房方唯一的办法是设法在协议或者调解内容中约定户口迁移时间,以及相应的违约责任。一旦户口迁移方未能如期迁移户口,则得房方有权提起诉讼,要求对方支付相应的违约金。这条措施虽然不能根本解决户口迁移的问题,但是拖延迁移的时间越长,由此产生的违约金越高,由此给拖延办理的当事人施加压力,促使其早日办理户口迁移。

十二、一方或者双方投资创办的企业如何处置

随着市场越来越活跃、择业越来越自由,不少配偶在婚姻期间,一方会经

商,甚至创办企业,在企业中的投资份额越来越成为夫妻共有财产的重要组成部分。最近几年就发生了多场天价离婚案,让人在对涉案金额瞠目结舌的同时,也对离婚中处理被投资企业的投资份额产生了越来越多的关注。2005年6月,三一重工袁某某将其持有的三一集团8‰股权中的3‰,转让给前妻王某某。而王某某就是凭着这3‰的股份,拥有了22亿元的身家。2013年10月11日,神州泰岳公司实际控制人王某所持股份的50‰将分割给其前妻安某。待股份分割过户后,安某持有的神州泰岳股份为42 263 174股,占公司总股本的6.89‰,当时价值14亿元;2012年著名企业家王某的离婚话题引来诸多关注,甚至一度影响了万科股价①。

我们知道一旦投资者将资产投入到企业之后,财产的所有权人就从投资者个人转化为企业,投资者此时享有所有权的不是被投资企业的财产,而是被投资企业的投资份额。区分被投资企业的不同,个人独资企业、合伙企业、公司等,由于法律对于各种不同类别的企业的投资份额的处分有不同的规定,为此,夫妻在离婚时,对于被投资企业投资份额的分割需要区别不同类别的企业有不同的处理办法和程序。

(1)最容易处理的是股份有限公司的股票。因为股份有限公司的股票可以在证券市场自由流通,因此在离婚时可以对配偶一方持有的股票进行分割。除非涉及一些法定特殊情形,否则无须报备。

(2)最常见的企业形式是有限责任公司。人民法院审理离婚案件,涉及分割夫妻共同财产中以一方名义在有限责任公司的出资额,另一方不是该公司股东的,按以下情形分别处理:

① 夫妻双方协商一致将出资额部分或者全部转让给该股东的配偶,过半数股东以股东会决议或者其他形式表示同意、其他股东明确表示放弃优先购买权的,该股东的配偶可以成为该公司股东;② 夫妻双方就出资额转让份额和转让价格等事项协商一致后,过半数股东不同意转让,但愿意以同等价

---

① 资料来源: http://fund.cnfol.com/smjj/131016/511,2192,16156440,00.shtml。最近浏览时间:2014年1月26日。

格购买该出资额的,人民法院可以对转让出资所得财产进行分割。过半数股东不同意转让,也不愿意以同等价格购买该出资额的,视为其同意转让,该股东的配偶可以成为该公司股东。

（3）合伙企业。合伙企业和公司的区别不在于投资人数的多少,而在于注册的企业类别不同。合伙企业的本质在于有着对企业债务承担无限连带责任的普通合伙人,《合伙企业法》对合伙人投资份额的转让有着严格的规定。合伙人互相之间转让投资份额时,需要通知其他合伙人;合伙人将投资份额转让给合伙人以外的人时,其他合伙人在同等条件下享有优先权。根据上述规定,如果离婚的双方均是合伙企业合伙人,那么在离婚时由于分割该些财产而导致投资份额在彼此之间转让是比较简单的;复杂的是,一方是合伙企业合伙人,而另一方不是,此时需要对合伙企业投资份额进行分割就变得麻烦了。根据最高人民法院司法解释的规定,涉及分割夫妻共同财产中以一方名义在合伙企业中的出资,另一方不是该企业合伙人的,当夫妻双方协商一致,将其合伙企业中的财产份额全部或者部分转让给对方时,按以下情形分别处理:① 其他合伙人一致同意的,该配偶依法取得合伙人地位;② 其他合伙人不同意转让,在同等条件下行使优先受让权的,可以对转让所得的财产进行分割;③ 其他合伙人不同意转让,也不行使优先受让权,但同意该合伙人退伙或者退还部分财产份额的,可以对退还的财产进行分割;④ 其他合伙人既不同意转让,也不行使优先受让权,又不同意该合伙人退伙或者退还部分财产份额的,视为全体合伙人同意转让,该配偶依法取得合伙人地位。

（4）个人独资企业。夫妻以一方名义投资设立独资企业的,人民法院分割夫妻在该独资企业中的共同财产时,将按照以下情形分别处理:① 一方主张经营该企业的,对企业资产进行评估后,由取得企业一方给予另一方相应的补偿;② 双方均主张经营该企业的,在双方竞价基础上,由取得企业的一方给予另一方相应的补偿。

无论被分割投资份额的企业的形式是什么,夫妻双方在离婚时主张分割的,首先要有证据证明对方投资设立了企业,包括企业的名称、注册地、注册资本、股权结构等。其次,对被投资企业的资产等财务状况要心中有数,最好有一些可靠的证据材料,否则即使证明对方创办了企业,但是对方提供的资料却显示企业的资产状况糟糕,经营情况恶化,此时即使分割了投资份额,对你也没有任何意义;第三,除了上市公司,否则一般情况下不要直接取得分割的投资份额,宁愿以作价等方式获得现金支付。因为非上市公司这类企业的经营状况非常不透明,而且在很多情况下具有比较强的人治色彩,因此即使成为名义上的投资人,但是在不实际掌控企业,而企业管治并不规范的情况下,投资者的权益很容易被侵犯。

十三、有什么密门武器可以帮助取得孩子的监护权

孩子是个宝,夫妻双方离婚时,到最后争夺得最激烈的一是财产的划分,二是子女的抚养权。尤其是过去相当长一段时间,中国实行计划生育政策,不少家庭只有一个孩子。夫妻双方要离婚了,注定孩子只能跟其中一方生活。另一方在法律上虽然有探视权,但是探视权毕竟不同于抚养权。有人甚至说是为了探视权才付出抚养费(该说在法律上不成立,支付未成年子女的抚养费是义务。但是很多人认为,如果在离婚后由于对方的阻挠,使得自己和孩子之间的情感淡漠了,即使是法定义务,也不愿意支付抚养费),但是最终换来的却是偶尔得一见的探视权。因此,一定要想方设法把孩子夺过来。如果只有一方这样想倒简单了,怕就怕双方都这样想,孩子真的就是受害了。但是在这儿我们不讨论伦理问题,只讨论法律层面的问题。

婚姻法对于子女抚养权的规定很是简单,"离婚后,哺乳期内的子女,以随哺乳的母亲抚养为原则。哺乳期后的子女,如双方因抚养问题发生争执不能达成协议时,由人民法院根据子女的权益和双方的具体情况判决。"

对于哺乳期内的子女,处理起来也比较容易,原则上跟随母亲。但是如果过了哺乳期,法院判决的依据是"子女的权益和双方的具体情况判决"。在司法实践中,哺乳期内的子女,若父方举证证明或法院查明有下列情形,应由父亲直接抚养,体现以子女的利益为重的立法思想:

(1) 母亲患有久治不愈的传染性疾病或其他严重疾病。如母亲仅患有一般性疾病,经治疗可以痊愈,则不在此限。如父母双方均患有久治不愈的

传染性疾病或其他严重疾病的,则应选择相对较轻、更有利于子女健康成长的一方直接抚养。

（2）母亲有抚养条件不尽抚养义务,虽属于违法行为,但如强迫其直接抚养,将对子女不利。如果父亲要求子女随其生活,可以允许。

（3）在现实生活中,母亲可能因工作、学习等原因,或者染有吸毒、赌博、卖淫等恶习,或者离家出走下落不明等原因,而无法或者难以妥善照顾小孩,致使子女无法随其共同生活,从维护子女利益出发,应当由父亲直接抚养。

对两周岁以上未成年的子女,父方和母方均要求随其生活,一方有下列情形之一的,可予优先考虑：

（1）已做绝育手术或因其他原因丧失生育能力的。

（2）子女随其生活时间较长,改变生活环境对子女健康成长明显不利的。

（3）无其他子女,而另一方有其他子女的。

（4）子女随其生活,对子女成长有利,而另一方患有久治不愈的传染性疾病或其他严重疾病,或者有其他不利于子女身心健康的情形,不宜与子女共同生活的。如果父亲与母亲直接抚养子女的条件基本相同,双方均要求子女与其共同生活,但子女单独随祖父母或外祖父母共同生活多年,且祖父母或外祖父母要求并且有能力帮助子女照顾孙子女或外孙子女的,可作为子女随父或随母生活的优先条件。祖父母与外祖父母的条件,作为相对优先直接抚养条件,只在父母双方直接抚养子女的条件基本相同,且均要求子女与其共同生活时适用。

父母双方对10周岁以上未成年子女的直接抚养权发生争执的,应征询子女的意见。因其已具备了一定的识别能力,尊重其意愿,更利于其健康成长。但这并非绝对,如子女的选择对其成长明显不利,则不能一味地从其选择。

经常会有人问：怎样争取孩子的抚养权,有没有什么技巧？答案是肯定的,那就是你要设法证明孩子由你抚养更加有利于孩子的健康成长。

首先要证明本方经济状况良好,应提交工资单或其他合法收入的证明,有关居住情况的证据,这些证据都有利于法庭判决认为你能给孩子更好的居住环境和成长环境。

其次，如果涉及 10 周岁以上未成年子女的，应提交子女本人愿跟随父亲或母亲生活的相关证明，毕竟不论外部环境如何优越，也比不上孩子的意愿，法庭也会综合各方面因素，充分考虑孩子的意愿。因此，在离婚前或离婚过程中，要设法做好孩子的思想工作，使孩子愿意随自己生活。

第三，设法证明对方存在经济状况糟糕、居住环境恶劣、存在赌博或吸毒等恶习、道德品质低下、健康状况堪忧、生活习性不健康，这些会让法庭相信如果孩子跟随对方，会对孩子的健康成长有消极影响。

第四，由于离婚需要耗费时日，因此在离婚中对于已经过了哺乳期，但是尚年幼的孩子，取得孩子的控制权至关重要。如果一方不同意离婚，并且没有确切的感情破裂的证据，我们已经说过，这样的离婚需要耗费相当长的时间。而年幼的孩子具有很强的可塑性，在这个阶段，谁和孩子更亲近，并且单独与孩子生活，就更容易喜欢谁，最终在取得孩子的抚养权时就能取得一定的优势。

十四、离婚后，可以给孩子改姓吗

离婚前，孩子跟一方姓，离婚后孩子却是由另一方抚养。抚养的父亲或者母亲自然会觉得自己在孩子的成长中承担了更多的责任，因此给孩子改姓跟随自己姓是自己天然的道义上的权利。但是当你到公安机关要求给孩子改姓，并为此出示了法院离婚的判决书时，派出所会同意改姓吗？可能情形不像你想象的那么乐观。派出所会告诉你，给孩子改姓需要离婚的父母双方同意。显然，如果对方同意，一切就水到渠成；但是现实中同意改姓的很少。同时，在中国孩子的姓氏问题上，亦无法在离婚诉讼中解决，法院不会就孩子的姓氏问题作出判决。为此，如果把更改孩子姓氏看得很重，那么唯一的办法就是在离婚中通过协商取得对方的理解和同意，即使为此在财产分割上做出一定的让步。

另外，即使对方同意孩子更改姓氏，还是要考虑到更改姓氏对孩子可能存在的影响。更改姓氏之后需要更改一系列对应的证件或者证书，比如身份证、户口簿、保健卡、疫苗注射卡、毕业证书、各种培训班的结业证书、获奖证书等。如果不能妥善处理好这一些后续问题，则将给孩子未来的就业、生活带来众多的麻烦。

十五、子女抚育费的法定标准

离婚会解除配偶之间的夫妻关系，但是不能解除父母与子女之间的关系。离婚后，夫妻双方都有承担抚养子女的义务。取得孩子抚养权的一方由于带孩子共同生活，所以无需向自己给付抚育费，但是不与孩子共同生活的一方就需要向另一方支付必要的生活费和教育费、医疗费。父母经平等协商，可就抚育费的相关问题达成明确、具体的协议，不损害子女的合法权益的，应予准许。由于抚养费协议关系到下一代的健康成长，因此，在父母达成一致协议的基础上，法院仍具有审核的义务，如果协议不利于子女的，不应准许。协议不成或不予准许时，法院应根据双方的经济状况、子女的实际需要、当地的生活、教育水平等确定。

为此，在离婚过程中，如果夫妻双方就孩子的生活费、教育费、医疗费达成一致的，还比较简单；如果达不成一致，就需要法院来判决。达不成一致的原因通常是双方在给付金额上有重大的不同意见。尤其是在一些高收入人士的离婚案件中，取得孩子抚养权的一方会提出大额甚至巨额的子女抚养费要求，这些主张的理由不外乎是孩子的抚养成本比较高，要上贵族学校或者收费明显高于公立学校的私立学校，初中之后要到国外读书，家庭要请保姆，要上各类培训班等。即使这些项目也是相当可观的数字，那么这样的请求能否得到法庭的支持呢？

《最高人民法院关于人民法院审理离婚案件处理子女抚养问题的若干具体意见》规定"子女抚育费的数额，可根据子女的实际需要、父母双方的负担能力和当地的实际生活水平确定。有固定收入的，抚育费一般可按其月总收入的百分之二十至三十的比例给付。负担两个以上子女抚育费的，比例可适当提高，但一般不得超过月总收入的百分之五十。无固定收入的，抚育费的数额可依据当年总收入或同行业平均收入，参照上述比例确定。有特殊情况的,可适当提高或降低上述比例。"根据这个规定,抚育费的给付需要遵循下列原则:① 有固定收入时,抚育费按照月总收入的 20%~30%确定;② 有固定收入,需要抚育多个子女时,比例可增加,但不超过月总收入的 50%;③ 无固定收入的,抚育费的数额依据当年总收入或者同行业平均收入参照上述比例确定;④ 在确定抚育费时,还要考虑子女的实际需要、父母的负担能力和当地的实际生活水平。除非孩子在配偶双方的共同同意下已经入学贵族学校、学费高昂的私立学校,否则法院一般情况下并不会支持这些教育费用,而只会按照通常公立学校的教育成本计算。再比如各类辅导班、培训班费用也较高,一般情况下,法院也不会直接支持这些费用纳入抚育费的范畴之内。

所以,要在抚育费上更多地获得支付,最好的途径是本着对孩子考虑的立场出发,双方通过理性讨论达成一致;如果实在达不成一致,则要证明对方的收入水平,如果对方不是取得固定收入的,则应当设法证明其年总收入。但是,无论如何,在法院直接判决的案例中,不能指望法院会有天价抚育费的判决。以2013 年的上海为例,法院判决的抚育费金额一般在 1 000~3 000 元/月。

判决之后,如果生活费用显著上涨,或者由于未成年子女医疗费用、教育费的特殊需要,原来判决确定的费用明显不够的,未成年的监护人可以代为提起诉讼,要求增加抚养费。

抚育费一般给付至子女十八周岁为止。十六周岁以上不满十八周岁,以其劳动收入为主要生活来源,并能维持当地一般生活水平的,父母可停止给付抚育费。但是这并不意味着子女年满十八周岁之后,无权继续要求父母给付抚育费。尚未独立生活的成年子女有下列情形之一,父母又有给付能力的,仍应负担必要的抚育费:① 丧失劳动能力或虽未完全丧失劳动能力,但其收入不足以维持生活的;② 尚在校就读的;③ 确无独立生活能力和条件的。但是,在离婚诉讼中,如果子女是未成年人,在计算抚育费时一般只会计算到十八周岁;如果在年满十八周岁后出现上述情形,可以就此再行诉讼。

抚养费标准确定后,享有监护权的一方一般会希望对方每次支付的金额多些,支付的频率低些,除非当事人就此达成一致,法院在判决时一般不会要求支付抚养费的一方一次支付一年或者半年的抚养费,最常见的判决是按月支付。

　　关于子女抚育费的问题,还存在养子女、继子女等在养父母、继父母离婚后的抚育费问题。生父与继母或生母与继父离婚时,对曾受其抚养教育的继子女,继父或继母不同意继续抚养的,仍应由生父母抚养。《中华人民共和国收养法》施行前,夫或妻一方收养的子女,对方未表示反对,并与该子女形成事实收养关系的,离婚后,应由双方负担子女的抚育费;夫或妻一方收养的子女,对方始终反对的,离婚后,应由收养方抚养该子女。

附　　录

中华人民共和国婚姻法

(1980 年 9 月 10 日第五届全国人民代表大会第三次会议通过,根据 2001 年 4 月 28 日第九届全国人民代表大会常务委员会第二十一次会议《关于修改〈中华人民共和国婚姻法〉的决定》修正)

第一章　总　　则

第一条　本法是婚姻家庭关系的基本准则。

第二条　实行婚姻自由、一夫一妻、男女平等的婚姻制度。

保护妇女、儿童和老人的合法权益。

实行计划生育。

第三条　禁止包办、买卖婚姻和其他干涉婚姻自由的行为。禁止借婚姻索取财物。

禁止重婚。禁止有配偶者与他人同居。禁止家庭暴力。禁止家庭成员间的虐待和遗弃。

第四条　夫妻应当互相忠实,互相尊重;家庭成员间应当敬老爱幼,互相帮助,维护平等、和睦、文明的婚姻家庭关系。

第二章　结　　婚

第五条　结婚必须男女双方完全自愿,不许任何一方对他方加以强迫或任何第三者加以干涉。

第六条　结婚年龄,男不得早于二十二周岁,女不得早于二十周岁。晚婚晚育应予鼓励。

第七条　有下列情形之一的,禁止结婚:

（一）直系血亲和三代以内的旁系血亲；

（二）患有医学上认为不应当结婚的疾病。

第八条　要求结婚的男女双方必须亲自到婚姻登记机关进行结婚登记。符合本法规定的，予以登记，发给结婚证。取得结婚证，即确立夫妻关系。未办理结婚登记的，应当补办登记。

第九条　登记结婚后，根据男女双方约定，女方可以成为男方家庭的成员，男方可以成为女方家庭的成员。

第十条　有下列情形之一的，婚姻无效：

（一）重婚的；

（二）有禁止结婚的亲属关系的；

（三）婚前患有医学上认为不应当结婚的疾病，婚后尚未治愈的；

（四）未到法定婚龄的。

第十一条　因胁迫结婚的，受胁迫的一方可以向婚姻登记机关或人民法院请求撤销该婚姻。受胁迫的一方撤销婚姻的请求，应当自结婚登记之日起一年内提出。被非法限制人身自由的当事人请求撤销婚姻的，应当自恢复人身自由之日起一年内提出。

第十二条　无效或被撤销的婚姻，自始无效。当事人不具有夫妻的权利和义务。同居期间所得的财产，由当事人协议处理；协议不成时，由人民法院根据照顾无过错方的原则判决。对重婚导致的婚姻无效的财产处理，不得侵害合法婚姻当事人的财产权益。当事人所生的子女，适用本法有关父母子女的规定。

第三章　家 庭 关 系

第十三条　夫妻在家庭中地位平等。

第十四条　夫妻双方都有各用自己姓名的权利。

第十五条　夫妻双方都有参加生产、工作、学习和社会活动的自由，一方不得对他方加以限制或干涉。

第十六条　夫妻双方都有实行计划生育的义务。

第十七条　夫妻在婚姻关系存续期间所得的下列财产,归夫妻共同所有:

(一)工资、奖金;

(二)生产、经营的收益;

(三)知识产权的收益;

(四)继承或赠与所得的财产,但本法第十八条第三项规定的除外;

(五)其他应当归共同所有的财产。

夫妻对共同所有的财产,有平等的处理权。

第十八条　有下列情形之一的,为夫妻一方的财产:

(一)一方的婚前财产;

(二)一方因身体受到伤害获得的医疗费、残疾人生活补助费等费用;

(三)遗嘱或赠与合同中确定只归夫或妻一方的财产;

(四)一方专用的生活用品;

(五)其他应当归一方的财产。

第十九条　夫妻可以约定婚姻关系存续期间所得的财产以及婚前财产归各自所有、共同所有或部分各自所有、部分共同所有。约定应当采用书面形式。没有约定或约定不明确的,适用本法第十七条、第十八条的规定。

夫妻对婚姻关系存续期间所得的财产以及婚前财产的约定,对双方具有约束力。

夫妻对婚姻关系存续期间所得的财产约定归各自所有的,夫或妻一方对外所负的债务,第三人知道该约定的,以夫或妻一方所有的财产清偿。

第二十条　夫妻有互相扶养的义务。

一方不履行扶养义务时,需要扶养的一方,有要求对方付给扶养费的权利。

第二十一条　父母对子女有抚养教育的义务;子女对父母有赡养扶助的义务。

父母不履行抚养义务时,未成年的或不能独立生活的子女,有要求父母付给抚养费的权利。

子女不履行赡养义务时,无劳动能力的或生活困难的父母,有要求子女付给赡养费的权利。

禁止溺婴、弃婴和其他残害婴儿的行为。

第二十二条 子女可以随父姓,可以随母姓。

第二十三条 父母有保护和教育未成年子女的权利和义务。在未成年子女对国家、集体或他人造成损害时,父母有承担民事责任的义务。

第二十四条 夫妻有相互继承遗产的权利。

父母和子女有相互继承遗产的权利。

第二十五条 非婚生子女享有与婚生子女同等的权利,任何人不得加以危害和歧视。

不直接抚养非婚生子女的生父或生母,应当负担子女的生活费和教育费,直至子女能独立生活为止。

第二十六条 国家保护合法的收养关系。养父母和养子女间的权利和义务,适用本法对父母子女关系的有关规定。

养子女和生父母间的权利和义务,因收养关系的成立而消除。

第二十七条 继父母与继子女间,不得虐待或歧视。

继父或继母和受其抚养教育的继子女间的权利和义务,适用本法对父母子女关系的有关规定。

第二十八条 有负担能力的祖父母、外祖父母,对于父母已经死亡或父母无力抚养的未成年的孙子女、外孙子女,有抚养的义务。有负担能力的孙子女、外孙子女,对于子女已经死亡或子女无力赡养的祖父母、外祖父母,有赡养的义务。

第二十九条 有负担能力的兄、姐,对于父母已经死亡或父母无力抚养的未成年的弟、妹,有扶养的义务。由兄、姐扶养长大的有负担能力的弟、妹,对于缺乏劳动能力又缺乏生活来源的兄、姐,有扶养的义务。

第三十条 子女应当尊重父母的婚姻权利,不得干涉父母再婚以及婚后的生活。子女对父母的赡养义务,不因父母的婚姻关系变化而终止。

第四章　离　婚

第三十一条　男女双方自愿离婚的,准予离婚。双方必须到婚姻登记机关申请离婚。婚姻登记机关查明双方确实是自愿并对子女和财产问题已有适当处理时,发给离婚证。

第三十二条　男女一方要求离婚的,可由有关部门进行调解或直接向人民法院提出离婚诉讼。

人民法院审理离婚案件,应当进行调解;如感情确已破裂,调解无效,应准予离婚。

有下列情形之一,调解无效的,应准予离婚:

（一）重婚或有配偶者与他人同居的;

（二）实施家庭暴力或虐待、遗弃家庭成员的;

（三）有赌博、吸毒等恶习屡教不改的;

（四）因感情不和分居满二年的;

（五）其他导致夫妻感情破裂的情形。

一方被宣告失踪,另一方提出离婚诉讼的,应准予离婚。

第三十三条　现役军人的配偶要求离婚,须得军人同意,但军人一方有重大过错的除外。

第三十四条　女方在怀孕期间、分娩后一年内或中止妊娠后六个月内,男方不得提出离婚。女方提出离婚的,或人民法院认为确有必要受理男方离婚请求的,不在此限。

第三十五条　离婚后,男女双方自愿恢复夫妻关系的,必须到婚姻登记机关进行复婚登记。

第三十六条　父母与子女间的关系,不因父母离婚而消除。离婚后,子女无论由父或母直接抚养,仍是父母双方的子女。

离婚后,父母对于子女仍有抚养和教育的权利和义务。

离婚后,哺乳期内的子女,以随哺乳的母亲抚养为原则。哺乳期后的子女,如双方因抚养问题发生争执不能达成协议时,由人民法院根据子女的权益和双方的具体情况判决。

第三十七条 离婚后,一方抚养的子女,另一方应负担必要的生活费和教育费的一部或全部,负担费用的多少和期限的长短,由双方协议;协议不成时,由人民法院判决。

关于子女生活费和教育费的协议或判决,不妨碍子女在必要时向父母任何一方提出超过协议或判决原定数额的合理要求。

第三十八条 离婚后,不直接抚养子女的父或母,有探望子女的权利,另一方有协助的义务。

行使探望权利的方式、时间由当事人协议;协议不成时,由人民法院判决。

父或母探望子女,不利于子女身心健康的,由人民法院依法中止探望的权利;中止的事由消失后,应当恢复探望的权利。

第三十九条 离婚时,夫妻的共同财产由双方协议处理;协议不成时,由人民法院根据财产的具体情况,照顾子女和女方权益的原则判决。

夫或妻在家庭土地承包经营中享有的权益等,应当依法予以保护。

第四十条 夫妻书面约定婚姻关系存续期间所得的财产归各自所有,一方因抚育子女、照料老人、协助另一方工作等付出较多义务的,离婚时有权向另一方请求补偿,另一方应当予以补偿。

第四十一条 离婚时,原为夫妻共同生活所负的债务,应当共同偿还。共同财产不足清偿的,或财产归各自所有的,由双方协议清偿;协议不成时,由人民法院判决。

第四十二条 离婚时,如一方生活困难,另一方应从其住房等个人财产中给予适当帮助。具体办法由双方协议;协议不成时,由人民法院判决。

第五章 救助措施与法律责任

第四十三条 实施家庭暴力或虐待家庭成员,受害人有权提出请求,居民委员会、村民委员会以及所在单位应当予以劝阻、调解。

对正在实施的家庭暴力,受害人有权提出请求,居民委员会、村民委员会应当予以劝阻;公安机关应当予以制止。

实施家庭暴力或虐待家庭成员,受害人提出请求的,公安机关应当依照治安管理处罚的法律规定以行政处罚。

第四十四条　对遗弃家庭成员,受害人有权提出请求,居民委员会、村民委员会以及所在单位应当予以劝阻、调解。

对遗弃家庭成员,受害人提出请求的,人民法院应当依法作出支付扶养费、抚养费、赡养费的判决。

第四十五条　对重婚的,对实施家庭暴力或虐待、遗弃家庭成员构成犯罪的,依法追究刑事责任。受害人可以依照刑事诉讼法的有关规定,向人民法院自诉;公安机关应当依法侦查,人民检察院应当依法提起公诉。

第四十六条　有下列情形之一,导致离婚的,无过错方有权请求损害赔偿:

(一) 重婚的;

(二) 有配偶者与他人同居的;

(三) 实施家庭暴力的;

(四) 虐待、遗弃家庭成员的。

第四十七条　离婚时,一方隐藏、转移、变卖、毁损夫妻共同财产,或伪造债务企图侵占另一方财产的,分割夫妻共同财产时,对隐藏、转移、变卖、毁损夫妻共同财产或伪造债务的一方,可以少分或不分。离婚后,另一方发现有上述行为的,可以向人民法院提起诉讼,请求再次分割夫妻共同财产。

人民法院对前款规定的妨害民事诉讼的行为,依照民事诉讼法的规定予以制裁。

第四十八条　对拒不执行有关扶养费、抚养费、赡养费、财产分割、遗产继承、探望子女等判决或裁定的,由人民法院依法强制执行。有关个人和单位应负协助执行的责任。

第四十九条　其他法律对有关婚姻家庭的违法行为和法律责任另有规定的,依照其规定。

第六章　附　　则

第五十条　民族自治地方的人民代表大会有权结合当地民族婚姻家庭的具体情况,制定变通规定。自治州、自治县制定的变通规定,报省、自治区、直辖市人民代表大会常务委员会批准后生效。自治区制定的变通规定,报全国人民代表大会常务委员会批准后生效。

第五十一条　本法自 1981 年 1 月 1 日起施行。

1950 年 5 月 1 日颁行的《中华人民共和国婚姻法》,自本法施行之日起废止。

最高人民法院公告

《最高人民法院关于适用〈中华人民共和国婚姻法〉若干问题的解释（一）》已于 2001 年 12 月 24 日由最高人民法院审判委员会第 1202 次会议通过。现予公布，自 2001 年 12 月 27 日起施行。

2001 年 12 月 25 日

关于适用《中华人民共和国婚姻法》若干问题的解释

法释〔2001〕30 号

为了正确审理婚姻家庭纠纷案件，根据《中华人民共和国婚姻法》（以下简称婚姻法）、《中华人民共和国民事诉讼法》等法律的规定，对人民法院适用婚姻法的有关问题作出如下解释：

第一条　婚姻法第三条、第三十二条、第四十三条、第四十五条、第四十六条所称的"家庭暴力"，是指行为人以殴打、捆绑、残害、强行限制人身自由或者其他手段，给其家庭成员的身体、精神等方面造成一定伤害后果的行为。持续性、经常性的家庭暴力，构成虐待。

第二条　婚姻法第三条、第三十二条、第四十六条规定的"有配偶者与他人同居"的情形，是指有配偶者与婚外异性，不以夫妻名义，持续、稳定地共同居住。

第三条　当事人仅以婚姻法第四条为依据提起诉讼的，人民法院不予受理；已经受理的，裁定驳回起诉。

第四条　男女双方根据婚姻法第八条规定补办结婚登记的，婚姻关系的效力从双方均符合婚姻法所规定的结婚的实质要件时起算。

第五条　未按婚姻法第八条规定办理结婚登记而以夫妻名义共同生活的男女，起诉到人民法院要求离婚的，应当区别对待：

（一）1994 年 2 月 1 日民政部《婚姻登记管理条例》公布实施以前，男女双方已经符合结婚实质要件的，按事实婚姻处理。

（二）1994年2月1日民政部《婚姻登记管理条例》公布实施以后，男女双方符合结婚实质要件的，人民法院应当告知其在案件受理前补办结婚登记；未补办结婚登记的，按解除同居关系处理。

第六条 未按婚姻法第八条规定办理结婚登记而以夫妻名义共同生活的男女，一方死亡，另一方以配偶身份主张享有继承权的，按照本解释第五条的原则处理。

第七条 有权依据婚姻法第十条规定向人民法院就已办理结婚登记的婚姻申请宣告婚姻无效的主体，包括婚姻当事人及利害关系人。利害关系人包括：

（一）以重婚为由申请宣告婚姻无效的，为当事人的近亲属及基层组织。

（二）以未到法定婚龄为由申请宣告婚姻无效的，为未达法定婚龄者的近亲属。

（三）以有禁止结婚的亲属关系为由申请宣告婚姻无效的，为当事人的近亲属。

（四）以婚前患有医学上认为不应当结婚的疾病，婚后尚未治愈为由申请宣告婚姻无效的，为与患病者共同生活的近亲属。

第八条 当事人依据婚姻法第十条规定向人民法院申请宣告婚姻无效的，申请时，法定的无效婚姻情形已经消失的，人民法院不予支持。

第九条 人民法院审理宣告婚姻无效案件，对婚姻效力的审理不适用调解，应当依法作出判决；有关婚姻效力的判决一经作出，即发生法律效力。

涉及财产分割和子女抚养的，可以调解。调解达成协议的，另行制作调解书。对财产分割和子女抚养问题的判决不服的，当事人可以上诉。

第十条 婚姻法第十一条所称的"胁迫"，是指行为人以给另一方当事人或者其近亲属的生命、身体健康、名誉、财产等方面造成损害为要挟，迫使另一方当事人违背真实意愿结婚的情况。

因受胁迫而请求撤销婚姻的，只能是受胁迫一方的婚姻关系当事人本人。

第十一条 人民法院审理婚姻当事人因受胁迫而请求撤销婚姻的案件，

应当适用简易程序或者普通程序。

　　第十二条　婚姻法第十一条规定的"一年"，不适用诉讼时效中止、中断或者延长的规定。

　　第十三条　婚姻法第十二条所规定的自始无效，是指无效或者可撤销婚姻在依法被宣告无效或被撤销时，才确定该婚姻自始不受法律保护。

　　第十四条　人民法院根据当事人的申请，依法宣告婚姻无效或者撤销婚姻的，应当收缴双方的结婚证书并将生效的判决书寄送当地婚姻登记管理机关。

　　第十五条　被宣告无效或被撤销的婚姻，当事人同居期间所得的财产，按共同共有处理。但有证据证明为当事人一方所有的除外。

　　第十六条　人民法院审理重婚导致的无效婚姻案件时，涉及财产处理的，应当准许合法婚姻当事人作为有独立请求权的第三人参加诉讼。

　　第十七条　婚姻法第十七条关于"夫或妻对夫妻共同所有的财产，有平等的处理权"的规定，应当理解为：

　　（一）夫或妻在处理夫妻共同财产上的权利是平等的。因日常生活需要而处理夫妻共同财产的，任何一方均有权决定。

　　（二）夫或妻非因日常生活需要对夫妻共同财产做重要处理决定，夫妻双方应当平等协商，取得一致意见。他人有理由相信其为夫妻双方共同意思表示的，另一方不得以不同意或不知道为由对抗善意第三人。

　　第十八条　婚姻法第十九条所称"第三人知道该约定的"，夫妻一方对此负有举证责任。

　　第十九条　婚姻法第十八条规定为夫妻一方的所有的财产，不因婚姻关系的延续而转化为夫妻共同财产。但当事人另有约定的除外。

　　第二十条　婚姻法第二十一条规定的"不能独立生活的子女"，是指尚在校接受高中及其以下学历教育，或者丧失或未完全丧失劳动能力等非因主观原因而无法维持正常生活的成年子女。

　　第二十一条　婚姻法第二十一条所称"抚养费"，包括子女生活费、教育费、医疗费等费用。

第二十二条　人民法院审理离婚案件,符合第三十二条第二款规定"应准予离婚"情形的,不应当因当事人有过错而判决不准离婚。

第二十三条　婚姻法第三十三条所称的"军人一方有重大过错",可以依据婚姻法第三十二条第二款前三项规定及军人有其他重大过错导致夫妻感情破裂的情形予以判断。

第二十四条　人民法院作出的生效的离婚判决中未涉及探望权,当事人就探望权问题单独提起诉讼的,人民法院应予受理。

第二十五条　当事人在履行生效判决、裁定或者调解书的过程中,请求中止行使探望权的,人民法院在征询双方当事人意见后,认为需要中止行使探望权的,依法作出裁定。中止探望的情形消失后,人民法院应当根据当事人的申请通知其恢复探望权的行使。

第二十六条　未成年子女、直接抚养子女的父或母及其他对未成年子女负担抚养、教育义务的法定监护人,有权向人民法院提出中止探望权的请求。

第二十七条　婚姻法第四十二条所称"一方生活困难",是指依靠个人财产和离婚时分得的财产无法维持当地基本生活水平。

一方离婚后没有住处的,属于生活困难。

离婚时,一方以个人财产中的住房对生活困难者进行帮助的形式,可以是房屋的居住权或者房屋的所有权。

第二十八条　婚姻法第四十六条规定的"损害赔偿",包括物质损害赔偿和精神损害赔偿。涉及精神损害赔偿的,适用最高人民法院《关于确定民事侵权精神损害赔偿责任若干问题的解释》的有关规定。

第二十九条　承担婚姻法第四十六条规定的损害赔偿责任的主体,为离婚诉讼当事人中无过错方的配偶。

人民法院判决不准离婚的案件,对于当事人基于婚姻法第四十六条提出的损害赔偿请求,不予支持。

在婚姻关系存续期间,当事人不起诉离婚而单独依据该条规定提起损害赔偿请求的,人民法院不予受理。

第三十条　人民法院受理离婚案件时,应当将婚姻法第四十六条等规定

中当事人的有关权利义务,书面告知当事人。在适用婚姻法第四十六条时,应当区分以下不同情况:

(一)符合婚姻法第四十六条规定的无过错方作为原告基于该条规定向人民法院提起损害赔偿请求的,必须在离婚诉讼的同时提出。

(二)符合婚姻法第四十六条规定的无过错方作为被告的离婚诉讼案件,如果被告不同意离婚也不基于该条规定提起损害赔偿请求的,可以在离婚后一年内就此单独提起诉讼。

(三)无过错方作为被告的离婚诉讼案件,一审时被告未基于婚姻法第四十六条规定提出损害赔偿请求,二审期间提出的,人民法院应当进行调解,调解不成的,告知当事人在离婚后一年内另行起诉。

第三十一条 当事人依据婚姻法第四十七条的规定向人民法院提起诉讼,请求再次分割夫妻共同财产的诉讼时效为两年,从当事人发现之次日起计算。

第三十二条 婚姻法第四十八条关于对拒不执行有关探望子女等判决和裁定的,由人民法院依法强制执行的规定,是指对拒不履行协助另一方行使探望权的有关个人和单位采取拘留、罚款等强制措施,不能对子女的人身、探望行为进行强制执行。

第三十三条 婚姻法修改后正在审理的一、二审婚姻家庭纠纷案件,一律适用修改后的婚姻法。此前最高人民法院作出的相关司法解释如与本解释相抵触,以本解释为准。

第三十四条 本解释自公布之日起施行。

最高人民法院公告

《最高人民法院关于适用〈中华人民共和国婚姻法〉若干问题的解释（二）》已于 2003 年 12 月 4 日由最高人民法院审判委员会第 1299 次会议通过。现予公布，自 2004 年 4 月 1 日起施行。

最高人民法院

2003 年 12 月 26 日

最高人民法院关于适用《中华人民共和国婚姻法》若干问题的解释（二）

法释〔2003〕19 号

为正确审理婚姻家庭纠纷案件，根据《中华人民共和国婚姻法》（以下简称婚姻法）、《中华人民共和国民事诉讼法》等相关法律规定，对人民法院适用婚姻法的有关问题作出如下解释：

第一条 当事人起诉请求解除同居关系的，人民法院不予受理。但当事人请求解除的同居关系，属于婚姻法第三条、第三十二条、第四十六条规定的"有配偶者与他人同居"的，人民法院应当受理并依法予以解除。

当事人因同居期间财产分割或者子女抚养纠纷提起诉讼的，人民法院应当受理。

第二条 人民法院受理申请宣告婚姻无效案件后，经审查确属无效婚姻的，应当依法作出宣告婚姻无效的判决。原告申请撤诉的，不予准许。

第三条 人民法院受理离婚案件后，经审查确属无效婚姻的，应当将婚姻无效的情形告知当事人，并依法作出宣告婚姻无效的判决。

第四条 人民法院审理无效婚姻案件，涉及财产分割和子女抚养的，应当对婚姻效力的认定和其他纠纷的处理分别制作裁判文书。

第五条 夫妻一方或者双方死亡后一年内，生存一方或者利害关系人依据婚姻法第十条的规定申请宣告婚姻无效的,人民法院应当受理。

第六条 利害关系人依据婚姻法第十条的规定,申请人民法院宣告婚姻无效的,利害关系人为申请人,婚姻关系当事人双方为被申请人。

夫妻一方死亡的,生存一方为被申请人。

夫妻双方均已死亡的,不列被申请人。

第七条 人民法院就同一婚姻关系分别受理了离婚和申请宣告婚姻无效案件的,对于离婚案件的审理,应当待申请宣告婚姻无效案件作出判决后进行。

前款所指的婚姻关系被宣告无效后,涉及财产分割和子女抚养的,应当继续审理。

第八条 离婚协议中关于财产分割的条款或者当事人因离婚就财产分割达成的协议,对男女双方具有法律约束力。

当事人因履行上述财产分割协议发生纠纷提起诉讼的,人民法院应当受理。

第九条 男女双方协议离婚后一年内就财产分割问题反悔,请求变更或者撤销财产分割协议的,人民法院应当受理。

人民法院审理后,未发现订立财产分割协议时存在欺诈、胁迫等情形的,应当依法驳回当事人的诉讼请求。

第十条 当事人请求返还按照习俗给付的彩礼的,如果查明属于以下情形,人民法院应当予以支持:

(一)双方未办理结婚登记手续的;

(二)双方办理结婚登记手续但确未共同生活的;

(三)婚前给付并导致给付人生活困难的。

适用前款第(二)、(三)项的规定,应当以双方离婚为条件。

第十一条 婚姻关系存续期间,下列财产属于婚姻法第十七条规定的"其他应当归共同所有的财产":

(一)一方以个人财产投资取得的收益;

(二)男女双方实际取得或者应当取得的住房补贴、住房公积金;

（三）男女双方实际取得或者应当取得的养老保险金、破产安置补偿费。

第十二条 婚姻法第十七条第三项规定的"知识产权的收益"，是指婚姻关系存续期间，实际取得或者已经明确可以取得的财产性收益。

第十三条 军人的伤亡保险金、伤残补助金、医药生活补助费属于个人财产。

第十四条 人民法院审理离婚案件，涉及分割发放到军人名下的复员费、自主择业费等一次性费用的，以夫妻婚姻关系存续年限乘以年平均值，所得数额为夫妻共同财产。

前款所称年平均值，是指将发放到军人名下的上述费用总额按具体年限均分得出的数额。其具体年限为人均寿命七十岁与军人入伍时实际年龄的差额。

第十五条 夫妻双方分割共同财产中的股票、债券、投资基金份额等有价证券以及未上市股份有限公司股份时，协商不成或者按市价分配有困难的，人民法院可以根据数量按比例分配。

第十六条 人民法院审理离婚案件，涉及分割夫妻共同财产中以一方名义在有限责任公司的出资额，另一方不是该公司股东的，按以下情形分别处理：

（一）夫妻双方协商一致将出资额部分或者全部转让给该股东的配偶，过半数股东同意、其他股东明确表示放弃优先购买权的，该股东的配偶可以成为该公司股东；

（二）夫妻双方就出资额转让份额和转让价格等事项协商一致后，过半数股东不同意转让，但愿意以同等价格购买该出资额的，人民法院可以对转让出资所得财产进行分割。过半数股东不同意转让，也不愿意以同等价格购买该出资额的，视为其同意转让，该股东的配偶可以成为该公司股东。

用于证明前款规定的过半数股东同意的证据，可以是股东会决议，也可以是当事人通过其他合法途径取得的股东的书面声明材料。

第十七条 人民法院审理离婚案件，涉及分割夫妻共同财产中以一方名义在合伙企业中的出资，另一方不是该企业合伙人的，当夫妻双方协商一致，

将其合伙企业中的财产份额全部或者部分转让给对方时,按以下情形分别处理:

（一）其他合伙人一致同意的,该配偶依法取得合伙人地位;

（二）其他合伙人不同意转让,在同等条件下行使优先受让权的,可以对转让所得的财产进行分割;

（三）其他合伙人不同意转让,也不行使优先受让权,但同意该合伙人退伙或者退还部分财产份额的,可以对退还的财产进行分割;

（四）其他合伙人既不同意转让,也不行使优先受让权,又不同意该合伙人退伙或者退还部分财产份额的,视为全体合伙人同意转让,该配偶依法取得合伙人地位。

第十八条　夫妻以一方名义投资设立独资企业的,人民法院分割夫妻在该独资企业中的共同财产时,应当按照以下情形分别处理:

（一）一方主张经营该企业的,对企业资产进行评估后,由取得企业一方给予另一方相应的补偿;

（二）双方均主张经营该企业的,在双方竞价基础上,由取得企业的一方给予另一方相应的补偿;

（三）双方均不愿意经营该企业的,按照《中华人民共和国个人独资企业法》等有关规定办理。

第十九条　由一方婚前承租、婚后用共同财产购买的房屋,房屋权属证书登记在一方名下的,应当认定为夫妻共同财产。

第二十条　双方对夫妻共同财产中的房屋价值及归属无法达成协议时,人民法院按以下情形分别处理:

（一）双方均主张房屋所有权并且同意竞价取得的,应当准许;

（二）一方主张房屋所有权的,由评估机构按市场价格对房屋作出评估,取得房屋所有权的一方应当给予另一方相应的补偿;

（三）双方均不主张房屋所有权的,根据当事人的申请拍卖房屋,就所得价款进行分割。

第二十一条　离婚时双方对尚未取得所有权或者尚未取得完全所有权

的房屋有争议且协商不成的,人民法院不宜判决房屋所有权的归属,应当根据实际情况判决由当事人使用。

当事人就前款规定的房屋取得完全所有权后,有争议的,可以另行向人民法院提起诉讼。

第二十二条 当事人结婚前,父母为双方购置房屋出资的,该出资应当认定为对自己子女的个人赠与,但父母明确表示赠与双方的除外。

当事人结婚后,父母为双方购置房屋出资的,该出资应当认定为对夫妻双方的赠与,但父母明确表示赠与一方的除外。

第二十三条 债权人就一方婚前所负个人债务向债务人的配偶主张权利的,人民法院不予支持。但债权人能够证明所负债务用于婚后家庭共同生活的除外。

第二十四条 债权人就婚姻关系存续期间夫妻一方以个人名义所负债务主张权利的,应当按夫妻共同债务处理。但夫妻一方能够证明债权人与债务人明确约定为个人债务,或者能够证明属于婚姻法第十九条第三款规定情形的除外。

第二十五条 当事人的离婚协议或者人民法院的判决书、裁定书、调解书已经对夫妻财产分割问题作出处理的,债权人仍有权就夫妻共同债务向男女双方主张权利。

一方就共同债务承担连带清偿责任后,基于离婚协议或者人民法院的法律文书向另一方主张追偿的,人民法院应当支持。

第二十六条 夫或妻一方死亡的,生存一方应当对婚姻关系存续期间的共同债务承担连带清偿责任。

第二十七条 当事人在婚姻登记机关办理离婚登记手续后,以婚姻法第四十六条规定为由向人民法院提出损害赔偿请求的,人民法院应当受理。但当事人在协议离婚时已经明确表示放弃该项请求,或者在办理离婚登记手续一年后提出的,不予支持。

第二十八条 夫妻一方申请对配偶的个人财产或者夫妻共同财产采取保全措施的,人民法院可以在采取保全措施可能造成损失的范围内,根据实际情况,确定合理的财产担保数额。

第二十九条　本解释自 2004 年 4 月 1 日起施行。

本解释施行后,人民法院新受理的一审婚姻家庭纠纷案件,适用本解释。

本解释施行后,此前最高人民法院作出的相关司法解释与本解释相抵触的,以本解释为准。

最高人民法院公告

　　《最高人民法院关于适用〈中华人民共和国婚姻法〉若干问题的解释（三）》已于 2011 年 7 月 4 日由最高人民法院审判委员会第 1525 次会议通过，现予公布，自 2011 年 8 月 13 日起施行。

最高人民法院

二〇一一年八月九日

最高人民法院关于适用《中华人民共和国婚姻法》
若干问题的解释（三）

法释〔2011〕18 号

　　为正确审理婚姻家庭纠纷案件，根据《中华人民共和国婚姻法》、《中华人民共和国民事诉讼法》等相关法律规定，对人民法院适用婚姻法的有关问题作出如下解释：

　　第一条　当事人以婚姻法第十条规定以外的情形申请宣告婚姻无效的，人民法院应当判决驳回当事人的申请。

　　当事人以结婚登记程序存在瑕疵为由提起民事诉讼，主张撤销结婚登记的，告知其可以依法申请行政复议或者提起行政诉讼。

　　第二条　夫妻一方向人民法院起诉请求确认亲子关系不存在，并已提供必要证据予以证明，另一方没有相反证据又拒绝做亲子鉴定的，人民法院可以推定请求确认亲子关系不存在一方的主张成立。

　　当事人一方起诉请求确认亲子关系，并提供必要证据予以证明，另一方没有相反证据又拒绝做亲子鉴定的，人民法院可以推定请求确认亲子关系一方的主张成立。

　　第三条　婚姻关系存续期间，父母双方或者一方拒不履行抚养子女义务，未成年或者不能独立生活的子女请求支付抚养费的，人民法院应予支持。

第四条 婚姻关系存续期间,夫妻一方请求分割共同财产的,人民法院不予支持,但有下列重大理由且不损害债权人利益的除外:

(一)一方有隐藏、转移、变卖、毁损、挥霍夫妻共同财产或者伪造夫妻共同债务等严重损害夫妻共同财产利益行为的;

(二)一方负有法定扶养义务的人患重大疾病需要医治,另一方不同意支付相关医疗费用的。

第五条 夫妻一方个人财产在婚后产生的收益,除孳息和自然增值外,应认定为夫妻共同财产。

第六条 婚前或者婚姻关系存续期间,当事人约定将一方所有的房产赠与另一方,赠与方在赠与房产变更登记之前撤销赠与,另一方请求判令继续履行的,人民法院可以按照合同法第一百八十六条的规定处理。

第七条 婚后由一方父母出资为子女购买的不动产,产权登记在出资人子女名下的,可按照婚姻法第十八条第(三)项的规定,视为只对自己子女一方的赠与,该不动产应认定为夫妻一方的个人财产。

第八条 无民事行为能力人的配偶有虐待、遗弃等严重损害无民事行为能力一方的人身权利或者财产权益行为,其他有监护资格的人可以依照特别程序要求变更监护关系;变更后的监护人代理无民事行为能力一方提起离婚诉讼的,人民法院应予受理。

第九条 夫以妻擅自中止妊娠侵犯其生育权为由请求损害赔偿的,人民法院不予支持;夫妻双方因是否生育发生纠纷,致使感情确已破裂,一方请求离婚的,人民法院经调解无效,应依照婚姻法第三十二条第三款第(五)项的规定处理。

第十条 夫妻一方婚前签订不动产买卖合同,以个人财产支付首付款并在银行贷款,婚后用夫妻共同财产还贷,不动产登记于首付款支付方名下的,离婚时该不动产由双方协议处理。

依前款规定不能达成协议的,人民法院可以判决该不动产归产权登记一方,尚未归还的贷款为产权登记一方的个人债务。双方婚后共同还贷支付的款项及其相对应财产增值部分,离婚时应根据婚姻法第三十九条第一款规定的原则,由产权登记一方对另一方进行补偿。

第十一条 一方未经另一方同意出售夫妻共同共有的房屋,第三人善意购买、支付合理对价并办理产权登记手续,另一方主张追回该房屋的,人民法院不予支持。

夫妻一方擅自处分共同共有的房屋造成另一方损失,离婚时另一方请求赔偿损失的,人民法院应予支持。

第十二条 婚姻关系存续期间,双方用夫妻共同财产出资购买以一方父母名义参加房改的房屋,产权登记在一方父母名下,离婚时另一方主张按照夫妻共同财产对该房屋进行分割的,人民法院不予支持。购买该房屋时的出资,可以作为债权处理。

第十三条 离婚时夫妻一方尚未退休、不符合领取养老保险金条件,另一方请求按照夫妻共同财产分割养老保险金的,人民法院不予支持;婚后以夫妻共同财产缴付养老保险费,离婚时一方主张将养老金账户中婚姻关系存续期间个人实际缴付部分作为夫妻共同财产分割的,人民法院应予支持。

第十四条 当事人达成的以登记离婚或者到人民法院协议离婚为条件的财产分割协议,如果双方协议离婚未成,一方在离婚诉讼中反悔的,人民法院应当认定该财产分割协议没有生效,并根据实际情况依法对夫妻共同财产进行分割。

第十五条 婚姻关系存续期间,夫妻一方作为继承人依法可以继承的遗产,在继承人之间尚未实际分割,起诉离婚时另一方请求分割的,人民法院应当告知当事人在继承人之间实际分割遗产后另行起诉。

第十六条 夫妻之间订立借款协议,以夫妻共同财产出借给一方从事个人经营活动或用于其他个人事务的,应视为双方约定处分夫妻共同财产的行为,离婚时可按照借款协议的约定处理。

第十七条 夫妻双方均有婚姻法第四十六条规定的过错情形,一方或者双方向对方提出离婚损害赔偿请求的,人民法院不予支持。

　　第十八条　离婚后,一方以尚有夫妻共同财产未处理为由向人民法院起诉请求分割的,经审查该财产确属离婚时未涉及的夫妻共同财产,人民法院应当依法予以分割。

　　第十九条　本解释施行后,最高人民法院此前作出的相关司法解释与本解释相抵触的,以本解释为准。

法律宝典

一、立下遗嘱是对后人负责任的态度

生命无法永恒，来到这个世界本身就是一个偶然，而离开这个世界却是一件必然。人们无法控制自己什么时候来到这个世界，也基本上无法确定什么时候会离开这个世界。人有旦夕祸福，疾病、意外事件等的发生让人们对于死亡的时间无法把握。人们当然希望因为自然衰老接近死亡时再立遗嘱，但是就存在着几个矛盾：① 不是每个人都是因自然衰老而死亡，在此之前完全可能有突发疾病或者意外事件而快速夺去人们的生命；② 人自然衰老接近死亡时，完全可能出现因为老年痴呆、体力不支等各种原因导致无法立下遗嘱或者无法立下有效遗嘱。

没有遗嘱会有什么麻烦呢？没有遗嘱最大的麻烦是给自己至亲的人埋下了纷争的种子，多少兄弟姐妹、父母子女之间在继承遗产时，就是因为过世的人没有留下一份遗嘱，因此人人觉得自己应当多分，并且觉得自己应当多分一定会得到已经辞世的故人的支持。

翟某与张某均是解放前就参加工作的离休干部,离休时享受副局级待遇,育有二女一子。长子考入清华大学,先在中国科学院工作,后担任美国一在华独资企业董事长,长女考入第三军医大学,毕业后留在重庆工作,教授职称。长子、长女在工作期间,都先后享受过福利分房,也先后在上海购置了别墅。小女一人在上海,为方便照顾父母,小女结婚后一直与父母共同居住。1994 年,上海进行住房制度改革,母亲翟某即购买了先前租住的两套公房,在购买该房时,使用了翟某与张某两人的行政级别、小女及其配偶的工龄,购房款亦由小女提取公积金支付部分。根据 1994 年的房改方案,产权证只能登记在一人名下,为此房产登记在翟某一人名下。两人在世时多次表示,小女儿为照顾自己付出了最多,而且购房时也做出了贡献,其他两个子女条件也不错,因此两人百年后,房子归小女儿。但是两人均没有留下书面遗嘱。2000 年,翟某去世;2006 年,张某去世。翟某、张某去世以后,该两套房屋由小女掌管。小女享受的唯一一次福利分房就是与父母共同购买的承租公房。父亲去世后,长子、长女向上海市静安区人民法院起诉,认为该房产属于父母的遗产,应该进行继承。

各位读者,如果翟某与张某九泉下有知,是否要捶胸顿足,一个好端端的家庭,原本和睦的三兄妹,因为两套房产,人性中自私、贪婪的一面被激发出来了,忘掉了父母的教养,抛弃了兄妹之间的亲情,唯一想要的就是金钱。面对利益的诱惑,亲情、道德等皆可抛弃。笔者要说这不是长子和长女的错,错在翟某和张某自己。如果他们留下一份遗嘱,对于这份财产的处置有明确的安排,三兄妹之间为这些利益而在法庭上大打出手的概率不知道要低多少呀,因为父母毕竟生前有明确的遗嘱安排,违背父母生前的安排当然是最大的不孝;而如今,父母在生前没有留下可以证明的遗嘱,他们当然可以自欺欺人地说父母没有做任何安排,甚至可以指责是小妹妹背弃功德,独吞房产。

不要过分高估自己的能力,那种以为自己一定可以从容在生前对身后事做好安排的想法是没有任何依据的;不要过分高估自己辞世后,至亲会因为亲情而一定会相互体谅,在财产的分割上高风亮节,不做任何计较,这个想法忽略了人本性中自私的一面。试想,如果男方去世了,并且没有遗嘱,男方的父母与儿媳很可能在财产的继承上发生纠纷,反之亦然。如果双方都不幸去世了,那么男方父母和女方父母在财产继承、子女抚育的问题上发生纠纷的可能性更大。那个时候,已经不在世界的你,会怎样的心绪? 只有一个词,捶胸顿足。解决问题的办法只有一个:尽早对自己的身后事做下安排,写下一份遗嘱。这不仅是免除自己的后顾之忧,更是给后人留一个平静,留一个和谐。

笔者有个朋友时年45岁,孩子12岁,孩子平时由男方父母带大,夫妻双方带孩子外出旅行时,与夫人一起留下了遗嘱:① 如果一方去世,则给该方父母30万元,其余财产由配偶和子女继承;② 如果双方不幸同时去世,则给女方父母30万元,其余财产归孩子,由男方父母作为监护人。这份遗嘱内容言简意赅,但是至少解决了主要问题,不啻为一个好的办法。

因此,不要忌讳早点立下遗嘱,这是对自己负责任,也对至亲的人负责任的做法。

二、法定继承和遗嘱继承的关系

被继承人去世前留下有效遗嘱的,则对于遗嘱中已经有效处分的遗产,不能适用法定继承。只有在没有遗嘱、遗嘱无效以及有遗嘱中未处分的财产时,才能适用法定继承来安排继承。所以,遗嘱继承优先于法定继承。如果不立遗嘱,则只能按照法定继承处理。如果不愿意按照法定继承处理,唯一的办法是在生前立下有效遗嘱。

三、没有遗嘱时如何继承

按照《继承法》的规定,没有遗嘱时,按照法定继承办理;在此种情况下,遗产继承按照第一、第二顺序进行,第一顺序继承人包括配偶、子女、父母。第二顺序继承人包括兄弟姐妹、祖父母、外祖父母。第一顺序继承人优先于第二顺序继承人。继承开始后,由第一顺序继承人继承,第二顺序继承人不能继承。没有第一顺序继承人继承的,由第二顺序继承人继承。子女,包括婚生子女、非婚生子女、养子女和有扶养关系的继子女。父母,包括生父母、养父母和有扶养关系的继父母。兄弟姐妹,包括同父母的兄弟姐妹、同父异母或者同母异父的兄弟姐妹、养兄弟姐妹、有扶养关系的继兄弟姐妹。

同一顺序继承人继承遗产的份额,一般应当均等。对生活有特殊困难的缺乏劳动能力的继承人,分配遗产时,应当予以照顾。对被继承人生活提供了主要经济来源,或在劳务等方面给予了主要扶助的,应当认定该继承人对被继承人尽了主要扶养义务或者赡养义务,应当多分。与被继承人共同生活的继承人,分配遗产时,可以多分。有扶养能力和有扶养条件的继承人,不尽扶养义务的,分配遗产时,应当不分或者少分。

《继承法》确定的两大顺序继承人主要是从血缘关系以及婚姻关系的角度出发的,并没有将丧偶儿媳、丧偶女婿作为公婆或者岳父母遗产的继承人。在实践中有争议的问题是,配偶一方去世后,公婆或者岳父母去世时,丧偶女婿或者丧偶儿媳是否有继承权?由于丧偶儿媳与公婆之间、丧偶女婿与岳父母之间并无血缘关系,一般情况下,丧偶儿媳、女婿对公婆、岳父母的遗产没有继承权。但是在实践中确实存在着,丧偶儿媳对公、婆,丧偶女婿对岳父、岳母,尽了主要赡养义务的,此时如果不赋予其继承权,不仅对其本人不公平,对于其已经去世的配偶也不公平,更加不利于倡导和谐家庭道德。丧偶儿媳、丧偶女婿之所以会对公婆、岳父母尽赡养义务,是出于对已经去世的配偶的感情,出于对大家庭的责任,是在代已经去世的配偶尽孝道。为此,法律规定丧偶儿媳对公、婆,丧偶女婿对岳父、岳母,尽了主要赡养义务的,应当赋予他们继承权,而且作为第一顺序继承人。继承法的这个规定是合理的。他们作为第一顺序继承人的权利,不因为其再婚而受影响。

被继承人的子女先于被继承人死亡的,由被继承人的子女的晚辈直系血亲代位继承,这种制度安排符合社会伦理,但是无论代位继承人有几人,他们共同代位继承的份额只局限于他们的父亲或者母亲有权继承的份额。比如,张某有子女三人,其长子婚后育有二女,在张某去世时,其配偶、长子已经去世,此时张某的继承人有包括尚在世的两子女,以及长子的两个女儿,但是长子的两个女儿合计只能继承三分之一的份额,见图4-1。

继承从被继承人死亡时开始,因此被继承人死亡的时间在继承中至关重

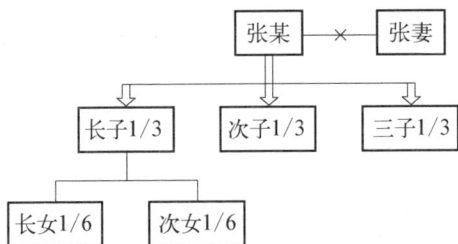

图 4-1

要。为此,在相互有继承关系的人同时或者持续死亡时,继承就会成为一个错综复杂的事情,如何继承成为一个技术性很强的问题。某地发生一起交通事故,张女士、王先生在交通事故中先后死亡,张女士和王先生共有财产200万元,双方父母均健康,并育有一子。本案中,张女士先死亡,其第一顺序继承人包括王先生、父、母、子共四人,张女士遗产100万元,每人继承25万元;王先生继承得到张女士的遗产25万元后,王先生的财产总额为125万元,其去世后遗产为125万元,继承人为其子和父、母,每人分得三分之一。但是如果在本案中双方同时死亡,或者救援人员赶到现场时,双方均已经死亡,无法确认死亡的先后顺序,此时如何继承呢?《继承法》司法解释规定,相互有继承关系的几个人在同一事件中死亡,如不能确定死亡先后时间的,推定没有继承人的人先死亡。死亡人各自都有继承人的,如几个死亡人辈份不同,推定长辈先死亡;几个死亡人辈份相同,推定同时死亡,彼此不发生继承,由他们各自的继承人分别继承。根据上述司法解释,如果张女士、王先生推定同时死亡,互相之间不发生继承,各自的遗产均为100万元,由各自的父母、子女分别继承。

四、继承人不尽孝道是否可以剥夺继承权

有的继承纠纷中,一个或者部分继承人经常会指责其他继承人对被继承人没有尽孝道,为此不同意该继承人继承,提出应该剥夺该继承人继承遗产的权利。那么在继承中,是否只要继承人对被继承人不尽孝道就可以剥夺继承权呢?各位读者,继承人的范围、继承人的顺序均是继承法的规定,除非被

继承人留下的遗嘱与之相悖,一般情况下,均应该按照《继承法》执行。显而易见,能否剥夺某个继承人的继承权,也得依照《继承法》的规定办理。

按照《继承法》的规定,继承人有下列行为之一的,丧失继承权:(一)故意杀害被继承人的;(二)为争夺遗产而杀害其他继承人的;(三)遗弃被继承人的,或者虐待被继承人情节严重的;(四)伪造、篡改或者销毁遗嘱,情节严重的。《继承法》司法解释又进一步规定,继承人虐待被继承人情节严重的,或者遗弃被继承人的,如以后确有悔改表现,而且被虐待人、被遗弃人生前又表示宽恕,可不确认其丧失继承权。从以上规定不难看出,剥夺继承人继承权的条件是相当严格的,即使有证据证明某个继承人存在着不支付赡养费、不看望或者照顾老人等不尽孝道行为,或者有着情节较轻的虐待、遗弃被继承人情形,人民法院也不会轻易判定该继承人丧失继承权。

除非具备上述法定剥夺继承权的情节,意欲剥夺某个继承人的继承权只有一个行之有效的办法,那就是在被继承人死亡前即提出来并且以遗嘱的形式确认下来。

五、多份内容不同的遗嘱,哪个的法律效力优先

有些被继承人会留下多份遗嘱,如果各份遗嘱的内容不相抵触,那么各份遗嘱可以分别执行;如果各份遗嘱的内容互相矛盾,这就成了一个问题,到底按照哪份遗嘱的内容来处理遗产呢?

首先,我们要判断遗嘱的形式是否合乎法律规定的形式要件。遗嘱有不同的形式,法律对于不同形式的遗嘱有不同的有效要件。公证遗嘱由遗嘱人经公证机关办理;自书遗嘱由遗嘱人亲笔书写,签名,注明年、月、日;代书遗嘱应当有两个以上见证人在场见证,由其中一人代书,注明年、月、日,并由代书人、其他见证人和遗嘱人签名。以录音形式立的遗嘱,应当有两个以上见证人在场见证。遗嘱人在危急情况下,可以立口头遗嘱。口头遗嘱应当有两个以上见证人在场见证。危急情况解除后,遗嘱人能够用书面或者录音形式立遗嘱的,所立的口头遗嘱无效。所以,对于代书遗嘱、录音遗嘱、口头遗嘱,应当有两个以上的见证人在场见证,而且见证人应当不

是继承人、受遗赠人、无行为能力人、限制行为能力人,以及与继承人、受遗赠人有利害关系的人。

案例:

沈戊是被继承人沈某的弟弟,沈甲、沈乙、沈丙分别为沈某的侄子、侄女和侄孙,沈丁系与沈某已解除收养关系的养女。2004年2月,沈某死亡,沈戊与沈丁共同委托的清点人在清点沈某遗物时,发现一份"沈某身后财产分配单"(下称"财产分配单")上记载:沈某将自己的房产、股票、储蓄等百万元财产均分为四份,分别留给沈甲、沈乙、沈丙和沈丁,还特别注明"弟弟沈戊无权享受以上任何一项本人财产"。该"财产分配单"正文系打印件,上有沈某的亲笔签名(加盖印章)和日期。

原告沈戊认为,其系沈某弟弟,是沈某唯一的法定继承人。"财产分配单"系电脑打印而成,虽有沈某的签名及日期,但沈某生前不会操作电脑,即便是遗嘱,也应为代书遗嘱,但又无代书人签名,故该遗嘱不符合代书遗嘱的法定形式要件,应为无效遗嘱。沈某的遗产应适用法定继承。据此诉请确认该遗嘱无效,要求通过法定继承取得沈某的遗产。

被告沈甲、沈乙、沈丙、沈丁则认为,"财产分配单"是受托的遗产清点人在清点遗产时发现的,具有客观性,上有沈某的亲笔签名,并注明日期,应视为自书遗嘱,且遗嘱内容与沈某生前的真实意思相符,具有法律效力。

法院认为,沈某在"财产分配单"中表达了对其死后的财产的处置意见,应属遗嘱性质。电脑打印只是一种书写方式,与他人代书的遗嘱有所区别。沈某具有一定文化知识,具备完全民事行为能力,对打印的文字是否直接表达了其意志应当具有判断力,沈戊未能举证该份遗嘱的代书人为何人,其主张"财产分配单"为代书遗嘱缺乏证据证明,故不予认定。另结合证人的证词,该遗嘱的内容与沈某生前的真实意思相符,沈戊未能提供证据证明沈某生前有其他相反的意思表示。且该遗嘱系遗产清点人在清点死者的遗物中所获,并非某一方继承人所持有,因而具有客观真实性。一审据此判决:对沈戊要求确认"财产分配单"为无效遗嘱以及要求继承沈某遗产的诉讼请求不予支持①。

其次,用欺诈、胁迫的手段订立的遗嘱无效,伪造的遗嘱无效,被篡改的遗嘱,篡改的内容无效。立遗嘱人立遗嘱时必须有行为能力,无民事行为能力或者限制民事行为能力所立遗嘱无效;无行为能力人所立的遗嘱,即使其本人后来有了行为能力,仍属无效遗嘱。遗嘱人立遗嘱时有行为能力,后来丧失了行为能力,不影响遗嘱的效力。间歇性精神病人在精神正常期间所立遗嘱有效,前提是有证据证明其时的精神健康状况。

第三,如果多份遗嘱的内容相抵触,其中有公证遗嘱的,以最后所立公证遗嘱为准;没有公证遗嘱的,以最后所立的遗嘱为准。

作为继承人,虽然被继承人立下对其内容有利的遗嘱,但是不能排除事后被继承人又做出了与该遗嘱内容矛盾的新的遗嘱。为此,在继承事务中,如果继承人之间存在潜在的冲突,则最好的做法是让被继承人立下一份公证遗嘱。

六、胎儿没有继承权,但是应该为其保留必要的遗产份额

胎儿没有出生,在法律上不具有作为民事主体应具有的民事权利能力,因此,胎儿是没有继承权的。胎儿的父亲在胎儿出生前死亡,如果不给胎儿保留必要的遗产,则胎儿出生并且存活的话,显然对胎儿是不公平的,也是作为胎儿父亲的被继承人所不愿意看到的。所以《继承法》规定,遗产分割时,应当保留胎儿的继承份额。胎儿出生时是死体的,保留的份额由原被继承人的继承人依照《继承法》的规定继承。但是,如果胎儿出生后再死亡的,此时其已经享有民事权利能力,享有继承权,为其保留的份额成为其财产,在其去世后,成为该去世的婴儿的遗产,按照法定继承的规定进行继承。

---

① 资料来源:上海市第二中级人民法院(2005)沪二中民一(民)终字第 766 号民事裁定。

七、按照 94 方案购买的房屋,是否是登记的名义权利人的遗产

前文提到的翟某和张某夫妻在 1994 年根据上海市房改 94 方案购买的公有住房继承纠纷一案,当时的配房人包括翟某、张某、小女儿一家三口。根据上海市的相关规定,小女儿夫妻双方作为同住成年人亦对此房产享有所有权。正因为如此,在翟某、张某夫妻去世后,小女儿一直没有前往房产交易中心办理过户登记手续。在其兄姐提出诉讼后,她的观点仍然是认为该房产中属于翟某和张某的只有一半,只有这一半可以作为遗产进行继承。但是兄姐却认为,该房产登记在他们母亲名下,因此就属于母亲和父亲的遗产;如果小妹认为房产中有自己的份额应该另行确权。为此,小妹及其丈夫以兄姐为被告,提出了确权诉讼,请求法院确认房产中有 50% 属于原告。法院经审理后认为,翟某作为房产登记的名义权利人去世已经满了两年,原告作为房屋的权利人应该在翟某去世后两年内提起诉讼,超过两年,即超过了诉讼时效,为此判决驳回原告起诉。

94 房改方案因为产权登记只允许登记一人的名字,使得其他权利人无法出现在登记中,嗣后由于种种原因,在登记的名义权利人去世后,没有及时提起诉讼,由此导致自身的权利得不到法律保护。而此类案件中对于诉讼时效的理解,事实上执行的只是上海市高级人民法院的内部规定,这个规定将政策缺陷带来的后果完全转化为由民众来承担。在新的政策出台之前,依照 94 方案购房的权利人确权的唯一的办法就是在登记的名义权利人去世后两年内向法院提出确权诉讼。

附　　录

中华人民共和国继承法

（一九八五年四月十日第六届全国人民代表大会第三次会议通过，一九八五年四月十日中华人民共和国主席令第二十四号公布，一九八五年十月一日起施行）

第一章　总　　则

第一条　根据《中华人民共和国宪法》规定，为保护公民的私有财产的继承权，制定本法。

第二条　继承从被继承人死亡时开始。

第三条　遗产是公民死亡时遗留的个人合法财产，包括：

（一）公民的收入；

（二）公民的房屋、储蓄和生活用品；

（三）公民的林木、牲畜和家禽；

（四）公民的文物、图书资料；

（五）法律允许公民所有的生产资料；

（六）公民的著作权、专利权中的财产权利；

（七）公民的其他合法财产。

第四条　个人承包应得的个人收益，依照本法规定继承。个人承包，依照法律允许由继承人继续承包的，按照承包合同办理。

第五条　继承开始后，按照法定继承办理；有遗嘱的，按照遗嘱继承或者遗赠办理；有遗赠扶养协议的，按照协议办理。

第六条　无行为能力人的继承权、受遗赠权，由他的法定代理人代为行使。

限制行为能力人的继承权、受遗赠权,由他的法定代理人代为行使,或者征得法定代理人同意后行使。

第七条 继承人有下列行为之一的,丧失继承权:

(一) 故意杀害被继承人的;

(二) 为争夺遗产而杀害其他继承人的;

(三) 遗弃被继承人的,或者虐待被继承人情节严重的;

(四) 伪造、篡改或者销毁遗嘱,情节严重的。

第八条 继承权纠纷提起诉讼的期限为二年,自继承人知道或者应当知道其权利被侵犯之日起计算。但是,自继承开始之日起超过二十年的,不得再提起诉讼。

第二章 法定继承

第九条 继承权男女平等。

第十条 遗产按照下列顺序继承:

第一顺序:配偶、子女、父母。

第二顺序:兄弟姐妹、祖父母、外祖父母。

继承开始后,由第一顺序继承人继承,第二顺序继承人不继承。没有第一顺序继承人继承的,由第二顺序继承人继承。

本法所说的子女,包括婚生子女、非婚生子女、养子女和有扶养关系的继子女。

本法所说的父母,包括生父母、养父母和有扶养关系的继父母。

本法所说的兄弟姐妹,包括同父母的兄弟姐妹、同父异母或者同母异父的兄弟姐妹、养兄弟姐妹、有扶养关系的继兄弟姐妹。

第十一条 被继承人的子女先于被继承人死亡的,由被继承人的子女的晚辈直系血亲代位继承。代位继承人一般只能继承他的父亲或者母亲有权继承的遗产份额。

第十二条 丧偶儿媳对公、婆,丧偶女婿对岳父、岳母,尽了主要赡养义务的,作为第一顺序继承人。

第十三条　同一顺序继承人继承遗产的份额，一般应当均等。

对生活有特殊困难的缺乏劳动能力的继承人，分配遗产时，应当予以照顾。

对被继承人尽了主要扶养义务或者与被继承人共同生活的继承人，分配遗产时，可以多分。

有扶养能力和有扶养条件的继承人，不尽扶养义务的，分配遗产时，应当不分或者少分。

继承人协商同意的，也可以不均等。

第十四条　对继承人以外的依靠被继承人扶养的缺乏劳动能力又没有生活来源的人，或者继承人以外的对被继承人扶养较多的人，可以分给他们适当的遗产。

第十五条　继承人应当本着互谅互让、和睦团结的精神，协商处理继承问题。遗产分割的时间、办法和份额，由继承人协商确定。协商不成的，可以由人民调解委员会调解或者向人民法院提起诉讼。

第三章　遗嘱继承和遗赠

第十六条　公民可以依照本法规定立遗嘱处分个人财产，并可以指定遗嘱执行人。

公民可以立遗嘱将个人财产指定由法定继承人的一人或者数人继承。

公民可以立遗嘱将个人财产赠给国家、集体或者法定继承人以外的人。

第十七条　公证遗嘱由遗嘱人经公证机关办理。

自书遗嘱由遗嘱人亲笔书写，签名，注明年、月、日。

代书遗嘱应当有两个以上见证人在场见证，由其中一人代书，注明年、月、日，并由代书人、其他见证人和遗嘱人签名。

以录音形式立的遗嘱，应当有两个以上见证人在场见证。

遗嘱人在危急情况下，可以立口头遗嘱。口头遗嘱应当有两个以上见证人在场见证。危急情况解除后，遗嘱人能够用书面或者录音形式立遗嘱的，所立的口头遗嘱无效。

第十八条　下列人员不能作为遗嘱见证人：

（一）无行为能力人、限制行为能力人；

（二）继承人、受遗赠人；

（三）与继承人、受遗赠人有利害关系的人。

第十九条　遗嘱应当对缺乏劳动能力又没有生活来源的继承人保留必要的遗产份额。

第二十条　遗嘱人可以撤销、变更自己所立的遗嘱。

立有数份遗嘱，内容相抵触的，以最后的遗嘱为准。

自书、代书、录音、口头遗嘱，不得撤销、变更公证遗嘱。

第二十一条　遗嘱继承或者遗赠附有义务的，继承人或者受遗赠人应当履行义务。没有正当理由不履行义务的，经有关单位或者个人请求，人民法院可以取消他接受遗产的权利。

第二十二条　无行为能力人或者限制行为能力人所立的遗嘱无效。

遗嘱必须表示遗嘱人的真实意思，受胁迫、欺骗所立的遗嘱无效。

伪造的遗嘱无效。

遗嘱被篡改的，篡改的内容无效。

第四章　遗产的处理

第二十三条　继承开始后，知道被继承人死亡的继承人应当及时通知其他继承人和遗嘱执行人。继承人中无人知道被继承人死亡或者知道被继承人死亡而不能通知的，由被继承人生前所在单位或者住所地的居民委员会、村民委员会负责通知。

第二十四条　存有遗产的人，应当妥善保管遗产，任何人不得侵吞或者争抢。

第二十五条　继承开始后，继承人放弃继承的，应当在遗产处理前，作出放弃继承的表示。没有表示的，视为接受继承。

受遗赠人应当在知道受遗赠后两个月内，作出接受或者放弃受赠的表示。到期没有表示的，视为放弃受遗赠。

第二十六条　夫妻在婚姻关系存续期间所得的共同所有的财产,除有约定的以外,如果分割遗产,应当先将共同所有的财产的一半分出为配偶所有,其余的为被继承人的遗产。

遗产在家庭共有财产之中的,遗产分割时,应当先分出他人的财产。

第二十七条　有下列情形之一的,遗产中的有关部分按照法定继承办理:

(一)遗嘱继承人放弃继承或者受遗赠人放弃受遗赠的;

(二)遗嘱继承人丧失继承权的;

(三)遗嘱继承人、受遗赠人先于遗嘱人死亡的;

(四)遗嘱无效部分所涉及的遗产;

(五)遗嘱未处分的遗产。

第二十八条　遗产分割时,应当保留胎儿的继承份额。胎儿出生时是死体的,保留的份额按照法定继承办理。

第二十九条　遗产分割应当有利于生产和生活需要,不损害遗产的效用。

不宜分割的遗产,可以采取折价、适当补偿或者共有等方法处理。

第三十条　夫妻一方死亡后另一方再婚的,有权处分所继承的财产,任何人不得干涉。

第三十一条　公民可以与扶养人签订遗赠扶养协议。按照协议,扶养人承担该公民生养死葬的义务,享有受遗赠的权利。

公民可以与集体所有制组织签订遗赠扶养协议。按照协议,集体所有制组织承担该公民生养死葬的义务,享有受遗赠的权利。

第三十二条　无人继承又无人受遗赠的遗产,归国家所有;死者生前是集体所有制组织成员的,归所在集体所有制组织所有。

第三十三条　继承遗产应当清偿被继承人依法应当缴纳的税款和债务,缴纳税款和清偿债务以他的遗产实际价值为限。超过遗产实际价值部分,继承人自愿偿还的不在此限。

继承人放弃继承的,对被继承人依法应当缴纳的税款和债务可以不负偿还责任。

第三十四条 执行遗赠不得妨碍清偿遗赠人依法应当缴纳的税款和债务。

第五章 附 则

第三十五条 民族自治地方的人民代表大会可以根据本法的原则,结合当地民族财产继承的具体情况,制定变通的或者补充的规定。自治区的规定,报全国人民代表大会常务委员会备案。自治州、自治县的规定,报省或者自治区的人民代表大会常务委员会批准后生效,并报全国人民代表大会常务委员会备案。

第三十六条 中国公民继承在中华人民共和国境外的遗产或者继承在中华人民共和国境内的外国人的遗产,动产适用被继承人住所地法律,不动产适用不动产所在地法律。

外国人继承在中华人民共和国境内的遗产或者继承在中华人民共和国境外的中国公民的遗产,动产适用被继承人住所地法律,不动产适用不动产所在地法律。

中华人民共和国与外国订有条约、协定的,按照条约、协定办理。

第三十七条 本法自一九八五年十月一日起施行。

最高人民法院关于贯彻执行《中华人民共和国继承法》若干问题的意见

(1985 年 9 月 11 日)

最高人民法院第六届全国人民代表大会第三次会议通过的《中华人民共和国继承法》,是我国公民处理继承问题的准则,是人民法院正确、及时审理继承案件的依据。人民法院贯彻执行继承法,要根据社会主义的法制原则,坚持继承权男女平等,贯彻互相扶助和权利义务相一致的精神,依法保护公民的私有财产的继承权。为了正确贯彻执行继承法,我们根据继承法的有关规定和审判实践经验,对审理继承案件中具体适用继承法的一些问题,提出以下意见,供各级人民法院在审理继承案件时试行。

一、关于总则部分

1. 继承从被继承人生理死亡或被宣告死亡时开始。

失踪人被宣告死亡的,以法院判决中确定的失踪人的死亡日期,为继承开始的时间。

2. 相互有继承关系的几个人在同一事件中死亡,如不能确定死亡先后时间的,推定没有继承人的人先死亡。死亡人各自都有继承人的,如几个死亡人辈份不同,推定长辈先死亡;几个死亡人辈份相同,推定同时死亡,彼此不发生继承,由他们各自的继承人分别继承。

3. 公民可继承的其他合法财产包括有价证券和履行标的为财物的债权等。

4. 承包人死亡时尚未取得承包收益的,可把死者生前对承包所投入的资金和所付出的劳动及其增值和孳息,由发包单位或者接续承包合同的人合理折价、补偿。其价额作为遗产。

5. 被继承人生前与他人订有遗赠抚养协议,同时又立有遗嘱的,继承开始后,如果遗赠抚养协议与遗嘱没有抵触,遗产分别按协议和遗嘱处理;如果有抵触,按协议处理,与协议抵触的遗嘱全部或部分无效。

6. 遗嘱继承人依遗嘱取得遗产后,仍有权依继承法第十三条的规定取得遗嘱未处分的遗产。

7. 不满十周岁的儿童、精神病患者,应当认定其为无行为能力人。

已满十周岁,不满十八周岁的未成年人,应当认定其为限制行为能力人。

8. 法定代理人代理被代理人行使继承权、受遗赠权,不得损害被代理人的利益。法定代理人一般不能代理被代理人放弃继承权、受遗赠权。明显损害被代理人利益的,应认定其代理行为无效。

9. 在遗产继承中,继承人之间因是否丧失继承权发生纠纷,诉讼到人民法院的,由人民法院根据继承法第七条的规定,判决确认其是否丧失继承权。

10. 继承人虐待被继承人情节是否严重,可以从实施虐待行为的时间、手段、后果和社会影响等方面认定。

虐待被继承人情节严重的,不论是否追究刑事责任,均可确认其丧失继承权。

11. 继承人故意杀害被继承人的,不论是既遂还是未遂,均应确认其丧失继承权。

12. 继承人有继承法第七条第(一)项或第(二)项所列之行为,而被继承人以遗嘱将遗产指定由该继承人继承的,可确认遗嘱无效,并按继承法第七条的规定处理。

13. 继承人虐待被继承人情节严重的,或者遗弃被继承人的,如以后确有悔改表现,而且被虐待人、被遗弃人生前又表示宽恕,可不确认其丧失继承权。

14. 继承人伪造、篡改或者销毁遗嘱,侵害了缺乏劳动能力又无生活来源的继承人的利益,并造成其生活困难的,应认定其行为情节严重。

15. 在诉讼时效期间内,因不可抗拒的事由致继承人无法主张继承权利的,人民法院可按中止诉讼时效处理。

16. 继承人在知道自己的权利受到侵犯之日起的二年之内,其遗产继承权纠纷确在人民调解委员会进行调解期间,可按中止诉讼时效处理。

17. 继承人因遗产继承纠纷向人民法院提起诉讼,诉讼时效即为中断。

18. 自继承开始之日起的第十八年至第二十年期间内,继承人才知道自己的权利被侵犯的,其提起诉讼的权利,应当在继承开始之日起的二十年之内行使,超过二十年的,不得再行提起诉讼。

二、关于法定继承部分

19. 被收养人对养父母尽了赡养义务,同时又对生父母扶养较多的,除可依继承法第十条的规定继承养父母的遗产外,还可依继承法第十四条的规定分得生父母的适当的遗产。

20. 在旧社会形成的一夫多妻家庭中,子女与生母以外的父亲的其他配偶之间形成抚养关系的,互有继承权。

21. 继子女继承了继父母遗产的,不影响其继承生父母的遗产。

继父母继承了继子女遗产的,不影响其继承生子女的遗产。

22. 养祖父母与养孙子女的关系,视为养父母与养子女关系的,可互为第一顺序继承人。

23. 养子女与生子女之间、养子女与养子女之间,系养兄弟姐妹,可互为第二顺序继承人。

被收养人与其亲兄弟姐妹之间的权利义务关系,因收养关系的成立而消除,不能互为第二顺序继承人。

24. 继兄弟姐妹之间的继承权,因继兄弟姐妹之间的扶养关系而发生。没有扶养关系的,不能互为第二顺序继承人。

继兄弟姐妹之间相互继承了遗产的,不影响其继承亲兄弟姐妹的遗产。

25. 被继承人的孙子女、外孙子女、曾孙子女、外曾孙子女都可以代位继承,代位继承人不受辈数的限制。

26. 被继承人的养子女、已形成扶养关系的继子女的生子女可代位继承;被继承人亲生子女的养子女可代位继承;被继承人养子女的养子女可代位继承;与被继承人已形成扶养关系的继子女的养子女也可以代位继承。

27. 代位继承人缺乏劳动能力又没有生活来源,或者对被继承人尽过主要赡养义务的,分配遗产时,可以多分。

28. 继承人丧失继承权的,其晚辈直系血亲不得代位继承。如该代位继承人缺乏劳动能力又没有生活来源，或对被继承人尽赡养义务较多的，可适当分给遗产。

29. 丧偶儿媳对公婆、丧偶女婿对岳父、岳母，无论其是否再婚，依继承法第十二条规定作为第一顺序继承人时，不影响其子女代位继承。

30. 对被继承人生活提供了主要经济来源，或在劳务等方面给予了主要扶助的，应当认定其尽了主要赡养义务或主要扶养义务。

31. 依继承法第十四条规定可以分给适当遗产的人，分给他们遗产时，按具体情况可多于或少于继承人。

32. 依继承法第十四条规定可以分给适当遗产的人，在其依法取得被继承人遗产的权利受到侵犯时，本人有权以独立的诉讼主体的资格向人民法院提起诉讼。但在遗产分割时，明知而未提出请求的，一般不予受理；不知而未提出请求，在二年以内起诉的，应予受理。

33. 继承人有扶养能力和扶养条件，愿意尽扶养义务，但被继承人因有固定收入和劳动能力，明确表示不要求其扶养的，分配遗产时，一般不应因此而影响其继承份额。

34. 有扶养能力和扶养条件的继承人虽然与被继承人共同生活，但对需要扶养的被继承人不尽扶养义务，分配遗产时，可以少分或者不分。

三、关于遗嘱继承部分

35. 继承法实施前订立的，形式上稍有欠缺的遗嘱，如内容合法，又有充分证据证明确为遗嘱人真实意思表示的，可以认定遗嘱有效。

36. 继承人、受遗赠人的债权人、债务人，共同经营的合伙人，也应当视为与继承人、受遗赠人有利害关系，不能作为遗嘱的见证人。

37. 遗嘱人未保留缺乏劳动能力又没有生活来源的继承人的遗产份额，遗产处理时，应当为该继承人留下必要的遗产，所剩余的部分，才可参照遗嘱确定的分配原则处理。

继承人是否缺乏劳动能力又没有生活来源，应按遗嘱生效时该继承人的具体情况确定。

38. 遗嘱人以遗嘱处分了属于国家、集体或他人所有的财产，遗嘱的这部分,应认定无效。

39. 遗嘱人生前的行为与遗嘱的意思表示相反,而使遗嘱处分的财产在继承开始前灭失、部分灭失或所有权转移、部分转移的,遗嘱视为被撤销或部分被撤销。

40. 公民在遗书中涉及死后个人财产处分的内容,确为死者真实意思的表示,有本人签名并注明了年、月、日,又无相反证据的,可按自书遗嘱对待。

41. 遗嘱人立遗嘱时必须有行为能力。无行为能力人所立的遗嘱,即使其本人后来有了行为能力,仍属无效遗嘱。遗嘱人立遗嘱时有行为能力,后来丧失了行为能力,不影响遗嘱的效力。

42. 遗嘱人以不同形式立有数份内容相抵触的遗嘱,其中有公证遗嘱的,以最后所立公证遗嘱为准;没有公证遗嘱的,以最后所立的遗嘱为准。

43. 附义务的遗嘱继承或遗赠,如义务能够履行,而继承人、受遗赠人无正当理由不履行,经受益人或其他继承人请求,人民法院可以取消他接受附义务那部分遗产的权利,由提出请求的继承人或受益人负责按遗嘱人的意愿履行义务,接受遗产。

四、关于遗产的处理部分

44. 人民法院在审理继承案件时,如果知道有继承人而无法通知的,分割遗产时,要保留其应继承的遗产,并确定该遗产的保管人或保管单位。

45. 应当为胎儿保留的遗产份额没有保留的应从继承人所继承的遗产中扣回。

为胎儿保留的遗产份额,如胎儿出生后死亡的,由其继承人继承;如胎儿出生时就是死体的,由被继承人的继承人继承。

46. 继承人因放弃继承权,致其不能履行法定义务的,放弃继承权的行为无效。

47. 继承人放弃继承应当以书面形式向其他继承人表示。用口头方式表示放弃继承,本人承认,或有其他充分证据证明的,也应当认定其有效。

48. 在诉讼中,继承人向人民法院以口头方式表示放弃继承的,要制作笔录,由放弃继承的人签名。

49. 继承人放弃继承的意思表示,应当在继承开始后、遗产分割前作出。遗产分割后表示放弃的不再是继承权,而是所有权。

50. 遗产处理前或在诉讼进行中,继承人对放弃继承翻悔的,由人民法院根据其提出的具体理由,决定是否承认。遗产处理后,继承人对放弃继承翻悔的,不予承认。

51. 放弃继承的效力,追溯到继承开始的时间。

52. 继承开始后,继承人没有表示放弃继承,并于遗产分割前死亡的,其继承遗产的权利转移给他的合法继承人。

53. 继承开始后,受遗赠人表示接受遗赠,并于遗产分割前死亡的,其接受遗赠的权利转移给他的继承人。

54. 由国家或集体组织供给生活费用的烈属和享受社会救济的城市居民,其遗产仍应准许合法继承人继承。

55. 集体组织对"五保户"实行"五保"时,双方有扶养协议的,按协议处理;没有扶养协议,死者有遗嘱继承人或法定继承人要求继承的,按遗嘱继承或法定继承处理,但集体组织有权要求扣回"五保"费用。

56. 扶养人或集体组织与公民订有遗赠扶养协议,扶养人或集体组织无正当理由不履行,致协议解除的,不能享有受遗赠的权利,其支付的供养费用一般不予补偿;遗赠人无正当理由不履行,致协议解除的,则应偿还扶养人或集体组织已支付的供养费用。

57. 遗产因无人继承收归国家或集体组织所有时,按继承法第十四条规定可以分给遗产的人提出取得遗产的要求,人民法院应视情况适当分给遗产。

58. 人民法院在分割遗产中的房屋、生产资料和特定职业所需要的财产时,应依据有利于发挥其使用效益和继承人的实际需要,兼顾各继承人的利益进行处理。

59. 人民法院对故意隐匿、侵吞或争抢遗产的继承人,可以酌情减少其应继承的遗产。

60. 继承诉讼开始后,如继承人、受遗赠人中有既不愿参加诉讼,又不表示放弃实体权利的,应追加为共同原告;已明确表示放弃继承的,不再列为当事人。

61. 继承人中有缺乏劳动能力又没有生活来源的人,即使遗产不足清偿债务,也应为其保留适当遗产,然后再按继承法第三十三条和民事诉讼法第一百八十条的规定清偿债务。

62. 遗产已被分割而未清偿债务时,如有法定继承又有遗嘱继承和遗赠的,首先由法定继承人用其所得遗产清偿债务;不足清偿时,剩余的债务由遗嘱继承人和受遗赠人按比例用所得遗产偿还;如果只有遗嘱继承和遗赠的,由遗嘱继承人和受遗赠人按比例用所得遗产偿还。

五、关于附则部分

63. 涉外继承,遗产为动产的,适用被继承人住所地法律,即适用被继承人生前最后住所地国家的法律。

64. 继承法实行前,人民法院已经审结的继承案件,继承法施行后,按审判监督程序提起再审的,适用审结时的有关政策、法律。

人民法院对继承法生效前已经受理,生效时尚未审结的继承案件,适用继承法。但不得再以超过诉讼时效为由驳回起诉。

法律宝典

一、支付小订金之后反悔，是否可以要求返还

　　房产开发商在商品房销售过程中，一般会先进行广告宣传，并且规定一个期限，购房者在此期限内可以支付一定的金额，办理贵宾卡或者签订预订协议，以表达预订的意向。该笔款项区别于订立商品房买卖合同后支付的定金，被称为小订金。由于开发商经常利用自己的优势，任意确定小订金的金额，或者以各种理由拒绝退还小订金，由此，在实践中引发了一个争论：小订金的性质到底是什么？在什么条件下，房产开发商有权没收小订金？

　　首先，商品房进行预售的条件是开发商已经取得了预售许可证。在开发商没有取得预售许可证的情况下，其以预售、预订等名义进行的活动均属于违规，预售行为不仅属于无效而且应该接受行政处罚。很多房产商明知该种法律后果，在不符合预售条件的情况下仍然会签订预订协议。嗣后房价不断上涨时，开发商动辄单方要求涨价，如果被购房者拒绝，开发商则会主动提出预订协议无效。这种做法虽然违背诚信，但却也让购房者自认倒霉。

其次,小订金的金额不得超过总房价的千分之五,换句话说,一套 100 万的房子,小订金的金额不得超过 5 000 元。

第三,购房者支付小订金后,享有同等条件下的优先选房权,支付了小订金的购房者,开盘当日应当前往选房,在与开发商就交易进行磋商不成的情况下,可以要求返还小订金。房产开发商将优先选房权提供给该购房者后,在开盘销售当日,支付了小订金者如果没有到场选房,则损失了开发商的潜在交易机会,开发商有权没收该小订金。显然,要使得交易不成是很容易的,比如不能接受房价,或者没有合适的房型可以选择等。

虽然由于房产市场热火朝天单边上涨,房产开发商在实践中并不真正介意购房者不来选房,但是从防范风险的角度来讲,要避免小订金的损失,还要从以上三点考虑。

二、房产商违反楼书或者售楼广告的内容是否构成违约

房产商在销售过程中会散发印制的楼书,会在媒体刊发广告,这些楼书印制精美,广告的设计新颖别致,图片和语言生动并且极其富有感情色彩,让读者不由自主滋生出对宣传楼盘的热爱。不少购房者是在楼书或者广告激发了对家的美好向往后才下定购买某楼盘的决心的。但是房屋实际交付时才发现,楼书或广告里花好稻好的说辞没有兑现,实际是谎言骗人。

比如楼书里称"坐拥阳光海滩",结果发现只是在戏水池边上铺设了黄沙;"此处距离地铁车站 5 分钟车程",结果发现是自驾,一路畅通,没有红绿灯的速度。消费者购房后发现实际交付的房屋与先前的楼书或者广告存在较大的差异,这是否可以认定为房产商违约呢?

从合同法的角度来讲,商品房的销售广告和宣传资料为要约邀请,要约邀请不构成合同内容的组成部分,房产开发商违反其中的内容不视为违约。但是出卖人就商品房开发规划范围内的房屋及相关设施所作的说明和允诺具体确定,并对商品房买卖合同的订立以及房屋价格的确定有重大影响的,应当视为要约。该说明和允诺即使未载入商品房买卖合同,亦应当视为合同内容,当事人违反的,应当承担违约责任。

作为购房者,如果认为楼书或者广告中某项内容至关重要,在订立合同时,应当要求将其中的内容作为合同的附件或者直接写入到合同的主文中去,此时其就成为房产开发商的义务,亦成为购房者的权利。

三、退一赔三在商品房买卖中能得到支持吗

对经营者实施惩罚性赔偿的制度,来源于我国原《消费者权益保护法》第49条①,设定了退一赔一制度。2014年3月15日,由全国人大修订的新版《消费者权益保护法》将该制度修订为退一赔三②。承担退一赔三惩罚性赔偿责任的前提包括:合同一方主体是消费者,另一方主体是经营者;第二,经营者有欺诈行为。在实践中,主要有两个争议。一是,职业打假人是否可以适用消费者权益保护法退一赔三的保护;二是,如果商品或者服务的购买者明知经营者有欺诈行为,仍然进行购买,此时是否属于消费者。现今司法解释已经明确了处理规则,那就是即使购买者明知有假而购买,哪怕经营者证明其是职业打假人,也仍然可以适用消费者权益保护法惩罚性赔偿的规定。

在过去相当长一段时间,由于房产商势力强大,他们提出了这样的声调"商品房金额巨大,如果适用退一赔一,赔偿金额过于巨大",这种丝毫没有法律基石的观点竟然在相当的时间内得到了法院的认同。但是幸运的是,由于购房者越来越多,涉及的消费者的范围越来越广泛,同时消费者权益保护运动不断兴起,这个错误的观点在司法实践中终于被推翻。

最高人民法院在司法解释③中明确规定"具有下列情形之一的,导致商品房买卖合同目的不能实现的,无法取得房屋的买受人可以请求解除合同、返还已付购房款及利息、赔偿损失,并可以请求出卖人承担不超过已付购房款

---

① 旧《消法》第49条 经营者提供商品或者服务有欺诈行为的,应当按照消费者的要求增加赔偿其受到的损失,增加赔偿的金额为消费者购买商品的价款或者接受服务的费用的一倍。

② 新消费者权益保护法55 经营者提供商品或者服务有欺诈行为的,应当按照消费者的要求增加赔偿其受到的损失,增加赔偿的金额为消费者购买商品的价款或者接受服务的费用的三倍;增加赔偿的金额不足五百元的,为五百元。法律另有规定的,依照其规定。

③ 该解释全称为《最高人民法院关于审理商品房买卖合同纠纷案件适用法律若干问题的解释》,于2003年3月24日由最高人民法院审判委员会第1267次会议通过,自2003年6月1日起施行。

一倍的赔偿责任：（一）商品房买卖合同订立后，出卖人未告知买受人又将该房屋抵押给第三人；（二）商品房买卖合同订立后，出卖人又将该房屋出卖给第三人。""出卖人订立商品房买卖合同时，具有下列情形之一，导致合同无效或者被撤销、解除的，买受人可以请求返还已付购房款及利息、赔偿损失，并可以请求出卖人承担不超过已付购房款一倍的赔偿责任：（一）故意隐瞒没有取得商品房预售许可证明的事实或者提供虚假商品房预售许可证明；（二）故意隐瞒所售房屋已经抵押的事实；（三）故意隐瞒所售房屋已经出卖给第三人或者为拆迁补偿安置房屋的事实。"司法解释规定的这些情形也是在商品房买卖中最容易出现的严重侵犯消费者利益的情形，所有这些情形下，开发商具有显然的欺诈的故意，在这种恶意欺诈的基础上，双方当事人订立的合同，显然会导致买受人无法实现合同目的，鉴于此，应当适用《消费者权益保护法》对于经营者惩罚性赔偿的规定来保护消费者。

惩罚性赔偿制度下，一方是消费者，另一方必须是经营者；司法解释也明确规定该解释只适用于房地产开发企业销售房地产的情形①，因此，在房屋买卖双方均不是房地产开发企业的情况下，惩罚性赔偿制度在房屋买卖中就不能适用。

2014 年 3 月 15 日，生效的新消费者权益保护法将退一赔一制度修订为退一赔三制度，虽然最高人民法院尚未对司法解释做相应调整，但是笔者认为这不会影响人民法院依照新消法退一赔三的规定来处理相关纠纷。

四、房屋开裂、管道泄漏、防水没有做好等质量问题是否可以成为解除与房产商订立的买卖合同的理由

房产开发商交付房屋后，买受人经常会对房屋的质量产生异议，房屋开裂、管道泄漏、卫生间防水没有做好，如果是全装修房的话，出现的问题可能就更多了，卫生间的台盆摇摇欲坠，客厅的地板翘起来，厨房的柜子散发刺鼻

---

① 《最高人民法院关于审理商品房买卖合同纠纷案件适用法律若干问题的解释》第一条：本解释所称的商品房买卖合同，是指房地产开发企业（以下统称为出卖人）将尚未建成或者已竣工的房屋向社会销售并转移房屋所有权于买受人，买受人支付价款的合同。

的味道。你付出多年积蓄,加上未来十年的贷款,本来要买的是一个安全的家,现在买的全是一堆烦恼,你忍无可忍,你宁愿选择退房,也不想再要这套房子了,问题是,你不想要,房产商就会同意你退吗? 房产商不同意退房,你转而寻求法律途径的救济,法院会支持你吗?

你要知道的是,不是所有的质量问题都可以使得买受人有权解除合同,只有在房屋主体结构质量不合格时,买受人才有权解除合同。

房屋主体结构质量不合格不能交付使用,或者房屋交付使用后,房屋主体结构质量经核验确属不合格或者因房屋质量问题严重影响正常居住使用,买受人请求解除合同和赔偿损失的,才会得到支持。各位看到这句话,不要对笔者发愤,因为这个规定不是笔者做出的,是最高人民法院作出的。这就意味着那些在我们买房人看起来无法忍受的房屋质量问题,房屋开裂、管道泄漏、卫生间防水没有做好、卫生间的台盆摇摇欲坠、客厅的地板翘起来、厨房的柜子散发刺鼻的味道等,无论这些问题在你看起来多么无法忍受,只要不构成主体结构质量不合格,或者不严重影响正常居住使用,你要求退房的请求是得不到支持的。得不到支持怎么办? 你只有权要求开发商承担维修的责任,维修的费用由开发商承担,当然这个维修的责任仅存在于保修期内。过了保修期出现的房屋质量问题,原则上房产开发商无需承担维修的责任。

苦逼的我们怎么办? ① 买房时最好买品牌房产商的房子,相对而言,房屋质量更有保障;② 交房时检查房屋是否已经竣工验收合格;③ 核对合同、小区平面图、楼层平面图、房屋平面图等的约定,与实际交付的房屋相比较,看看有无不相符合之处;④ 对房屋进行详细验收,要在验收文件上详细注明存在的质量问题;如果是影响房屋正常使用的问题,在验收文件上注明的同时,可以拒绝接受房屋,验收文件自己要保留一份清单;⑤ 如果对房屋主体结构质量存在争议,与房产开发商进行交涉,由双方共同委托验收机构进行再次验收,最好不要聘请由房产开发商单方委托的机构进行鉴定;如果双方对是否需要鉴定,以及选定哪家鉴定机构达不成一致,可以提起诉讼,由法院委托鉴定机构鉴定。

但二手房买卖的情况就有区别了。由于"二手房"买卖中的标的物一般已使用一定年限,并存在装修、装饰等现状,买受人对房屋的瑕疵状况也应有理性的判断。因此,二手房出卖人故意隐瞒房屋质量瑕疵的,应承担赔偿责任。对于二手房出卖人已如实告知瑕疵或买受人已明知瑕疵的,则出卖人不承担责任。对于房屋的隐蔽瑕疵,如并非出卖人在装潢、使用过程中所产生,而系房屋本身所固有的,若没有证据证明出售一方对此是知晓的,出卖人亦不承担瑕疵担保责任,但买受人可以房屋所有人身份,依据因合同转让而取得的权利,向开发商主张保修责任或赔偿责任。

五、开发商交付的房产实际面积超过约定面积,买方可以拒绝付款吗

在期房买卖中,房产商最终实际交付的房屋面积可能多于预售合同中的面积,也有可能小于预售合同中的面积,这涉及房屋价款的调整。买房人就会有顾虑,卖方是否会故意把实际交付面积扩大,从而追求更多价款。虽然得到更多的面积是好事情,但是对于一个理性现实的购房人而言,他必须考虑是否具有支付能力。同理,如果卖方交付的房屋的面积小于预售合同的约定,虽然减少了买方支付的价款数量,但是减少的面积可能会损害到买方购房目的的实现。

对于实际交付面积与约定面积不符合的处理,如果买卖双方在合同中已经有约定的,则按照合同的约定办理就好,如果在合同中没有约定,或者约定不明确的,则按照以下原则处理:

(1)面积误差比绝对值在3%以内(含3%),按照合同约定的价格据实结算,买受人请求解除合同的,不予支持。

(2)面积误差比绝对值超出3%,买受人请求解除合同、返还已付购房款及利息的,应予支持。买受人同意继续履行合同,房屋实际面积大于合同约定面积的,面积误差比在3%以内(含3%)部分的房价款由买受人按照约定的价格补足,面积误差比超出3%部分的房价款由出卖人承担,所有权归买受人;房屋实际面积小于合同约定面积的,面积误差比在3%以内(含3%)部分

的房价款及利息由出卖人返还买受人,面积误差比超过3%部分的房价款由出卖人双倍返还买受人。

从最高人民法院的这个司法解释来说,对购房人倒是个好消息。首先,误差百分比在3%以内的话,无论是增加还是减少,不会带来价款的过多的增加或者过多的减少,也不会带来面积的过大增加或者过多减少,从而影响购房目的;其次,如果误差百分比超过3%,是否解除合同的选择权在购房者。如果选择继续履行,实际面积超过约定面积3%,超过的部分无须支付房款;实际面积少于约定面积3%,3%以内部分的价款返还,3%以外部分的价款双倍返还。

为此,一旦房产开发商交房,就要仔细比对实际交付面积与约定交付面积的差异,明确面积差异的百分比,并确定在法律上的权利和义务的内容。开发商的要求如果与上述法律规定不相符合,要勇于拒绝。

六、开发商迟延交房的法律责任是什么

迟延交房的违约责任取决于合同双方当事人在合同中的约定,合同中没有约定时,按照合同法的一般规定,违约责任的承担方式包括:继续履行、支付违约金、解除合同、赔偿损失等,最高人民法院的司法解释进一步具体化了这些违约责任形式在商品房买卖中的具体内容。

首先,如果开发商迟延交房,买受人有权要求出卖人[①]继续履行合同,除非出现法律所规定的不给予继续履行救济的情形,包括:① 法律上或者事实上不能履行;② 债务的标的不适于强制履行或者履行费用过高;③ 债权人在合理期限内未要求履行。

其次,可以要求解除合同。最高人民法院司法解释规定:"出卖人迟延交付房屋或者买受人迟延支付购房款,经催告后在三个月的合理期限内仍未履行,当事人一方请求解除合同的,应予支持,但当事人另有约定的除外。法律没有规定或者当事人没有约定,经对方当事人催告后,解除权行使的合理期

---

① 本章所称出卖人亦是卖房人,所称买受人亦是购房人。

限为三个月。对方当事人没有催告的,解除权应当在解除权发生之日起一年内行使;逾期不行使的,解除权消灭"。也就是说,在出卖人迟延交房时,买受人要解除买卖合同的,必须满足如下条件:① 出卖人有迟延交房的事实;② 买受人对出卖人进行了催告,要求出卖人在宽限期内履行交房义务,宽限期不得少于三个月;③ 出卖人在催告期限内仍然没有履行;④ 买受人以书面形式通知出卖人解除买卖合同;⑤ 无论如何,出卖人在催告期限内仍然没有履行的,买受人应该在催告期限届满之日起的一年内行使解除权;⑥ 合同双方当事人没有其他不同约定。

第三,要求支付违约金。根据合同法的规定,当事人可以在合同中约定一方违约时向对方支付一定金额的违约金,也可以约定违约金的计算方法。但是违约金不能过分高于造成的损失,过分高于造成的损失的,违约方有权要求适当减少;当违约金低于损失时,守约方有权要求增加。具体到商品房买卖合同纠纷中,司法解释规定,当违约金高于实际损失30%时,则超过的部分不予支持;当事人以约定的违约金低于造成的损失为由请求增加的,应当以违约造成的损失确定违约金数额。

从买受人角度出发,在交房问题上保护自己,需要注意的是:① 在合同中明确约定卖方交付房屋的具体时间;② 约定具体的违约责任的内容,包括违约金的金额或者违约金的计算方法;③ 一旦出卖人未能在合同约定的期限内交房,应当及时以催告的方式督促出卖人在三个月内履行交房义务;④ 如果出卖人仍然未能在催告期限内履行交房义务,则毫不迟延地通知出卖人解除合同,或者要求出卖人支付违约金或者赔偿损失。

仍然要强调的是,司法解释的相关内容仅适用于房地产开发企业销售房地产的合同纠纷,而不能适用二手房买卖等情形。

七、由于开发商原因,导致买受人迟延或者不能办理产证,买受人有哪些权利

商品房买卖中,房产开发商的义务不仅包括交付房屋,还包括承担法律所规定的协助买方办理产权证的义务,该义务的主要内容是使房屋具备法律

所规定的办理小产证的条件,包括已经对房屋进行了初始产权证登记,缴纳了土地出让金等费用。如果当事人在合同中约定了办理产权证的期限,则开发商必须在合同约定的期限内履行该项义务,如果当事人在合同中没有约定期限,由于开发商的原因,导致买受人在一定期限内未能办理房屋权属证书的,开发商应当承担违约责任。该期限的确定遵循如下原则:① 商品房买卖合同约定的办理房屋所有权登记的期限;② 商品房买卖合同的标的物为尚未建成房屋的,自房屋交付使用之日起 90 日;③ 商品房买卖合同的标的物为已竣工房屋的,自合同订立之日起 90 日。

出卖人未能在合同约定期限或者上述法定期限内履行该项义务的,买受人有权要求卖方支付合同约定的违约金或者赔偿损失,在合同没有约定违约金或者损失数额难以确定的,可以按照已付购房款总额,参照中国人民银行规定的金融机构计收逾期贷款利息的标准计算。如果超过上述期限一年的时间,买受人仍然无法办理房屋所有权登记,买受人有权请求解除合同和赔偿损失。

从买受人的角度出发,为更有效地在产证办理问题上保护自己的利益,需要注意:

(1) 合同中应当明确约定出卖人履行义务的期限,最长不要超过法定期限。

(2) 应当在合同中明确约定出卖人承担违约责任的内容,包括违约金的金额或者计算方法,解除权的行使条件。

(3) 出卖人有时会在合同中约定一些内容对买受人的解除权进行限制,应尽可能避免合同中此类约定。

八、房产商短期内快速杀价,付出高价的先期购房者要求退房,合理合法吗

所有没有买房子的人都希望房价能跌,所有买了房子的人都希望房价能涨,因此在房地产调控严厉之时,也就是房价下跌预期变大之时,观望气氛越来越浓,谁都不想买了,房价就跌。2000 年以来,先后发生了 2005 年、2008

年、2011 年 3 次退房潮。

以下是媒体报道的 2011 年退房潮中的一起故事①。

走出上海市政府信访办的黑色铁门,王某把满腔的怒火撒向了丈夫陈某,"不就是买了个房子吗? 现在,我被这个破房子搞得过的是什么日子啊?"激动的她,手一扬,把带来的便当狠狠地砸在信访办门口的水泥地上,橙色的果汁流了一地。甚至,她顾不上眼前正在走动的便衣警察,大声喊话:"我现在什么也没有了,一无所有,要死就死,没关系,我不怕,让他们把我抓起来,我现在正愁没钱吃饭。"2011 年 10 月 30 日,这是 26 岁的王某,人生中第一次上访。与她一同前往上海人民广场的,还有 50 多个并不相熟的人,他们共同的身份是上海市嘉定区绿地米兰公寓和绿地秋霞坊的业主,而他们的诉求是,要求开发商——绿地集团退房或者偿还差价。

在 10 月之前,王某和她的邻居们还是幸福的买房者,虽然花光了大部分的积蓄,甚至举家借债,但毕竟在上海,有了一间自己的房子。面对节节攀升的上海房价,王某坚定认为,相比其他投资,房子总是最保值的。但是,让他们意想不到,楼市调控方翻手云覆手雨,在自家房子上面使出了威力:2011 年 9 月底刚买的房子,单价还是每平方米 15 500 元,到了 10 月,就变成了每平方米 10 500 元,足足降了 5 000 元。王某算了一下,花了 120 多万买进的 78 平方米的房子,半个月不到,就缩水近 40 万,这得让她和丈夫不吃不喝干上三年。

这让他们近乎崩溃,他们决定联合起来"维权"。退房! 补钱! 业主们更愿意把行动定义为"维权"。10 月 22 日、23 日,100 多名业主,或领着妻子,或牵着孩子,堵在了售楼处,打出了条幅:绿地,你还流着道德的血液吗? 售楼处被他们"占领"了,绿地的售楼员进不了售楼处。碰到前来问价的新客户,这些业主们就忙不迭地向这些素不相识的人痛骂起开发商的"无良"。他们组成了业主联合队,在一个星期内,多次拜访了两家售楼处,还跑到嘉定区房

① 摘自:2011 年 11 月 08 日南都周刊《上海退房的黑色幽默》,网址:http://blog.sina.com.cn/s/blog_51c9619e0100z7ud.html,最新浏览时间:2014 年 1 月 31 日。

管局、上海市信访办。

法务代表就像复读机一样重复着,"我们只能在合同范围内办事","你们可以走司法途径"。僵持持续到晚上 10 点半,这些自称"温和"的业主,将售楼处变得一片狼藉,沙盘上一座座高楼被推倒,绿树被拔起,被随意丢在一边,地上丢满了撕碎了的楼盘宣传彩页。在附近揽客的房产中介看来,绿地只是维权的人多,闹得也不算凶,一路之隔的龙湖郦城售楼处闹得更狠。

10 月 22 日,龙湖郦城的业主们冲进了售楼处,在洁白的壁纸上,用黑色水性笔歪歪扭扭地写满了"龙湖,骗子"、"还我血汗钱","龙湖,滚"等字样。降价退房风波,并不只是发生在嘉定。几乎在同一时间,在上海浦东,400 多名中海御景熙岸的业主,还攻陷了中海公司位于国家开发银行大厦的办公室,高喊"退房"、"退房"、"退房",浦东新区建交委房屋管理处处长陈建军不得不出面,安抚这些愤怒的业主。

虽然众多退房风波最终都以房价的再次报复性上涨而戏剧性落幕,但是在房产开发商降价后,原来的购房者要求退房的请求在法律上是否成立仍然是一个严肃的法律问题。

能支持买受人退房的第一条法律依据是解除合同。房地产买卖合同解除的法定事由是明确的:① 开发商逾期交房;② 开发商未告知购房人将该房屋抵押给第三人。因为根据《担保法》及《物权法》等规定,房屋一旦依法设定抵押,即使房屋所有权过户至购房人名下,若债务人不履行债务,债权人仍有权依法以该抵押房屋折价或者以拍卖、变卖该房屋的价款优先受偿。因此,合同订立后,出卖人未告知购房人将买卖的房屋抵押给第三人,使得购房人所购房屋处于被抵押权人变卖或者拍卖的危险中,若抵押权人依法行使抵押权,将导致购房人钱财两空的情形;③ 买卖合同订立后开发商将该房屋出卖给第三人;④ 房屋主体质量不合格或者存在严重质量问题,影响房屋正常使用;⑤ 面积误差比绝对值超出 3% 或无法办理所有权证。除了②以外,其他各种情形参照本章其余部分的陈述。

如果商品房买卖合同被认定无效或者被撤销,也会产生房产开发商退还房款的法律后果。

（1）最常见的无效商品房买卖合同有三种：订立合同时，房产商故意隐瞒没有取得商品房预售许可证明的事实或者提供虚假商品房预售许可证明；订立合同时，房产商故意隐瞒所售房屋已经抵押的事实；订立合同时故意隐瞒所售房屋已经出卖给第三人或者为拆迁补偿安置房屋的事实。

（2）下列合同可以申请撤销：在订立合同时显失公平的；因重大误解订立的；房产开发商一方以欺诈、胁迫的手段或者乘人之危的手段，使购房者在违背真实意思的情况下订立的合同。当然房地产买卖合同是否属于无效或者可撤销，由法院或者仲裁机构作出判决或裁决，不由当事人决定。

因此，买受人能否要求退房，法律上的办法不是上访，如果不具备法定情形，那么要求退房真的是难于上青天。至于购房者上访，或者与开发商强硬交涉，这些举措不是法律途径，在此不做评价。

购房后短期内开发商快速降价，先期购房者如果希望有退房的权利，记住如下做法。第一种方法，在房地产买卖合同中做出特别约定：在一定期限内，如果同一楼盘的房价下降，给予购房人退房或以差价补偿。那么，如果开发商在约定的期限内降价销售约定的楼盘，开发商属于违约，购房人因此可以依据合同的约定，要求开发商承担违约责任，给予差价补偿或者退房。第二种方法，证明开发商单方承诺过不降价。无论是在房地产买卖合同订立前或者订立后，如果开发商对退房或差价补偿有单方承诺的情况下，开发商有义务履行对购房人的承诺，购房人也有权要求开发商按照承诺给予退房或补偿。该种承诺有两种表现形式：第一，开发商承诺在合同订立后在一定期限内，同一楼盘不降价销售，或者保证所购房屋具有保值或升值空间；第二，开发商承诺在合同订立后在一定期限内，同一楼盘不降价销售，否则，即给购房人退房或差价补偿。前者是仅承诺不降价销售，而后一种承诺是不但承诺不降价销售，而且明确承诺给予退房或差价补偿。但无论是哪种形式，只要开发商违反了承诺，购房人都有权要求开发商承担违约责任，给予退房或差价补偿。针对上述开发商单方承诺的情形，购房人必须有充分的证据证明开发商对此作出过承诺。

九、未经房屋共同共有人同意，出卖人对外签订的"二手房"买卖合同，效力如何认定

对于房屋产权人是两人或两人以上，对房屋共同共有的，如果部分共有人在没有取得其他共有人同意的情况下，对外签订了房屋买卖合同，那么该房屋买卖合同是否有效呢？司法实践中，经常遇到其他共有人以共有房屋的处分没有取得自己同意为由，主张"二手房"买卖合同无效。对此问题，应区别不同的情形分别处理。一是房屋出售时，权利登记仅为出卖人一人的，基于不动产的公示、公信原则，买受人有理由相信出卖人系房屋的完全权利人，其与出卖人之间签订的买卖合同，应认定为有效；但如有证据证明买受人存有过错，与出卖人恶意串通，损害其他共有人利益的除外。二是房屋出售时，权利登记为数人的，基于部分共同共有人不得擅自处分共有财产的法律规定，在其他权利人事后不予追认的情况下，应认定买卖合同无效；但买受人有理由相信出卖人有代理权，符合表见代理构成要件的，应确认买卖合同有效。

在出售房屋的原权利人有多人的情况下，从买受人的角度出发，为了有效保护自己的利益，应注意以下几点：

（1）要求原权利人中的所有成年人到场并且在买卖合同上签字，原权利人中有未成年人的，应当确保其法定代理人到场并且签字。

（2）在签订合同时，对对方当事人的身份证件、房屋的产权信息进行核实。

（3）如果原权利人中有人确实无法到场，则最好要求提供经过公证机关公证的委托书，以证明到场的某人具有代理权。

案例：

2005 年 4 月 1 日，梁小姐与卖方林先生签订了房地产买卖合同，林先生将其位于上海市闵行区浦江镇的某别墅楼盘出售给梁小姐。签订房地产买卖合同时，房屋仍然是期房，房产开发商也仍然没有向林先生交房。房屋的

预告登记的权利人为林先生夫妻二人及其已经成年的女儿。签订合同当日，到场的是林先生夫妻二人及梁小姐，代表卖方在合同上签字的仅有林先生一人。合同签订后，梁小姐当日即按照合同的约定向林先生支付了首笔款项100万元人民币。据《合同法》第48条的规定"行为人没有代理权、超越代理权或者代理权终止后以被代理人名义订立的合同，未经被代理人追认，对被代理人不发生效力，由行为人承担责任。相对人可以催告被代理人在一个月内予以追认。被代理人未作表示的，视为拒绝追认。合同被追认之前，善意相对人有撤销的权利。撤销应当以通知的方式作出。"对于梁小姐与林先生签订的房地产买卖合同，合同是否有效的关键在于林先生是否有权代理其夫人及成年的女儿。在本案中，梁小姐没有任何书面文件或者录音等证据证明林先生签署本合同得到了其他共有人的授权。如果房价未来上涨，林先生的夫人和女儿就有可能以林先生出卖房屋没有取得他们的同意为由主张合同对于该两共同共有人没有法律效力；相反，如果房价下降，那林先生的夫人和女儿就很可能会追认该合同的效力。因此，合同订立过程的瑕疵使得出卖人有办法将房价波动的风险全部转移由买受人承担。2005年4月底，国务院与上海市地方人民政府持续出台了一系列房价调控政策，梁小姐对于未来房价的走势持不乐观的看法。在这种情况下，梁小姐立即发函给林先生，表示撤销先前的合同，从而消除了合同效力的不确定性。

十、以"阴阳合同"做低价格或者做高价格有风险吗

在商品房买卖，尤其是二手房买卖中，经常会出现阴阳合同的情形。所谓的阴阳合同，是指双方为了特殊的目的，就一起交易签订了两份不同内容的合同，该两份合同的标的物、当事人等均相同，但是价格不同，其中一份合同的内容是真实的，另一份合同的内容是虚假的，虚假的合同用来向有关机关或部门登记或备案。

二手房买卖中的阴阳合同有两种截然不同的情形。第一种情形是备案价格低于真实价格。一份合同中约定的价格比较低，用来向房产交易中心、

税务机关备案或者登记,另一份合同约定的价格比较高,买受人交付价款按照该价格交付。另一种情形是备案价格高于真实价格。

备案价格低于真实价格的目的是为了逃税。在房屋买卖过程中,买受人和出卖人都要缴纳一定的税费,双方各自税率并不相同,但是基本上税基都是以房价为基础的。所以,在向税务机关报税时将房价做低,可以达到少交税的目的。因此做低房价是一种违法行为,税务机关一旦发现可根据《税收征收管理法》分别对卖家偷逃营业税,买家偷逃契税的行为处以不缴或少缴税款百分之五十以上五倍以下的罚款。情节严重,构成犯罪的,还要追究刑事责任①。虽然买卖双方由于利益的契合,彼此出卖对方的可能性比较低,但还是要谨慎考量。

既然说把房价做低是为了少交税,那么什么情况下,双方竟然会把价格做高呢?那只有一种可能,出卖人在买受人的配合下,或者买卖双方合意套取银行贷款。银行贷款的多少是以房价为基数,乘以一定的成数来确定的。所以房价越高,能够得到的银行贷款数就越多。有时买受人为了减少本方的首付款,就需要提高房价来多贷款;有时买卖双方甚至完全是虚假交易,唯一的目的就是套取贷款,房产在买受人和出卖人之间不进行实际交付。显然,在买受人无法支付银行贷款本息,并且被查证出存在阴阳合同、虚高价格的情形,就出现了巨大的法律风险。双方当事人合意做高房价,在民法上构成恶意串通、骗取银行贷款,银行可以将买卖双方作为共同被告一并诉讼;在刑法上,出卖人、甚至连同买受人都存在被认定诈骗犯罪的可能。

十一、一房二卖合同的法律效力

出卖人将同一房屋先后两次与不同的买方订立房地产买卖合同,如果第二份合同的买受人明知出卖人已经将房屋出售,仍然与之订立合同,显然属于恶意串通,即使出卖人将房屋交付给了第二份买卖合同的买受人,第一份

---

① 《刑法》规定,偷税数额占应纳税额的百分之十以上且偷税数额在一万元以上,或者因偷税被税务机关给予二次行政处罚又偷税的,就构成偷税罪,有可能被判处拘役甚至有期徒刑的刑罚。

合同的买受人也有权请求法院宣告第二份买卖合同无效。

但是很多时候,第一份合同的买受人苦于没有证据证明第二份买卖合同的双方当事人存在恶意串通,此时从法律上讲,两份合同均属于有效合同。如果两份合同的当事人均主张继续履行合同,要求出卖人交付房屋,而房屋标的物只有一个,能履行的只能是其中之一,另一份合同则目的落空,买受人人只能向出卖人追究违约责任。这种情况下,哪一份合同应该得到履行,哪一份因得不到履行而可以向卖房人追究违约责任? 在此区分四种不同情况予以讨论。

第一,两份合同均未办理登记。两份合同均未办理登记且标的房屋尚未交付的情况,属于两份合同均处于未实际履行的状态,应当以签订在先的合同优先得到履行为标准。对于合同倒签等欺诈行为,若有证据足以证明合同倒签,该合同应认定无效,若无充足证据证明合同倒签,则应认定为有效合同,仍对签署时间在前的合同作优先履行,而合同未得到履行的买房人可以从卖房人处得到的违约赔偿来补救合同未实际履行所产生的后果。

第二,两份合同均未办理登记,但其中一份合同已将标的物房屋交付。其中一份合同得到实际履行,体现了卖房人的意愿,这种履行也是合法履行,这时,我们应当遵从合同的实际履行原则,维护已完成的交易。

第三,合同中一份房屋已进行了过户登记,其他未作登记,且房屋未转移。因房屋的过户登记是物权变更范畴,既然已过户,房屋的产权人就已发生变更,再要求出卖人履行合同已不可能,这时我们应按物权公示及对抗性原理,确认已办理过户登记手续的合同的效力。

第四,两份合同中,有一份已过户登记,有一份已交付房屋。这种情况下较难处理,主要是审判实际工作中难以协调三方关系。司法实践中一般认定已登记过户的房屋实际履行的效力,而排除其他合同的履行。

在一房二卖,一份合同履行而导致另一份合同不能履行的情况下,不能得到履行的合同的买方享有怎样的权利呢?

如果一房二卖的出卖人是房产商,对于买受人而言,享有要求出卖人承担惩罚性赔偿责任的权利,按照新消法的规定,就是要求出卖人给予不超过已付购房款三倍的赔偿。《最高人民法院关于审理商品房买卖合同纠纷案件适用法律若干问题的解释》(以下简称《解释》)规定了买受人可以向出卖人主张的多种违约请求权,包括惩罚性赔偿请求权,又分先买者的请求权和后买者的请求权。先买者的惩罚性赔偿请求权规定在《解释》第八条"商品房买卖合同订立后,出卖人又将该房屋出卖给第三人","导致商品房买卖合同目的不能实现的,无法取得房屋的买受人可以请求解除合同、返还已付购房款及利息、赔偿损失,并可以请求出卖人承担不超过已付购房款一倍的赔偿责任"。后买者的惩罚性赔偿请求权则体现在第九条的规定:出卖人"故意隐瞒所售房屋已经出卖给第三人或者为拆迁补偿安置房屋的事实","导致合同无效或者被撤销、解除的,买受人可以请求返还已付购房款及利息、赔偿损失,并可以请求出卖人承担不超过已付购房款一倍的赔偿责任"。由于新消法将"退一赔一"修订为"退一赔三",为此解释中规定的出卖人退一赔一的赔偿责任应相应调整为退一赔三。

上述惩罚性赔偿请求权仅适用于房地产开发企业出售商品房而签订的商品房买卖合同,不适用于其他房屋买卖。

十二、银行贷款政策调整导致买受人无法按约付款,是否需要承担违约责任

2005年3月28日上海市银行同业公会规定,通过贷款购买房屋,一年内再转让的,商业银行不再提供个人住房贷款的转按揭服务。同年4月5日,上海市房地局进一步明确,出售方必须还清贷款后,方能办理产权转移。因此,买卖合同签订后,确因银行停办转按揭而导致合同约定的付款方式无法实现的,该合同义务无法履行的原因可认定为不可归责于任何一方当事人,当事人以此为由要求解除合同,可予支持。但是,房屋出售方愿意先行还清贷款,或双方在合同中有其他特别约定(如贷款不足或不成,房屋买受人自行补足贷款等)的,当事人以贷款政策发生变化为由要求解除房地产买卖合同的,不予支持。由于该项政策的时间效应已经过去,目前就此发生纠纷的可能性比较小。

最近两年,关于贷款政策频繁调整的是贷款成数变化,有房屋买受人主张由于贷款成数减少,致其无法履行付款义务为由,要求解除房地产买卖合

同,并且不予承担违约责任。该主张能否得到支持呢?

房地产买卖合同是一种标的额相对较大、与买卖双方有切身利害关系的合同,当事人在订立合同时往往对合同内容有较为全面的认识,对自身合同义务的履行及风险有着较为充分的预见。因此,作为付款义务人的房屋买受人对合同订立后可能出现的各种履行障碍,应当有充分、合理的预见,并对可能出现的履行障碍有相应的解决方案。一般情况下,贷款成数的变化不会当然导致房屋买受人不能继续履行合同,房屋买受人也可以通过其他途径筹措资金履行付款义务。因此,当事人在无特别约定的情况下,一般不得以贷款成数变化等政策原因为由主张解除房地产买卖合同。这一点,最高人民法院《关于审理商品房买卖合同纠纷案件适用法律若干问题的解释》第二十三条①对此进行了确认。

但是,房屋买受人能举证证明贷款不足或不成,确实严重影响其履约能力,房地产买卖合同事实上已不可能继续履行,且该履行障碍并非房屋买受人的信用低等个人原因所致,房屋买受人主张解除房地产买卖合同的,则会得到支持。

为了规避贷款政策的风险,买受人应尽可能要求在买卖合同中约定"因贷款政策调整导致贷款成数减少或者贷款不成的,买受人有权要求解除合同,出卖人应当退还买受人已经支付的款项,双方互不承担违约责任",相反,如果是出卖人,最好能够在合同中做出这样的约定"贷款不成或者贷款不足的,买方应在若干日(具体时间长短取决于双方的谈判)内以现金补足不足部分"等。

十三、出卖人拖延不将户口迁出,有什么办法

二手房买卖中,房产过户,甚至交付之后,出卖人迟迟不将户口迁出,同时由于在目前的户口政策中,一个独立门户中一般不允许分户,这就使得买方的户口无法及时迁入。买受人的户口不能及时迁入,会给买受人带来一系

---

① 最高人民法院《关于审理商品房买卖合同纠纷案件适用法律若干问题的解释》第23条 商品房买卖合同约定,买受人以担保贷款方式付款,因当事人一方原因未能订立商品房担保贷款合同并导致商品房买卖合同不能继续履行的,对方当事人可以请求解除合同和赔偿损失。因不可归责于当事人双方的事由未能订立商品房担保贷款合同并导致商品房买卖合同不能继续履行的,当事人可以请求解除合同,出卖人应当将收受的购房款本金及其利息或者定金返还买受人。

列不便,比如孩子不能在该房屋所对应的学区所属学校入学等。我们在第三章婚姻关系中的法律问题一章已经详细讨论过,类似的户口迁移问题,不属于人民法院管辖范围,也就是说买受人无法通过起诉卖方实现要求出卖人迁出户口的目的。

为了防范出卖人迟延或拒绝迁出户口的风险,在订立房屋买卖合同时,买受人就必须考虑到这个问题;同时,应当在合同中明确约定出卖人将户口迁出的义务及履行该义务的时间界限,以及相应的违约责任;可以将房款支付与户口迁移挂钩,安排一定的尾款在出卖人履行了户口迁移义务后再行支付,从而通过此种经济上的手段来迫使出卖人妥善履行户口迁移义务。

十四、期房再次转让有效吗

2004 年 4 月 26 日,上海市出台了"期房限转"政策,在实践中产生了不少纷争。那就是一方在还没有取得房屋所有权证的情况下,即与他人订立转让合同,该转让合同的效力如何认定?

不少人认为由于该合同违反了上海市的相关政策,因此属于无效,这样的理解显然属于对合同法的误解。

商品房产买卖合同的买受人在没有取得房屋所有权证之前,不享有房屋所有权,但享有买卖合同上的债权,而债权转让是合同法赋予合同当事人的权利之一,没有法律禁止合同当事人转让自己的合同权利,因此买方将期房再予转让并不违反法律禁止性规定。

"期房限转"的规定,所限制的是期房再转让的登记,也就是说期房的买受人在取得房屋所有权证之前,将房屋再行转让的,房地产登记部门不予办理登记。有无登记不能成为认定房屋买卖合同是否有效的依据。依据合同法规定,能够导致合同无效的情形必须严格遵循合同法第 52 条[1]的规定,而期房限转的相关规定均不符合合同法第 52 条的规定。

---

[1] 合同法第 52 条　有下列情形之一的,合同无效:(一)一方以欺诈、胁迫的手段订立合同,损害国家利益;(二)恶意串通,损害国家、集体或者第三人利益;(三)以合法形式掩盖非法目的;(四)损害社会公共利益;(五)违反法律、行政法规的强制性规定。

"期房限转"既然不能导致买卖合同无效,那么会对当事人的利益产生什么影响呢? 由于再转让的合同签订时,房屋尚未取得小产证,不能进行过户登记,为此,待办理产证的条件成熟时,只能够办理以原买方(再转让合同的卖方)为权利人的产权证。一旦取得了产权证,房屋不再是期房,而转化为现房。如果再转让合同的出卖人与第三方订立房地产买卖合同,将房屋另行出售给第三方,并且在房地产登记部门进行了过户登记。在两份买卖合同中,哪份合同具有优先性呢。先前我们已经详细讨论了一房二卖的法律后果,在此种情形下,登记的将优于没有登记的。此时,第一份合同虽然也有效,但是却无法实际得到履行,而只能要求损害赔偿。所以,如果购买二手转让的期房,要谨慎处置,清晰了解蕴藏的法律风险。

买受人出于特殊考虑,比如价格有特别的优惠,或者地段特别好,愿意承担购买再转让的期房的风险的话,应当注意以下几个方面:

(1) 在合同中明确约定出卖人不得有一房二卖的行为,并且设定严厉的违约责任。

(2) 在价款的支付上,留有部分尾款待房屋过户给本方后再行付清,该笔款项的金额越高当然对出卖人的约束力越强。

(3) 尽早取得对房屋的实际占有。房屋具备交付条件后,越早交付给买受人,出现问题的概率越低。

十五、当事人就房屋买卖事宜达成了具体约定,但未签订《上海市房地产买卖合同》示范文本,买卖合同是否成立、有效

《上海市房地产买卖合同》是上海市房屋土地资源管理局、上海市工商行政管理局共同制定的示范文本,当事人可以约定采用,或参照示范文本订立买卖合同。实践中买卖双方就房屋买卖事宜达成一致意见后,为办理过户手续之需要,大多约定双方再需签订《上海市房地产买卖合同》示范文本。如果双方已经达成了一致,但是尚未签订《上海市房地产买卖合同》,那么当事人之间的买卖合同是否成立并且有效呢?

没有任何法律规定签订《上海市房地产买卖合同》是房地产买卖合同成

立并且生效的前提条件,因此,在当事人没有签订《上海市房地产买卖合同》的情况下,买卖合同是否成立、有效,应根据双方的合意情况,予以区别对待。如双方明确以签订《上海市房地产买卖合同》为买卖合同成立、生效要件的,从其约定。如双方并未作出上述约定,而双方已经签订的协议书具备了房地产买卖合同的主要内容,应视为买卖合同成立,并认定合同有效。双方约定再签订《上海市房地产买卖合同》,只是以格式合同的形式对买卖关系予以确认,当事人未签订《上海市房地产买卖合同》的,不影响原已成立的合同关系。那种以双方虽然达成了一致,但是并没有签订《上海市房地产买卖合同》,进而主张买卖合同不成立也不生效的主张是没有依据的。

从买卖双方的角度来说,及早签订协议是确立交易关系的基本前提,为了方便交易环节中各项手续的办理,最好签订示范文本,如果开始时未签订示范文本,也应该及时补签。

十六、违反限购政策的房地产买卖合同是否有效

在本著中仅讨论限购政策出台后签订的房地产买卖合同的法律效力问题。如同我们已经讨论过的"期房限转"中的房地产买卖合同的法律效力问题一样,判断合同是否有效,需要依据合同法第 52 条的规定,看它有无违反法律、行政法规的强制性规定。事实上,关于房屋限购的相关规定并不属于法律、行政法规的性质,因此绝不能因为买方不符合购房资格,就认定其签订的房地产买卖合同无效。

对于不具有购房资格的房屋买受人签订的房地产买卖合同,出卖人或买受人要求继续履行合同、办理房屋过户登记的,由于该项请求事实上不可能履行,因此不会得到法院的支持;一般情况下,法院会向当事人释明其可以变更诉讼请求,即要求解除买卖合同;经释明当事人变更请求的,可以解除合同;当事人坚持要求继续履行的,诉讼请求将会被驳回。出卖人以买方不具有购房资格主张解除合同的,买受人对其具备具有购房资格负有举证责任。买受人不能证明的,则卖方要求解除合同的诉讼请求应当得到支持。合同签订中,买受人故意对其购房资格做出虚假陈述,导致合同签订的,出卖人有权

要求买受人赔偿损失。

但是对于买卖双方在限购政策实施之前已经订立的房屋买卖合同，如果买受人已经支付购房款并实际占有使用房屋，解除合同会导致当事人间利益明显失衡的，对买受人要求继续履行合同并办理房屋过户登记的诉讼请求，可予支持。

在当前房产调控的大背景下，对于没有购房资格的人而言，直接用自己名义购房的法律风险是较大的。实践中规避限购政策的主要做法有如下几种：

（1）买卖双方达成共识，买受人先付款，出卖人先交房，暂行不办理过户手续，待未来限购政策取消后再行办理。

（2）属于限购对象的单身人士假结婚以使自己具备购房资格，用这种方法操作时，一定要订立婚前财产协议，明确未来房屋的产权归属。

（3）假离婚这种方法要注意不要弄假成真。有些夫妻，为了规避限购，于是通过协议离婚的方法将原有房屋归属一方，另一方成为无房户，无房一方再行购房后双方复婚。在一段时间内，有大量的夫妻使用这个办法。在这种安排下，离婚本来是假，买房才是真，但是有的夫妻离婚后，一方拒绝复婚，最后使得假离婚演化成了真离婚。想起来，一些地方政府曾经放置的警示牌"买房有风险，离婚需谨慎"[1]，真正是用心良苦，让人感动唏嘘了。

十七、房屋买卖中，当事人违反《购房意向书》《房屋预订单》，还没有签订房地产买卖合同，一方违约，对方是否可以要求赔偿损失

房屋买卖流程中，买卖双方一般会先签订《购房意向书》、《房屋预订单》，

---

[1]　上海市闵行区民政局婚姻登记处透露：国五条出台之前离婚率每天只有几对，极端高峰也就 20 多对。但"国五条"出台后，平均每天离婚率基本维持在 30 多对。除了离婚率异常增高外，开具单身证明的数量也持续上升。在 4 日当天，闵行婚登中心就开具了 500 张单身证明。据统计，3 月 4 日至 9 日，该区婚登中心共办理无婚姻登记记录证明 775 人次，出具无婚姻登记记录证明 2 050 份；受理离婚登记 205 对，办结离婚 187 对。与 2014 年同时期相比，分别上升 3.70%、3.18%。后来该登记处在大厅内放置警示牌"买房有风险，离婚需谨慎"，2013 年 3 月 4 日当天通过律师义务咨询，当天登记离婚的夫妻有 51 对，但实际办结 43 对，8 对夫妻最终被劝回。资料来源：http://news.163.com/13/0322/05/8QI1H3BE00014AED.html，最后浏览日期：2015 年 6 月 5 日。

嗣后再行签订房地产买卖合同,但是在签订房地产买卖合同之前,卖方可能会毁约而拒绝签约,也有可能买方发生毁约,拒绝签约及购房。此时,守约方是否可以因为对方当事人违反房屋预订协议等而主张房屋差价损失呢?

《购房意向书》《房屋预订单》等预订协议属于预约,具有合同性质。预订协议约定有定金条款及其他违约条款的,当事人不履约的,应适用定金罚则和其他违约条款。若协议中没有定金条款(违约金条款),或定金数额(违约金数额)低于实际损失,相对方主张其他损失的,应予支持。根据《合同法》相关规定的精神,缔约过失造成的损失包括直接损失(如缔约费用等),也包括间接损失(即丧失与第三人另订合同机会所产生的损失等),但损失不应超过当事人在订立合同时所应当预见到的因合同不成立、无效或者被撤销可能造成的损失;也不得超过合同成立或合同有效时的履行利益。因此,守约方要求违约方赔偿房屋差价损失的,一般可予准许,具体数额应综合考虑守约方的履约情况、违约方的过错程度、合理的成本支出等因素酌定。

在实践当中,很多当事人以为在双方只签订了购房意向书、预订单等协议,而没有签订格式版本的房屋买卖合同时,如果一方违约,另一方只有权要求执行定金罚则,这个观点是错误的。要理直气壮地主张房屋差价损失,你不主张,自然没有人会保护你。

十八、房屋中介公司为赚取差价分别与房屋出卖人、买受人签订房地产买卖合同,或不让房屋买卖双方见面,直接代理双方签订房地产买卖合同的,如何认定该行为的效力

房屋中介公司与房屋出卖人或买受人,尤其是与房屋出卖人之间的法律关系复杂多样,往往并不是单纯提供订约机会、媒介服务的居间法律关系,而应当根据当事人的实际意思表示区别对待。

房屋出卖人明确表示将房屋卖给房屋中介公司的,其与房屋中介公司间形成房地产买卖合同关系。房屋中介公司再行出售房屋的行为与原房屋出卖人无关,由此产生的差价应归房屋中介公司,但房屋中介公司应举证证明其与原房屋出卖人间已形成房地产买卖合同关系。

房屋出卖人明确表示委托房屋中介公司以不低于一定价格出卖房屋的，其与房屋中介公司间形成销售房屋的委托代理关系。若房屋中介公司以自己名义与房屋买受人签订高于委托最低价的房地产买卖合同，而房屋出卖人与房屋中介公司对溢价部分归属无约定或约定不明，且无法依据《合同法》第61条①确定的，则该溢价部分应归属委托人（即房屋出卖人）；若有证据证明，房屋中介公司以委托人名义与本公司或其职员、职员近亲属，以委托最低价签订房地产买卖合同后，再将房屋加价卖出的，属于违背其对委托人应尽忠实义务的违约行为。因此，房屋中介公司通过对房屋进行转卖而产生的溢价部分，可以作为委托人的实际损失，由房屋中介公司赔付。

出卖人委托中介方时，要想清楚与中介建立怎样的合同关系，合同关系的具体内容是什么，并在合同中清晰地约定委托事项、委托的权限范围、委托的期限等，如果约定出卖人以确定价格委托中介，实际成交价款如果高于委托价格，溢价部分属于中介方的话，则中介方显然有权利主张超过委托价格部分的款项，出卖人此时再反悔为时晚矣。

十九、在二手房买卖中，房屋出卖人在与买受人签订房屋买卖合同前已将房屋抵押给银行，或在与买受人签订房屋买卖合同后将房屋抵押给银行，买受人要求出卖人交付房屋并办理过户手续的，如何处理

众所周知，抵押物被抵押之后，存在着抵押权人行使抵押权的可能。为此，如果出售的房屋在出售时存在未经解除的抵押，或者出售后交付前设立抵押，并且没有告知买受人的，则对买受人的利益可能会产生重大消极影响。根据《合同法》第150条规定，出卖人就交付的标的物负有权利瑕疵担保义务，即必须保证所出售的标的物上不存在任何权利负担包括抵押权等担保物权，但买受人明知的除外。因此，出卖人在房屋买卖合同订立前没有如实告

---

① 合同法第61条　合同生效后，当事人就质量、价款或者报酬、履行地点等内容没有约定或者约定不明确的，可以协议补充；不能达成补充协议的，按照合同有关条款或者交易习惯确定。

知买受人房屋已经抵押的,显然属于恶意欺诈,买受人有权要求解除合同;但是根据最高法院《关于适用〈中华人民共和国担保法〉若干问题的解释》的规定,抵押权存续期间,抵押人转让抵押物的,转让合同认定有效,但抵押权人仍可行使抵押权,取得抵押物所有权的受让人,可以代替债务人清偿其全部债务,使抵押权消灭;受让人清偿债务后可以向抵押人追偿。因此,出卖人将已抵押的房屋再行出售的,买受人可以请求解除房屋买卖合同,也可以请求依据前述司法解释的规定继续履行房屋买卖合同。

至于房屋出卖人在签订房屋买卖合同后再将房屋抵押给银行,而银行如系善意取得合法的抵押权,则可以认定出卖人的行为已构成违约,房屋买受人可以要求出卖人承担相应的违约责任,也可以代为清偿债务,使得抵押关系消灭,进而向出卖人追偿并要求其承担违约责任。

但是防范这一类风险最有效的方法仍然是在签订买卖合同之前,对拟购买房屋的基本状况进行调查,而且这种调查最好是自行完成或者是本方委托他人完成,以确保调查结果可靠可信,调查的方法就是前往房产交易中心拉出房产的信息,包括权利人、坐落、面积、司法限制、抵押、土地使用权获得状况等;同时,应当在合同中明确地约定相应的违约责任,一旦出现卖方违反合同将房屋设定抵押时,买方可以据此要求其承担违约责任。

二十、小产权房、农民房、宅基地买得还是买不得

购买小产权房、农民房的价格远远低于商品房,从村民或者村委会手中购买宅基地自建住房,花费也远远低于商品房。为什么会存在这样的价差?根据中国现有法律的规定,土地所有权区分为集体土地和国有土地,可以在土地市场自由流转的只有国有土地,集体土地以及在集体土地上建设的房屋只能在本集体经济组织内部成员间流通,或者其土地属性更改为国有土地后,土地及其上建设的房屋也可进入市场自由流通。政府作为土地市场的唯一供应者,通过垄断土地批发市场,获得了土地高溢价出让的收益,为此土地价格下降的受损方就是政府。

购买小产权房、农民房、宅基地到底有什么风险?给大家一个有名的案

例作为参照。这就是著名的北京宋庄宅基地及房屋买卖纠纷案。宋庄位于北京通州区，在北京不断城市化的过程中，大量的宋庄本土人进了城，把原来的宅基地卖给了不具有土地户籍的外来人员，这些人员绝大多数是画家，逐渐使得宋庄成为有名的画家村。但是随着农村土地在拆迁等领域价值不断增长，原来的房主不断出现毁约情形，由此引发一系列宅基地及房屋买卖纠纷诉讼，被媒体称为宋庄画家村系列纠纷案。

马某某原系北京市通州区宋庄镇辛店村农民，将其继承所得建于农村宅基地上的房屋出售给不具有本地户籍的外来画家李某某，后又反悔，要求确认买卖无效①。本案经过二审审理，两级法院均认为：宅基地使用权是农村集体经济组织成员享有的权利，与享有者特定的身份相联系，非本集体经济组织成员无权取得或变相取得。马某某与李某某所签之《买卖房协议书》的买卖标的物不仅是房屋，还包含相应的宅基地使用权。李某某并非通州区宋庄镇辛店村村民，且诉争院落的《集体土地建设用地使用证》至今未由原土地登记机关依法变更登记至李某某名下。因此，双方当事人之间签订的买卖合同无效。合同被确认无效后，因该合同取得的财产应当予以返还，不能返还或者没有必要返还的，应当折价补偿。基于上述合同无效之法律后果处理的一般原则，买受人李某某应将其购买的房屋及院落返还出卖人马某某，出卖人马某某将价款返还买受人李玉兰。但买受人李某某在购买房屋后自行出

---

①　马某某原系北京市通州区宋庄镇辛店村农民，于 1998 转为居民。李玉兰系城市居民，户籍地为河北省邯郸市。双方诉争之房屋原系马海涛之父马万春继承之祖遗产，1993 年北京市通县土地管理局向马万春核发诉争房屋所在院落之《集体土地建设用地使用证》，确认马万春为该宅院之土地使用权人。马万春与吴淑敏系夫妻，二人共生有一子四女，分别为马海涛、马海芹、马海兰、马海伶、马海明。马万春于 2000 年 9 月去世。2002 年 7 月 1 日，马海涛与李玉兰签订《买卖房协议书》，将诉争房屋及院落以 45 000 元的价格卖与李玉兰。《买卖房协议书》上书："宋庄镇辛店村马海涛与李玉兰商定将正房五间、厢房三间卖给李玉兰作价 4.5 万元整，房屋及院落以上级下发的土地使用权证为准，房款自签字后一次性交清，双方遵守协议"。落款处除有买卖双方签字，还有中证人康文宏及代笔人郭化勤签字，并加盖北京市通州区宋庄镇辛店村村民委员会印章。同日，北京市通州区宋庄镇辛店村民委员会在诉争房屋所在院落之《集体土地建设用地使用证》变更记事一栏中记载"马海涛于 2002 年 7 月 1 日将上房五间、厢房三间出售给李玉兰使用"。该契约签订后，李玉兰支付给马海涛房款 45 000 元，马海涛将房屋及《集体土地建设用地使用证》交付李玉兰。李玉兰入住后对原有房屋进行装修，并于 2003 年 10 月经北京市通州区宋庄镇辛店村民委员会批准新建西厢房三间。后马海涛起诉要求确认房屋买卖无效，要求李玉兰返还房屋。

资对房屋及院落进行了新建及装修,考虑到李某某对于房屋及院落的添附系附于出卖人所有的原物上,无法识别与分离,即便能够分离,分离后添附部分的使用价值亦极大贬损。为此买受人将原物及添附一并返还及给付出卖人,由出卖人将原房及添附部分的价值折价补偿买受人。判决生效后,李某某又起诉了马某某,要求马某某赔偿其信赖利益损失 48 万元。此是后话,暂且不表[①]。

以上案例清晰告诉我们,非集体组织内部的成员购买集体所有的土地的使用权,及或在该地上建设的房屋,合同会被认定为无效,这就是当前的法律现实。然而,我们又清晰地看到中国是一个处于不断变革中的国家,中国人奉行的信念之一就是:法不责众。很多人认为在未来,甚至是不远的将来,农村集体所有的土地将会进入自由流通的渠道,至少那些已经成为事实的交易将会得到承认。这激发了众多人蜂拥而入农村土地和房屋买卖的市场。这是一场赌博,或许你会获得丰厚的回报,或许你会输得精光,这已经不是一个法律问题,而是一个对未来政策走向如何判断的问题。

---

① 法院认为:考虑到出卖人在出卖时即明知其所出卖的房屋及宅基地属禁止流转范围,出卖多年后又以违法出售房屋为由主张合同无效,故出卖人应对合同无效承担主要责任。对于买受人信赖利益损失的赔偿,应当全面考虑出卖人因土地升值或拆迁、补偿所获利益,以及买受人因房屋现值和原买卖价格的差异造成损失两方面因素予以确定。最终判决马海涛赔偿李玉兰 18 万余元。

附　　录

最高人民法院公告

　　《最高人民法院关于审理商品房买卖合同纠纷案件适用法律若干问题的解释》已于 2003 年 3 月 24 日由最高人民法院审判委员会第 1267 次会议通过。现予公布,自 2003 年 6 月 1 日起施行。

最高人民法院

2003 年 4 月 28 日

最高人民法院关于审理商品房买卖合同纠纷案件适用法律若干问题的解释

法释〔2003〕7 号

　　为正确、及时审理商品房买卖合同纠纷案件,根据《中华人民共和国民法通则》、《中华人民共和国合同法》、《中华人民共和国城市房地产管理法》、《中华人民共和国担保法》等相关法律,结合民事审判实践,制定本解释。

　　第一条　本解释所称的商品房买卖合同,是指房地产开发企业(以下统称为出卖人)将尚未建成或者已竣工的房屋向社会销售并转移房屋所有权于买受人,买受人支付价款的合同。

　　第二条　出卖人未取得商品房预售许可证明,与买受人订立的商品房预售合同,应当认定无效,但是在起诉前取得商品房预售许可证明的,可以认定有效。

　　第三条　商品房的销售广告和宣传资料为要约邀请,但是出卖人就商品房开发规划范围内的房屋及相关设施所作的说明和允诺具体确定,并对商品房买卖合同的订立以及房屋价格的确定有重大影响的,应当视为要约。该说明和允诺即使未载入商品房买卖合同,亦应当视为合同内容,当事人违反的,应当承担违约责任。

第四条 出卖人通过认购、订购、预订等方式向买受人收受定金作为订立商品房买卖合同担保的,如果因当事人一方原因未能订立商品房买卖合同,应当按照法律关于定金的规定处理;因不可归责于当事人双方的事由,导致商品房买卖合同未能订立的,出卖人应当将定金返还买受人。

第五条 商品房的认购、订购、预订等协议具备《商品房销售管理办法》第十六条规定的商品房买卖合同的主要内容,并且出卖人已经按照约定收受购房款的,该协议应当认定为商品房买卖合同。

第六条 当事人以商品房预售合同未按照法律、行政法规规定办理登记备案手续为由,请求确认合同无效的,不予支持。

当事人约定以办理登记备案手续为商品房预售合同生效条件的,从其约定,但当事人一方已经履行主要义务,对方接受的除外。

第七条 拆迁人与被拆迁人按照所有权调换形式订立拆迁补偿安置协议,明确约定拆迁人以位置、用途特定的房屋对被拆迁人予以补偿安置,如果拆迁人将该补偿安置房屋另行出卖给第三人,被拆迁人请求优先取得补偿安置房屋的,应予支持。

被拆迁人请求解除拆迁补偿安置协议的,按照本解释第八条的规定处理。

第八条 具有下列情形之一的,导致商品房买卖合同目的不能实现的,无法取得房屋的买受人可以请求解除合同、返还已付购房款及利息、赔偿损失,并可以请求出卖人承担不超过已付购房款一倍的赔偿责任:

(一)商品房买卖合同订立后,出卖人未告知买受人又将该房屋抵押给第三人;

(二)商品房买卖合同订立后,出卖人又将该房屋出卖给第三人。

第九条 出卖人订立商品房买卖合同时,具有下列情形之一,导致合同无效或者被撤销、解除的,买受人可以请求返还已付购房款及利息、赔偿损失,并可以请求出卖人承担不超过已付购房款一倍的赔偿责任:

（一）故意隐瞒没有取得商品房预售许可证明的事实或者提供虚假商品房预售许可证明；

（二）故意隐瞒所售房屋已经抵押的事实；

（三）故意隐瞒所售房屋已经出卖给第三人或者为拆迁补偿安置房屋的事实。

第十条　买受人以出卖人与第三人恶意串通，另行订立商品房买卖合同并将房屋交付使用，导致其无法取得房屋为由，请求确认出卖人与第三人订立的商品房买卖合同无效的，应予支持。

第十一条　对房屋的转移占有，视为房屋的交付使用，但当事人另有约定的除外。

房屋毁损、灭失的风险，在交付使用前由出卖人承担，交付使用后由买受人承担；买受人接到出卖人的书面交房通知，无正当理由拒绝接收的，房屋毁损、灭失的风险自书面交房通知确定的交付使用之日起由买受人承担，但法律另有规定或者当事人另有约定的除外。

第十二条　因房屋主体结构质量不合格不能交付使用，或者房屋交付使用后，房屋主体结构质量经核验确属不合格，买受人请求解除合同和赔偿损失的，应予支持。

第十三条　因房屋质量问题严重影响正常居住使用，买受人请求解除合同和赔偿损失的，应予支持。交付使用的房屋存在质量问题，在保修期内，出卖人应当承担修复责任；出卖人拒绝修复或者在合理期限内拖延修复的，买受人可以自行或者委托他人修复。修复费用及修复期间造成的其他损失由出卖人承担。

第十四条　出卖人交付使用的房屋套内建筑面积或者建筑面积与商品房买卖合同约定面积不符，合同有约定的，按照约定处理；合同没有约定或者约定不明确的，按照以下原则处理：

（一）面积误差比绝对值在3％以内（含3％），按照合同约定的价格据实结算，买受人请求解除合同的，不予支持；

（二）面积误差比绝对值超出3％，买受人请求解除合同、返还已付购房款及利息的,应予支持。买受人同意继续履行合同,房屋实际面积大于合同约定面积的,面积误差比在3％以内(含3％)部分的房价款由买受人按照约定的价格补足,面积误差比超出3％部分的房价款由出卖人承担,所有权归买受人;房屋实际面积小于合同约定面积的,面积误差比在3％以内(含3％)部分的房价款及利息由出卖人返还买受人,面积误差比超过3％部分的房价款由出卖人双倍返还买受人。

第十五条 根据《合同法》第九十四条的规定,出卖人迟延交付房屋或者买受人迟延支付购房款,经催告后在三个月的合理期限内仍未履行,当事人一方请求解除合同的,应予支持,但当事人另有约定的除外。

法律没有规定或者当事人没有约定,经对方当事人催告后,解除权行使的合理期限为三个月。对方当事人没有催告的,解除权应当在解除权发生之日起一年内行使;逾期不行使的,解除权消灭。

第十六条 当事人以约定的违约金过高为由请求减少的,应当以违约金超过造成的损失30％为标准适当减少;当事人以约定的违约金低于造成的损失为由请求增加的,应当以违约造成的损失确定违约金数额。

第十七条 商品房买卖合同没有约定违约金数额或者损失赔偿额计算方法,违约金数额或者损失赔偿额可以参照以下标准确定:

逾期付款的,按照未付购房款总额,参照中国人民银行规定的金融机构计收逾期贷款利息的标准计算。

逾期交付使用房屋的,按照逾期交付使用房屋期间有关主管部门公布或者有资格的房地产评估机构评定的同地段同类房屋租金标准确定。

第十八条 由于出卖人的原因,买受人在下列期限届满未能取得房屋权属证书的,除当事人有特殊约定外,出卖人应当承担违约责任:

(一)商品房买卖合同约定的办理房屋所有权登记的期限;

(二)商品房买卖合同的标的物为尚未建成房屋的,自房屋交付使用之日起90日;

(三)商品房买卖合同的标的物为已竣工房屋的,自合同订立之日起90日。

合同没有约定违约金或者损失数额难以确定的,可以按照已付购房款总额,参照中国人民银行规定的金融机构计收逾期贷款利息的标准计算。

第十九条　商品房买卖合同约定或者《城市房地产开发经营管理条例》第三十三条规定的办理房屋所有权登记的期限届满后超过一年,由于出卖人的原因,导致买受人无法办理房屋所有权登记,买受人请求解除合同和赔偿损失的,应予支持。

第二十条　出卖人与包销人订立商品房包销合同,约定出卖人将其开发建设的房屋交由包销人以出卖人的名义销售的,包销期满未销售的房屋,由包销人按照合同约定的包销价格购买,但当事人另有约定的除外。

第二十一条　出卖人自行销售已经约定由包销人包销的房屋,包销人请求出卖人赔偿损失的,应予支持,但当事人另有约定的除外。

第二十二条　对于买受人因商品房买卖合同与出卖人发生的纠纷,人民法院应当通知包销人参加诉讼;出卖人、包销人和买受人对各自的权利义务有明确约定的,按照约定的内容确定各方的诉讼地位。

第二十三条　商品房买卖合同约定,买受人以担保贷款方式付款,因当事人一方原因未能订立商品房担保贷款合同并导致商品房买卖合同不能继续履行的,对方当事人可以请求解除合同和赔偿损失。因不可归责于当事人双方的事由未能订立商品房担保贷款合同并导致商品房买卖合同不能继续履行的,当事人可以请求解除合同,出卖人应当将收受的购房款本金及其利息或者定金返还买受人。

第二十四条　因商品房买卖合同被确认无效或者被撤销、解除,致使商品房担保贷款合同的目的无法实现,当事人请求解除商品房担保贷款合同的,应予支持。

第二十五条　以担保贷款为付款方式的商品房买卖合同的当事人一方请求确认商品房买卖合同无效或者撤销、解除合同的,如果担保权人作为有独立请求权第三人提出诉讼请求,应当与商品房担保贷款合同纠纷合并审理;未提出诉讼请求的,仅处理商品房买卖合同纠纷。担保权人就商品房担保贷款合同纠纷另行起诉的,可以与商品房买卖合同纠纷合并审理。商品房买卖合同被确认无效或者被撤销、解除后,商品房担保贷款合同也被解除的,出卖人应当将收受的购房贷款和购房款的本金及利息分别返还担保权人和买受人。

第二十六条 买受人未按照商品房担保贷款合同的约定偿还贷款,亦未与担保权人办理商品房抵押登记手续,担保权人起诉买受人,请求处分商品房买卖合同项下买受人合同权利的,应当通知出卖人参加诉讼;担保权人同时起诉出卖人时,如果出卖人为商品房担保贷款合同提供保证的,应当列为共同被告。

第二十七条 买受人未按照商品房担保贷款合同的约定偿还贷款,但是已经取得房屋权属证书并与担保权人办理了商品房抵押登记手续,抵押权人请求买受人偿还贷款或者就抵押的房屋优先受偿的,不应当追加出卖人为当事人,但出卖人提供保证的除外。

第二十八条 本解释自 2003 年 6 月 1 日起施行。

《中华人民共和国城市房地产管理法》施行后订立的商品房买卖合同发生的纠纷案件,本解释公布施行后尚在一审、二审阶段的,适用本解释。

《中华人民共和国城市房地产管理法》施行后订立的商品房买卖合同发生的纠纷案件,在本解释公布施行前已经终审,当事人申请再审或者按照审判监督程序决定再审的,不适用本解释。

《中华人民共和国城市房地产管理法》施行前发生的商品房买卖行为,适用当时的法律、法规和《最高人民法院〈关于审理房地产管理法施行前房地产开发经营案件若干问题的解答〉》。

第一、二中级人民法院民一庭、民二庭，各区、县法院民一庭、民三庭，浦东新区法院、黄浦法院民四庭，宝山法院速裁庭，各人民法庭：

随着本市房地产业的快速发展，相关的房地产纠纷有所增加，尤其是在"二手房"买卖纠纷中出现了一些新情况、新问题。为妥善处理好此类纠纷，统一一类案件的法律适用，我庭在调查研究基础上，广泛听取了相关法院意见，出台《关于审理"二手房"买卖案件若干问题的解答》，现将该解答下发给你们，供你们审理案件时参考。执行中如发现问题，请及时向我们反映。

上海市高级人民法院

2005 年 12 月 16 日

上海市高级人民法院《关于审理"二手房"买卖案件若干问题的解答》

1. 本解答的适用范围。

答：本解答所涉之"二手房"买卖，系指买卖双方经合意，出卖人转移房屋所有权于买受人，买受人支付一定对价而产生的民事合同关系。

新建商品房的买卖及公房使用权的转让，不适用本解答。

2. 未经房屋共同共有人同意，出卖人对外签订的"二手房"买卖合同，效力如何认定？

答：审判实践中，经常遇到房屋共有人以其他共有人擅自处分共有财产为由，主张其他共有人对外签订的"二手房"买卖合同无效。对此问题，应区别不同的情形分别处理。一是房屋出售时，权利登记仅为出卖人一人的，基于不动产的公示、公信原则，买受人有理由相信出卖人系房屋的完全权利人，其与出卖人之间签订的买卖合同，应认定为有效；但如有证据证明买受人存有过错，与出卖人恶意串通，损害其他共有人利益的除外。二是房屋出售时，权利登记为数人的，基于部分共同共有人不得擅自处分共有财产的法律规定，在其他权利人事后不予追认的情况下，应认定买卖合同无效；但买受人有理由相信出卖人有代理权，符合表见代理构成要件的，应确认买卖合同有效。

3. 未经在房屋内共同居住的其他成员同意,房屋所有权人对外签订的"二手房"买卖合同,效力如何认定?

答:房屋权利人个人购买所得的房屋,配偶或其他亲属因婚姻或亲属关系形成了同住事实,房屋所有权人有义务保障其居住权益,但该权益的存在并不构成对房屋所有权人处分房屋的限制。因此,未经在房屋内共同居住的其他成员同意并不影响房屋所有权人对外签订的房屋买卖合同的效力。

4. 2004 年 4 月 26 日"期房限转"政策出台后,一方尚未取得房屋所有权证,即与他人订立转让合同。该转让合同的效力如何认定?

答:高院在今年 6 月 16 日《民事法律适用问答》(2005 年第 1 期)对此作了阐述,明确不能仅因出卖方尚未取得房屋所有权证而认定转让合同无效。其理由是:房屋买卖合同的买方在尚未取得房屋所有权证之前,其虽不能享有房屋所有权,但享有买卖合同上的债权。而债权转让是合同法赋予合同当事人的权利之一,没有理由不允许当事人转让自己的合同权利,因此买方再予转让并不违反法律禁止性规定。至于上海市目前关于"期房限转"的地方性规定,其所规定的是当事人在取得房屋所有权证之前的再转让行为,房地产登记部门不予办理登记,该规定所产生的后果是受让方可能要承担无法实际取得房屋的风险,但并不影响转让合同的效力。

5. 当事人已就房屋买卖事宜达成了具体约定,但未签订《上海市房地产买卖合同》示范文本。当事人之间的买卖合同是否成立、有效?

答:《上海市房地产买卖合同》是上海市房屋土地资源管理局、上海市工商行政管理局共同制定的示范文本,当事人可以约定采用,或参照示范文本订立买卖合同。实践中,买卖双方就房屋买卖事宜达成一致意见后,为办理过户手续之需要,大多约定双方再需签订《上海市房地产买卖合同》示范文本。对此,买卖合同是否成立、有效应根据双方的合意情况,予以区别对待。

如双方明确以签订《上海市房地产买卖合同》为买卖合同成立、生效要件的,从其约定。如双方并未作出上述约定,而双方已经签订的协议书具备了房屋买卖合同的主要内容,应视为买卖合同成立,并认定合同有效。双方约定再签订《上海市房地产买卖合同》,只是以格式合同的形式对买卖关系予以确认。当事人未签订《上海市房地产买卖合同》的,不影响原已成立的合同关系。

6. 合同签订后,一方不愿意再履行买卖合同,而另一方坚决要求继续履行的,如何处理?

答:按照约定全面履行合同义务是合同履行的一项基本原则。因此,除合同另有约定或出现可单方解除合同的法定情形外,无论是合同签订后的预期违约还是合同履行期届满后的实际违约,如另一方坚决要求继续履行的,除符合《合同法》第一百一十条规定外,应责令双方继续履行。在履行义务的同时,另一方还有其他损失的,应当赔偿损失。

对于确不能继续履行的,违约方应当赔偿因违约而给对方造成的损失,包括直接损失和预期可得利益损失。其中房屋涨跌损失的确定,可参照以下方式:一、双方协商确定的,从其约定;二、双方不能协商确定的:(一)原则上可比照最相类似房屋的市场成交价(首先是同幢相同楼层及房型;其次是相邻幢同楼层及房型;再次是相同区域内房屋)与买卖合同成交价之差确定房屋涨跌损失;(二)无最相类似房屋比照的,可通过专业机构评估确定房屋涨跌损失。认定损失的时间点应从保护守约方的利益出发,以守约方的请求为基础,结合合同约定的履行期限届满之日、违约方的违约行为确定之日以及审理中房屋的涨跌情况等,合理确定。

最后,守约方损失的认定还应综合考虑守约方的履约情况、违约方能预见的因房屋价值涨跌而产生的损失以及双方是否已采取必要措施防止损失扩大等因素。

7. "二手房"买卖合同中,因房屋质量问题引发纠纷,出卖人应如何承担房屋质量瑕疵担保责任?

答:买卖合同的出卖人应就买卖标的物向买受人承担质量瑕疵担保责任。但由于"二手房"买卖中的标的物一般已使用一定年限,并存在装修、装饰等现状,买受人对房屋的瑕疵状况也应有理性的判断。因此,对于出卖人故意隐瞒房屋质量瑕疵的,应承担赔偿责任。对于出卖人已如实告知瑕疵或买受人已明知瑕疵的,则出卖人不承担责任。对于房屋的隐蔽瑕疵,如并非出卖人在装潢、使用过程中所产生,而系房屋本身所固有的,若没有证据证明出售一方对此是知晓的,出卖人亦不承担瑕疵担保责任,但买受人可以房屋所有人身份,依据因合同转让而取得的权利,向开发商主张保修责任或赔偿责任。

8. 当事人分别签订了几份买卖合同,但约定的房价不一致。现当事人对于房屋成交价格产生争议,如何认定?

答:对于前后合同约定的房价不一致这一情况,根据后合同优先于前合同的原则,原则上应以后订立的合同为准。如一方当事人确有证据证明双方为规避纳税、骗取贷款等,而故意在此后的《上海市房地产买卖合同》等合同中订立虚假价格的,因该项变更非双方变更房价的真实意思,且具有非法目的,不应予以认定,仍应以前合同约定的成交价履行。

判断时,除由提出异议方承担举证责任外,还应结合前后合同签订后的履行情况、前后合同约定的成交价与市场价格的差距大小、合同登记备案情况等综合判断。此外,对于当事人确存在规避纳税、骗取贷款等行为的,可一并建议相关部门予以处理。

9. 买卖合同成立后,出卖人未能自动履行产权过户义务。对此,实践中买受方既有主张确权的,也有要求出卖人履行产权过户义务的,如何处理?

答:在买卖合同履行过程中,双方间存在的是债权债务关系,买受人只能依据合同约定,要求出卖人履行合同义务,包括按约将标的物的所有权移转给买受人。买受人不能依据买卖合同而直接取得标的物的所有权,实践中也可能由于出现法律上或者事实上不能履行等法定情形,而导致买受人不能实际取得标的物所有权的情况发生。同时,确权之诉系对民事权利是否存在、如何归属等加以确认,而如前述,在出卖人未自动履行所有权移转义务前,买受人尚未取得标的物的所有权,其依据合同约定要求确认房屋所有权归其所有,缺乏基础。因此,对出卖人不履行产权过户义务的,买受人不能直接要求确认房屋产权归其所有,只能按合同约定要求出卖人履行产权过户义务。

10. 二手房买卖中,当事人因户口问题发生争执,法院是否处理?

答:对于"二手房"买卖中,当事人约定出卖人迁出户口,并由买受人迁入户口,但嗣后因出卖人拒不迁出户口而引发纠纷的,我们已在 2003 年第 3 期《民事法律适用问答》中,对此问题作了明确,但实践中仍有不同理解。经研究,我们认为,当事人虽在买卖合同中就户口迁移事宜作出了约定,但户口迁移涉及相关行政部门的审批制度,属于行政管理范畴,不属于民事案件的受理范围。经释明后,当事人仍坚持主张迁移户口的,应裁定不予受理或驳回起诉。

上海市高级人民法院《关于宏观政策调控后房屋买卖纠纷若干问题的解答》

（2006 年 10 月 23 日）

一、因宏观政策调控引起税费调整，当事人对调整后税费的支付没有约定或约定不明的，如何处理；当事人可否以此为由解除房屋买卖合同。

根据"约定优先、法定补充"原则，当事人对税费的支付有明确约定的，应遵守约定；当事人对税费的支付没有约定或约定不明的，应根据国家税费法规确定承担主体。若双方对税费的支付作出约定后，又因宏观政策调控而发生税费增减的，除当事人协商一致外，增减部分仍应按国家税费法规确定承担主体。

当事人不得以税费调整或双方未作约定以及约定不明为由，要求解除合同。

二、当事人能否以银行不再办理转按揭贷款、致其无法履行付款义务为由，要求解除房屋买卖合同。

2005 年 3 月 28 日上海市银行同业公会规定，通过贷款购买房屋，一年内再转让的，商业银行不再提供个人住房贷款的转按揭服务。同年 4 月 5 日，上海市房地局进一步明确，出售方必须还清贷款后，方能办理产权转移。因此，买卖合同签订后，确因银行停办转按揭而导致合同约定的付款方式无法实现的，该合同义务无法履行的原因可认定为不可归责于任何一方当事人，当事人以此为由要求解除合同，可予支持。但是，房屋出售方愿意先行还清贷款，或双方在合同中有其他特别约定（如贷款不足或不成，房屋买受人自行补足贷款等）的，当事人以贷款政策发生变化为由要求解除房屋买卖合同的，不予支持。

三、房屋买受人能否以银行贷款成数减少等政策变化、致其无法履行付款义务为由，要求解除房屋买卖合同。

房屋买卖合同是一种标的额相对较大、与买卖双方有切身利害关系的合同。当事人在订立合同时往往对合同内容有较为全面的认识,对自身合同义务的履行及风险有着较为充分的预见。因此,作为付款义务人的房屋买受人对合同订立后可能出现的各种履行障碍,应当有充分、合理的预见,并对可能出现的履行障碍有相应的解决方案。一般情况下,贷款成数的变化不会当然导致房屋买受人不能继续履行合同,房屋买受人也可以通过其他途径筹措资金履行付款义务。因此,当事人在无特别约定的情况下,一般不得以贷款成数变化等政策原因为由主张解除房屋买卖合同。

但是,房屋买受人能举证证明贷款不足或不成,确实严重影响其履约能力,房屋买卖合同事实上已不可能继续履行,且该履行障碍并非房屋买受人的信用低等个人原因所致,房屋买受人主张解除房屋买卖合同的,可以允许。

四、由于房屋中介公司不当行为,致使房屋出卖人因政策调整而多支付营业税等税款,房屋出卖人要求房屋中介公司承担该部分税款损失的,如何处理。

为确保房地产市场的健康发展,国家有关部门规定个人将购买不足一定年限的住房对外销售的,应全额征收营业税,同时规定以房屋产权证的取得时间或房屋交接书上的记载时间等来综合确定房屋购买时间。不少业主将所购期房出售时,将产权过户等手续委托房屋中介公司办理。对此,房屋中介公司接受委托后,应秉持为委托人服务的原则,全面、及时地处理委托事务。如因房屋中介公司未及时履行受托义务,导致房屋出卖人因政策调整而遭受多支付营业税等损失的,应根据房屋中介公司的过错程度判令其承担相应的赔偿责任。

五、当事人可否以对方当事人违反房屋预订协议为由,主张房屋差价损失。

《购房意向书》、《房屋预订单》等预订协议属于预约,具有合同性质。预定协议约定有定金条款及其他违约条款的,当事人不履约的,应适用定金罚则和其他违约条款。若协议中没有定金条款(违约金条款),或定金数额(违约金数额)低于实际损失,相对方主张其他损失的,应予支持。根据《合同法》相关规定的精神,缔约过失造成的损失包括直接损失(如缔约费用等),也包括间接损失（即丧失与第三人另订合同机会所产生的损失等），但损失不应超过当事人在订立合同时所应当预见到的因合同不成立、无效或者被撤销可能造成的损失；也不得超过合同成立或合同有效时的履行利益。因此，守约方要求违约方赔偿房屋差价损失的，一般可予准许，具体数额应综合考虑守约方的履约情况、违约方的过错程度、合理的成本支出等因素酌定。

六、房屋中介公司为赚取差价分别与房屋出卖人、买受人签订房屋买卖合同，或不让房屋买卖双方见面，直接代理双方签订房屋买卖合同的，如何认定该行为的效力。

房屋中介公司与房屋出卖人或买受人，尤其是与房屋出卖人之间的法律关系复杂多样，往往并不是单纯提供订约机会、媒介服务的居间法律关系，而应当根据当事人的实际意思表示区别对待。

房屋出卖人明确表示将房屋卖予房屋中介公司的，其与房屋中介公司间形成房屋买卖合同关系。房屋中介公司再行出售房屋的行为与原房屋出卖人无关，由此产生的差价应归房屋中介公司，但房屋中介公司应举证证明其与原房屋出卖人间已形成房屋买卖合同关系。

房屋出卖人明确表示委托房屋中介公司以不低于一定价格出卖房屋的，其与房屋中介公司间形成销售房屋的委托代理关系。若房屋中介公司以自己名义与房屋买受人签订高于委托最低价的房屋买卖合同，而房屋出卖人与房屋中介公司对溢价部分归属无约定或约定不明，且无法依据《合同法》第六十一条确定的，则该溢价部分应归属委托人（即房屋出卖人）；若有证据证明，房屋中介公司以委托人名义与本公司或其职员、职员近亲属，以委托最低价签订房屋买卖合同后，再将房屋加价卖出的，属于违背其对委托人应尽忠实义务的违约行为。因此，房屋中介公司通过对房屋进行转卖而产生的溢价部分，可以作为委托人的实际损失，由房屋中介公司赔付。

七、房屋开发商逾期办出房地产权属证书（以下简称"大产证"），房屋买受人（以下简称"小业主"）可否比照《关于审理商品房买卖合同纠纷案件适用法律若干问题的解释》第十八条规定，要求开发商承担违约责任。

最高法院《关于审理商品房买卖合同纠纷案件适用法律若干问题的解

释》第十八条的规定,主要针对由于开发商的原因致使小业主未能按期取得小产证的情形,而不适用于开发商逾期办出大产证的情况。同时,开发商逾期办出大产证与购房人一般无直接利害关系,与购房人存在直接利害关系的是能否按照合同约定如期取得小产证。若合同约定了开发商办出大产证的期限而开发商逾期办出的,购房人据此要求赔偿损失,应当举证证明其因此而遭受了损失,不能直接参照最高法院司法解释的规定判令开发商承担违约责任,但购房合同对此有特别约定的除外。

八、在二手房买卖中,房屋出卖人在与买受人签订房屋买卖合同前已将房屋抵押给银行,或在与买受人签订房屋买卖合同后将房屋抵押给银行,买受人要求出卖人交付房屋并办理过户手续的,如何处理。

根据《合同法》第一百五十条规定,出卖人就交付的标的物负有权利瑕疵担保义务,即必须保证所出售的标的物上不存在任何权利负担包括抵押权等担保物权,但买受人明知的除外。同时,根据最高法院《关于适用〈中华人民共和国担保法〉若干问题的解释》第六十七条的规定,抵押权存续期间,抵押人转让抵押物的,转让合同认定有效,但抵押权人仍可行使抵押权,取得抵押物所有权的受让人,可以代替债务人清偿其全部债务,使抵押权消灭;受让人清偿债务后可以向抵押人追偿。因此,出卖人将已抵押的房屋再行出售的,买受人可以请求解除房屋买卖合同,也可以请求依据前述司法解释的规定继续履行房屋买卖合同。

房屋出卖人在签订房屋买卖合同后再将房屋抵押给银行,而银行如系善意取得合法的抵押权,则可以认定出卖人的行为已构成违约,房屋买受人可以要求出卖人承担相应的违约责任,也可以要求出卖人按照前款意见承担责任。

法律宝典

第六章
消费者权益保护法

一、知假买假是否适用《消法》的保护

《消费者权益保护法》(以下简称《消法》)顾名思义是用来保护消费者权益的法律,因此什么是消费者成了该法在司法实践中的争议话题。根据《消法》第 2 条①规定的字面含义,消费者被限定为,为生活消费需要购买、使用商品或者接收服务的个人。从另一角度说,如果购买、使用商品或接受服务不是以生活需要为目的的,就不是《消法》所称的消费者。问题随即来了,知假买假者是否属于消费者呢? 所谓的知假买假是指购买商品、使用商品或者接受服务的人,在作出购买商品或者服务的决定前,明知经营者提供的商品或者服务存在欺诈,但是仍然做出购买决定、实施了购买行为。 显然这类购买者购买该些商品与服务的目的不是直接将其用于生活需要,绝大多数情况下,

---

① 《消费者权益保护法》第 2 条 消费者为生活消费需要购买、使用商品或者接受服务,其权益受本法保护;本法未作规定的,受其他有关法律、法规保护。

是为了依据《消法》惩罚性赔偿的规定向经营者索赔。对于他们能否适用《消法》的规定予以保护。在《消法》施行的过程中，职业打假群体的出现，催生了这个问题的社会讨论。违法经营者在抗辩时经常会援引《消法》第 2 条的规定，认为对方知假买假，购买的目的不是满足生活需要，因而不是消费者。有些法院在审理此类案件时，做出了对原告不利的判决。在前期，包括"打假英雄"王海在内的众多职业打假人发起的诉讼被法院驳回诉讼请求。后来逐渐演变为：有的法院支持，有的法院不支持①，甚至有的法院看见知名的职业打假人就拒绝立案。最高人民法院于 2014 年初发布了一则指导性案例。2012年 5 月 1 日，孙银山在南京欧尚超市有限公司江宁店购买了 15 包香肠，其中14 包香肠已过保质期。孙银山要求欧尚超市江宁店支付 14 包香肠售价十倍的赔偿金。欧尚超市江宁店认为孙银山"买假索赔"不是消费者。法院的裁判文书中写道，只要在市场交易中购买、使用商品或者接受服务是为了个人、家庭生活需要，而不是为了生产经营活动或者职业活动需要的，就应当认定为"为生活消费需要"的消费者，属于《消法》的范围。此案例对于"知假买假"者是否属于"消费者"这一争议作出了明确回复。最高院新闻发言人孙军工说，这意味着"知假买假"行为将不影响消费者维护自身权益。他表示，通常情况下的购物者应当认定为消费者，只要买到假货消费者就可以进行维权，这将进一步增加生产经营者的违法成本，对违法经营者起到震慑作用，促使生产经营企业加强管理②。

　　2014 年 1 月，最高院发布《最高人民法院关于审理食品药品纠纷案件适

---

①　2005 年 3 月，冯志波与合作伙伴在深圳沃尔玛商场买下包括宁夏某县生产的"枸杞王"在内的十几种商品，以其中 5 种商品冒用绿色标志、涉嫌欺诈消费者为由，将沃尔玛商场告上罗湖区人民法院，要求商场退一赔一。深圳罗湖区人民法院基本上认定了被告销售的商品冒用绿色标志、广告用语违法的事实，但同时认为因原告属于职业打假人，知假买假，没有受到商家欺诈，故不能认定是受害者，其权利不受我国消费者权益保护法保护，遂驳回冯志波的诉讼请求。深圳市中院认为，上诉人冯志波要求退款、增加赔偿 7.4 元，符合法律、法规规定。上诉人冯志波虽是职业打假者，但没有证据证明其在购买"枸杞王"时知道该商品冒用了宁夏牌枸杞的绿色食品标志及其编号，故一审以此为由认定冯志波购买宁夏牌"枸杞王"没有受到欺诈，依据不足，冯志波此点上述理由成立，法院予以采纳。一审认定事实清楚，但适用法律错误，判决结果失当，应予纠正。资料来源：http：//www.legaldaily.com.cn/misc/2005-12/14/content_235327.htm，最近浏览日期：2014 年 3 月 18 日。

②　资料来源：http：//newspaper.jfdaily.com/jfrb/html/2014-03/03/content_1146076.htm，最近浏览日期：2014 年 3 月 18 日。

用法律若干问题的规定》中明确指出："因食品、药品质量问题发生纠纷，购买者向生产者、销售者主张权利，生产者、销售者以购买者明知食品、药品存在质量问题而仍然购买为由进行抗辩的，人民法院不予支持。"这项规定与新的消法同时于 2014 年 3 月 15 日实施，明确支持食品药品领域的"知假买假"行为，而且"购买者"的范围比"消费者"更为广泛。

典型案例①

销售者对保健用品作虚假说明，消费者知假买假后
有权向销售者主张"退一赔一"

春和大药房由朱 x 奇经营。2009 年 3 至 8 月间，吴 x 林在春和大药房先后 8 次购买广恩堂牌霍氏鲜清喷剂 10 盒，金额共计 3 080 元。产品外包装盒注明该产品出品单位为拉萨广恩堂生物科技有限公司（以下简称广恩堂公司），该产品委托的生产商为贵州苗仁堂生物医药科技有限责任公司（以下简称苗仁堂公司）。苗仁堂公司于 2006 年取得的苗灵牌鲜清喷剂的保健用品陕食药监健用字 06070258 号生产批准证书已于 2008 年 7 月被陕西省食品药品监督管理局依法公告注销，且该公告中明确"凡以原批准文号继续生产的，应视为违法生产行为"。鉴此，吴 x 林向江苏省无锡市崇安区人民法院起诉，请求朱 x 奇加倍赔偿其 6 160 元。朱 x 奇认为吴 x 林知假买假不是消费者，应当驳回起诉。一审法院判决驳回吴 x 林的诉讼请求。吴 x 林上诉被驳回后又申请再审。

无锡市中级人民法院再审认为：鉴于广恩堂公司委托已被注销生产许可的苗仁堂公司生产鲜清喷剂属违法行为，且该产品存在引人误解的虚假宣传，故春和大药房销售上述产品应认定为存在欺诈行为，应当按照消费者的要求增加赔偿其受到的损失，增加赔偿的金额为消费者购买商品的价款的一倍。

---

① 摘自最高人民法院《2011—2013 年人民法院维护消费者权益状况》白皮书。

二、退一赔三等惩罚性赔偿制度的适用条件

最严重的侵害消费者合法权益的情节就是经营者实施欺诈行为。针对经营者欺诈,《消法》赋予消费者维权最强大的法律武器就是惩罚性赔偿制度的规定,它是整个《消法》当中最有力的武器,也是职业打假人乐此不疲知假买假打假的原因。

旧《消法》规定了"退一赔一"制度,2014 年 3 月 15 日新生效的《消法》进一步提升了对经营者欺诈行为的惩罚力度,将"退一赔一"修订为"退一赔三"①。有些消费品或者服务的价格较低,即使按照"退一赔三"的规定执行,得到的赔偿与消费者维权所花费的时间成本、经济成本相比也微不足道。为了鼓励消费者维权的积极性,《消法》将惩罚性赔偿的最低限额设定为500 元。

根据规定,如果经营者存在欺诈行为,消费者享有如下权利① 退还商品或者解除服务约定;② 要求得到实际损失三倍的赔偿;③ 保底赔偿金额为500 元;④ 造成消费者或者其他受害人死亡或者健康严重损害的,有权要求赔偿医疗费、护理费、交通费、因误工减少的收入,造成残疾的,残疾生活辅助具费和残疾赔偿金,造成死亡的,赔偿丧葬费和死亡赔偿金,除此以外,还可以主张以上金额两倍以下的惩罚性赔偿。

考虑到食品对于消费者健康的特殊重要性,《中华人民共和国食品安全法》在食品领域设定了针对食品经营者的"退一赔十"的惩罚性赔偿制度②。只要食品生产者生产的产品不符合食品安全标准,生产者就需要向消费者承

---

① 消费者权益保护法第五十五条 经营者提供商品或者服务有欺诈行为的,应当按照消费者的要求增加赔偿其受到的损失,增加赔偿的金额为消费者购买商品的价款或者接受服务的费用的三倍;增加赔偿的金额不足五百元的,为五百元。法律另有规定的,依照其规定。经营者明知商品或者服务存在缺陷,仍然向消费者提供,造成消费者或者其他受害人死亡或者健康严重损害的,受害人有权要求经营者依照本法第四十九条、第五十一条等法律规定赔偿损失,并有权要求所受损失二倍以下的惩罚性赔偿。

② 食品安全法第九十六条 违反本法规定,造成人身、财产或者其他损害的,依法承担赔偿责任。生产不符合食品安全标准的食品或者销售明知是不符合食品安全标准的食品,消费者除要求赔偿损失外,还可以向生产者或者销售者要求支付价款十倍的赔偿金。

担该项责任,销售者是明知销售的食品不符合安全标准仍然销售的,销售者也承担同等赔偿责任。

在依据上述惩罚性赔偿制度的规定主张权利时,消费者必须设法证明经营者在客观上存在欺诈行为。由于欺诈是对行为人主观状态的描述,在案件处理中,经营者通常会以其主观上未曾有欺诈的故意进行辩解,所以问题的关键是要设法从经营者的客观行为上找到其存在欺诈的故意,在实践中,欺诈行为的主要表现形式包括:① 销售掺杂、使假、以假充真、以次充好的商品的;② 采取虚假或者其他不正当手段使销售的商品或者服务的分量不足的;③ 销售"处理品"、"残次品"、"等外品"等商品而谎称是正品的;④ 以虚设的"清仓价"、"甩卖价"、"最低价"、"优惠价"或者其他欺骗性价格表示销售商品的行为;⑤ 不以自己的真实名称或标记销售商品的;采取雇用他人等方式进行欺骗性销售诱导的;⑥ 作虚假的现场演示和说明的;⑦ 利用广播、电视、电影、报刊等大众传播媒介对商品作虚假宣传的;⑧ 骗取消费者预付款的;利用邮购销售骗取价款而不提供或者不按照约定条款提供商品的;⑨ 以虚假的"有奖销售"、"还本销售"等方式销售商品的;⑩ 销售失效、变质商品的;销售侵犯他人注册商品权的商品的;⑪ 销售伪造产地、伪造或者冒用他人企业名称或者姓名的商品的;⑫ 销售伪造或者冒用他人商品特有的名称、包装、装潢的商品的;销售伪造或者冒用认证标志、名优标志等质量标志的商品的。消费者主张惩罚性赔偿时,应当提供证据证明经营者存在一项或者多项上述情形。

典型案例 1[①]

违规使用添加剂保健食品属于不安全食品,
消费者有权请求价款 10 倍赔偿

2012 年 7 月 27 日、28 日,孟 x 分别在广州健民医药连锁有限公司(以下简称健民公司)购得海南养生堂药业有限公司(以下简称海南养生堂公司)监制、杭州养生堂保健品有限责任公司(以下简称杭州养生堂公司)生产的"养

---

① 摘自最高人民法院《2011—2013 年人民法院维护消费者权益状况》白皮书。

生堂胶原蛋白粉"共 7 盒合计 1 736 元,生产日期分别为 2011 年 9 月 28 日、2011 年 11 月 5 日。产品外包装均显示产品标准号：Q/YST0011S,配料包括"食品添加剂(D-甘露糖醇、柠檬酸)"。各方当事人均确认涉案产品为普通食品,成分含有食品添加剂 D-甘露糖醇,属于超范围滥用食品添加剂,不符合食品安全国家标准。盂 x 因向食品经营者索赔未果,遂向广东省广州市越秀区人民法院起诉,请求海南养生堂公司、杭州养生堂公司、健民公司退还货款 1 736 元,10 倍赔偿货款 17 360 元。

广州市中级人民法院经审理认为,涉案产品属于固体饮料,并非属于糖果,而 D-甘露糖醇允许使用的范围是限定于糖果,因此根据食品添加剂的使用规定,养生堂公司在涉案产品中添加 D-甘露糖醇不符合食品安全标准的规定。杭州养生堂公司提供的证据不能支持其主张。本案中,由于涉案产品添加 D-甘露糖醇的行为不符合食品安全标准,因此,消费者可以依照该条规定,向生产者或销售者要求支付价款十倍的赔偿金。二审法院判决杭州养生堂公司向盂 x 支付赔偿金 17 360 元,海南养生堂公司对此承担连带责任。

典型案例 2[①]

板木材质家具作为实木家具出售构成商业欺诈,应承担"退一赔一"的责任

2010 年 10 月 1 日,赵 x 红在北京泛美卓越家具有限责任公司(以下简称泛美公司)购买家具若干件,合计价款 23 960 元。涉案家具上有该公司注明的"桦木"、"美国赤桦木"、"胡桃木"等字样,且家具送货单上加注了上述家具为"实木"。后赵 x 红发现涉案家具材质为板木结合,遂诉至北京市朝阳区人民法院,请求退还涉案家具及货款等,并赔偿 23 960 元。

泛美公司承认涉案的部分产品存在质量瑕疵,但否认构成产品质量问题,并认为其在销售过程中告知过赵 x 红涉案产品为板木结合,但是泛美公司并不能提供涉案家具的进货凭证、购货发票、产品合格证、说明书等。

---

① 摘自最高人民法院《2011—2013 年人民法院维护消费者权益状况》白皮书。

法院经审理认为,该家具公司存在引人误解的虚假宣传行为,构成对赵 ｘ 红的欺诈。故判决支持赵 ｘ 红的诉讼请求。

三、微型计算机、移动电话、家用汽车的"三包"规定的具体内容

经营者提供的商品或者服务不符合质量要求的,如果存在关于该项商品的经营者责任的国家规定,则按照国家规定办理。在法治不断发展、完善的过程中,我国已经形成了由有关行政主管部门出台的"三包"的相关规定,在本章中,我们重点关注与民众生活相关度最高的微型计算机、移动电话和家用汽车等三大件。

微型计算机的"三包"制度①的主要内容:

(1)三包期限:主机为 1 年,主要部件为 2 年。

(2)自售出之日起 7 日内,出现故障时,消费者可以选择退货、换货或者修理。

(3)售出后第 8 日至第 15 日内,出现故障时,消费者可选择换货或者修理。消费者要求换货时,销售者应当负责为消费者调换同型号同规格的商品;同型号同规格的产品停止生产时,应当调换不低于原产品性能的同品牌商品。

(4)在整机三包有效期内,出现故障,经两次修理,仍不能正常使用的,凭修理者提供的修理记录,由销售者负责免费为消费者调换同型号同规格的商品;同型号同规格产品停产的,应当调换不低于原产品性能的同品牌商品。符合换货条件的,销售者有同型号同规格的商品或者不低于原产品性能的同品牌商品,消费者不愿意换货而要求退货的,销售者应当予以退货,并按规定折旧率收取折旧费。在整机三包有效期内,符合换货条件的,销售者既无同型号同规格的商品,也无不低于原产品性能的同品牌商品,消费者要求退货的,销售者应当负责免费为消费者退货,并按发货票价格一次退清货款。

---

① 国家质检总局、信息产业部公布了《微型计算机商品修理更换退货责任规定》,自 2002 年 9 月 1 日施行。

手机的"三包"制度①的主要内容：

（1）三包期限：主机三包期限为 1 年，电池 6 个月，充电器（充电座）1 个月，移动终端卡 1 个月，数据接口卡 1 个月。

（2）自售出之日起 7 日内，移动电话机主机出现说明书所列功能失效、屏幕无显示、错字、漏划、无法开机、不能正常登录或通信、无振铃、拨号错误、非正常关机、SIM 卡接触不良、按键控制失效、无声响、单向无声或音量不正常、因结构或材料因素造成的外壳裂损等性能故障的，消费者可以选择退货、换货或者修理。消费者要求换货时，销售者应当免费为消费者更换同型号同规格的移动电话机。消费者要求退货时，销售者应当负责免费为消费者退货，并按发货票价格一次退清货款。

（3）自售出之日起第 8 日至第 15 日内，移动电话机出现上列性能故障的，消费者可以选择换货或者修理。消费者要求换货时，销售者应当免费为消费者更换同型号同规格的移动电话机主机。

（4）在三包有效期内，移动电话机主机出现上列性能故障，经两次修理，仍不能正常使用的，凭三包凭证中修理者提供的修理记录，由销售者负责为消费者免费更换同型号同规格的移动电话机主机。在三包有效期内，电池、充电器、移动终端卡、外接有线耳机、数据接口卡等移动电话机附件出现故障的，销售者应当为消费者免费更换同品牌同型号同规格的附件。更换两次仍不能正常使用的，销售者应当负责免费为消费者退货，单独销售的，按发货票价格一次退还货款；与主机一起销售的，按退货当时单独销售的价格一次退还货款。

（5）因生产者未按合同或者协议提供零配件，使维修者延误了维修时间，并自送修之日起超过 60 日未修好的，凭发货票和三包凭证中修理者提供的修理记录，由销售者负责免费为消费者更换同型号同规格的移动电话机主机。因修理者自身原因，使修理时间超过 30 日未修好的，凭发货票和三包凭

---

① 国家质检总局、国家工商总局、信息产业部联合发布了《移动电话机商品修理更换退货责任规定》，于 2001 年 11 月 15 日施行，共 31 条。

证中修理者提供的修理记录由销售者负责免费为消费者更换同型号同规格的移动电话机主机。

(6) 符合换货条件,但销售者无同型号同规格商品,消费者不愿意调换其他型号规格的商品而要求退货的,销售者应当负责免费为消费者退货,并按发货票的价格一次退清货款。符合换货条件,并且销售者有同型号同规格移动电话机商品,消费者不愿意调换而要求退货的,销售者应当予以退货,但对于使用过的商品应当按本规定的折旧率收取折旧费。折旧费的计算日期自开具发货票之日起至退货之日止,其中应当扣除修理占用和待修时间。

家用汽车"三包"制度的主要内容。汽车越来越成为众多普通家庭的大宗消费品,但是一直以来却没有被纳入到三包制度中。这种现象随着消费者权益意识的不断增强,有关主管部门(国家质量监督检验检疫总局)终于姗姗来迟发布了《家用汽车产品修理、更换、退货责任规定》,规定共50条,自2013年10月1日起施行。主要内容如下:

(1) 家用汽车产品包修期限不低于3年或者行驶里程60 000公里,以先到者为准;家用汽车产品三包有效期限不低于2年或者行驶里程50 000公里,以先到者为准。家用汽车产品包修期和三包有效期自销售者开具购车发票之日起计算。

(2) 在家用汽车产品包修期内,家用汽车产品出现产品质量问题,消费者凭三包凭证由修理者免费修理(包括工时费和材料费)。在家用汽车产品三包有效期内,因产品质量问题修理时间累计超过35日的,或者因同一产品质量问题累计修理超过5次的,消费者可以凭三包凭证、购车发票,由销售者负责更换。

(3) 家用汽车产品自销售者开具购车发票之日起60日内或者行驶里程3 000公里之内(以先到者为准),发动机、变速器的主要零件出现产品质量问题的,消费者可以选择免费更换发动机、变速器。发动机、变速器的主要零件的种类范围由生产者明示在三包凭证上,其种类范围应当符合国家相关标准或规定,具体要求由国家质检总局另行规定。家用汽车产品的易损耗零部件在其质量保证期内出现产品质量问题的,消费者可以选择免费更换易损耗零部件。

（4）自销售者开具购车发票之日起 60 日内或者行驶里程 3 000 公里之内（以先到者为准），家用汽车产品出现转向系统失效、制动系统失效、车身开裂或燃油泄漏，消费者选择更换家用汽车产品或退货的，销售者应当负责免费更换或退货。在家用汽车产品三包有效期内，发生下列情况之一，消费者选择更换或退货的，销售者应当负责更换或退货：① 因严重安全性能故障累计进行了 2 次修理，严重安全性能故障仍未排除或者又出现新的严重安全性能故障的；② 发动机、变速器累计更换 2 次后，或者发动机、变速器的同一主要零件因其质量问题，累计更换 2 次后，仍不能正常使用的，发动机、变速器与其主要零件更换次数不重复计算；③ 转向系统、制动系统、悬架系统、前/后桥、车身的同一主要零件因其质量问题，累计更换 2 次后，仍不能正常使用的；转向系统、制动系统、悬架系统、前/后桥、车身的主要零件由生产者明示在三包凭证上，其种类范围应当符合国家相关标准或规定，具体要求由国家质检总局另行规定。

（5）在家用汽车产品三包有效期内，符合更换条件的，销售者应当及时向消费者更换新的合格的同品牌同型号家用汽车产品；无同品牌同型号家用汽车产品更换的，销售者应当及时向消费者更换不低于原车配置的家用汽车产品。在家用汽车产品三包有效期内，符合更换条件，销售者无同品牌同型号家用汽车产品，也无不低于原车配置的家用汽车产品向消费者更换的，消费者可以选择退货，销售者应当负责为消费者退货。

以上仅是略举三例消费者常用的耐用消费品三包的相关规定，消费者在遇到商品质量问题时，需要注意的是：

（1）一旦发现商品质量问题，及时向销售者提出，并且提出的方式要可资证明，比如对保修电话进行录音，寄送挂号信函等。

（2）把握住时间节点，三包中的退、换、修均有相应的期限，超过期限，权利即不再享有，不能因为疏忽而牺牲了权利。

（3）了解相关规定，提出合理主张与诉求。该提出退的，不要浪费权利，一旦过了期限再提，就难以获得支持。

四、商品或服务的质量不符合要求，又没有国家规定时，如何处理退货问题

有些商品或者服务，国家并没有对其做出修、换、退的具体规定，这种情况下，如何来处理退货问题呢？新《消法》第24条"经营者提供的商品或者服务不符合质量要求的，消费者可以依照国家规定、当事人约定退货，或者要求经营者履行更换、修理等义务。没有国家规定和当事人约定的，消费者可以自收到商品之日起七日内退货；七日后符合法定解除合同条件的，消费者可以及时退货，不符合法定解除合同条件的，可以要求经营者履行更换、修理等义务。依照前款规定进行退货、更换、修理的，经营者应当承担运输等必要费用。"

为此，对于国家没有明确"三包"规定内容的商品或者服务，消费者要求退货应当满足如下条件：① 商品或服务的质量不符合国家规定或者当事人约定等质量要求；② 收货之日起7日内提出退货要求。如同前面已经提及的一般，在消费维权问题上，时间不能平白无用地流逝，要及时提出相应的主张。

五、怎么正确理解网购等七天无理由退货的适用条件及例外

网络销售、电视销售、电话销售、邮购等方式在销售中占有越来越多的市场份额[①]，但是这些购物方式在提供了无可比拟的便捷性的同时，却由于消费者无法对商品进行现场的挑选、甄别、比较，当商家将商品送交消费者后，常会发现商家实际交付的商品与网络、电视、广告册中以图片、说明等形式展现出来的商品存在比较大的差异，如果要求消费者承担后果的话，不仅对消费者本身不公平，而且不利于打击蓄意进行的不实宣传、欺诈消费者的行为，从而摧毁消费者对网购、电视购物、邮购、电话购物的信心，阻碍了这些新型购

---

① 仅以网络购物为例，最近几年网购规模逐年扩大，2013年已经达到1.85万亿元，增长超过40%。资料来源：http://finance.people.com.cn/n/2014/0124/c1004-24211499.html，最近浏览时间：2014年3月23日。

物市场的生存与发展。

　　为了妥善地处理这种新的情况,《消法》做了一个有效的平衡,平衡的方法就是对于使用这些方式进行的购买,给予消费者一定的犹豫期,在犹豫期内消费者有权做出退货的决定,无须任何理由。这个犹豫期被新消法设定为七天①。但是犹豫期并不是总毫无条件地适用,对于一些特殊商品,基于商品的特殊属性,如果允许消费者无条件退货,退还的货物将无法再行销售,由此对经营者产生不公平的结果。这些特殊商品主要包括:消费者定作的;鲜活易腐的;在线下载或者消费者拆封的音像制品、计算机软件等数字化商品;交付的报纸、期刊。由于无理由退货时,经营者不存在过错,为此退货所产生的运费由消费者自行承担。

　　喜欢网络、电视、电话、邮购等方式购买商品的各位,现在可以放心地继续下单;下单前仔细端详你所订购的商品是否属于例外情形;收到你的宝贝之后如果发现有一丁点不喜欢,那么不要等待,立马把它退回去,最迟不要晚于7天;同时,你要准备一笔基金专门用来支付退货的运费,年底你也仔细算算账,看看一年你为此花费的运费有多少。

六、经营者提供的格式条款对消费者是否有约束力

　　你遇到过这样的困境吗,通过快递邮寄了价值不菲的物件,无良快递跟你说丢了,你向快递索赔,快递说:你没有办理保价服务,只能按照快递费用的五倍赔偿。你支付的快递费是 10 元,你快递的苹果手机价格是 5 000 元,快递公司只肯赔偿 50 元,只有心理素质超级不正常的消费者才会心甘情愿地接受这样的赔偿方案。似乎看出了你的挣扎,快递公司的客服继续对你说:小姐,在寄送快递时,快递单据上明确载明了相关的内容,那就是丢失快

---

　　①　消费者权益保护法第二十五条　经营者采用网络、电视、电话、邮购等方式销售商品,消费者有权自收到商品之日起七日内退货,且无需说明理由,但下列商品除外:(一)消费者定作的;(二)鲜活易腐的;(三)在线下载或者消费者拆封的音像制品、计算机软件等数字化商品;(四)交付的报纸、期刊。除前款所列商品外,其他根据商品性质并经消费者在购买时确认不宜退货的商品,不适用无理由退货。消费者退货的商品应当完好。经营者应当自收到退回商品之日起七日内退还消费者支付的商品价款。退回商品的运费由消费者承担;经营者和消费者另有约定的,按照约定。

递物件,按照快递费用的五倍赔偿,并且最高不超过 500 元;如果你要获得更高额的赔偿,应当在寄送快递时选择保价服务,并且支付相应的费用。你已经在快递单据上签名了,说明你认可我们的快递条款,我们对于遗失你的快递物品,深感遗憾,但是我们无能为力。多么循循善诱、情真意切、自私自利的劝慰呀,你一定会有哑巴吃黄连有苦说不出的感觉。

类似的例子在很多行业存在,冲洗照片时丢失了胶片或者原始文件,送洗的服装被洗衣店丢失或者损坏,所有这些问题的处理,最终都归结到同一个关键点上,那就是经营者单方面制订的格式条款对于消费者到底有无法律效力。消费者当然希望所有类似的条款都是无效的,因为探究起来,似乎双方的权利、义务是不对等的;经营者当然认为这些条款对于双方是有约束力的,因为至少在表面上消费者已经接受了这样的约定。

那么处理这些争议的规则到底是怎样的呢?

确认格式条款是否具有法律效力,首先要考察经营者提供格式条款时是否已经以显著方式提请消费者注意格式条款的内容,并且按照消费者的要求进行了说明。该规则来源于新《消法》第 26 条第 1 款①的规定。该条规定中最重要的是"显著方式提请注意",以显著方式提请注意是该条款对于消费者具有约束力的前提。如果经营者没有以显著方式提请消费者注意,格式条款的法律效力将存在瑕疵。但是由于此类争议都是发生在合同履行过程中,而不是发生在合同订立中,此时经营者和消费者对于合同订立过程中经营者是否已经以显著方式提请消费者注意格式条款的相关内容,会有截然不同的说法。按照谁主张谁举证的基本原则,经营者负有义务来证明其已经履行了消法设定的提请注意义务。从消费者的角度来说,要推翻对本方不利的格式条款,就可以从否定经营者曾经妥当地履行过提请注意义务着手,只要经营者不能合理地证明其已经履行了该项义务,则格式条款的法律效力将归于消灭。虽然举证的义务归属于经营者,但是消费者也可以从经营者并未将免责

---

① 新《消法》第 26 条第 1 款　经营者在经营活动中使用格式条款的,应当以显著方式提请消费者注意商品或者服务的数量和质量、价款或者费用、履行期限和方式、安全注意事项和风险警示、售后服务、民事责任等与消费者有重大利害关系的内容,并按照消费者的要求予以说明。

条款、责任限制等内容以不同于其他主文内容表现形式的粗体、斜体等方式来突出表现来进行反证。

　　确认格式条款的法律效力,还可以从格式条款是否具有排除或者限制消费者权利、减轻或者免除经营者责任、加重消费者责任的特点出发。依据新《消法》第 26 条第 2、3 款规定[①],如果经营者利用格式条款,作出排除或者限制消费者权利、减轻或者免除经营者责任、加重消费者责任等对消费者不公平、不合理的规定,即使经营者已经以显著的方式提醒了消费者,该些内容仍然属于无效。

典型案例

保健服务合同中的"霸王条款"无效,未消费的预付服务费应予退还[②]

　　2010 年 7 月 18 日,孙 x 静与上海一定得美容有限公司(以下简称一定得公司)签订服务协议,约定:服务期限 6 个月,选择价值 10 万元的尊贵疗程,所有项目疗程单价 85 折从卡内扣。孙 x 静如未按计划及进程表接受服务,经善意提醒仍未改善且超过服务期限的,视为放弃服务;如因自身原因不能按制定的方案履行,则不能要求退还任何已支付的费用;如因自身原因连续三个月不能参加相关项目,则一定得公司有权终止服务,孙 x 静不得要求退赔任何费用。一定得公司向孙 x 静发布声明书,声明孙 x 静必须遵从顾问指示和安排,如因个人原因不能配合致疗程失败或进度缓慢,一定得公司不负任何责任,也不退还余款并保留追究违约责任的权利。孙 x 静在声明书上签字确认。之后孙 x 静分两次向一定得公司支付了 10 万元的服务费,并多次接受相应的瘦身疗程服务,后孙 x 静因体重未能减轻,停止接受瘦身疗程。孙 x 静以对一定得公司的服务失去信心且服务期限业已过期,一定得公司收

---

　　① 新《消法》第 26 条第 2、3 款　经营者不得以格式条款、通知、声明、店堂告示等方式,作出排除或者限制消费者权利、减轻或者免除经营者责任、加重消费者责任等对消费者不公平、不合理的规定,不得利用格式条款并借助技术手段强制交易。格式条款、通知、声明、店堂告示等含有前款所列内容的,其内容无效。

　　② 摘自最高人民法院《2011—2013 年人民法院维护消费者权益状况》白皮书。

取服务费未提供有效服务为由,向法院提起诉讼,要求解除涉案服务协议,一定得公司返还孙 x 静 9 万元。

上海市第二中级人民法院二审认为,服务协议及声明书中虽写明孙 x 静放弃或不按照安排接受服务,则不退回任何费用,但这些约定系由一定得公司提供的格式化条款,未遵循公平的原则来确定双方之间的权利和义务,明显加重了孙 x 静的责任,排除了其权利,故该约定无效。

七、餐饮经营者设定最低消费是否有效

餐饮业长期大行其道的最低消费、包房费等均属于无效。

在餐饮消费中,读者一定遇到过"自带酒水收开瓶费"、"包房设最低消费"、"禁止自带酒水"、"消毒餐具工本费一元"或"消毒餐具另收费"等情形,很多消费者认为这些条款是霸王条款,某些省份工商行政管理部门还出台了相关规定,对此进行整治,但是一直没有收到很好的效果。2014 年 3 月 15 日消费者权益保护日到来之前,最高人民法院发言人表示,对于以上所列情形,消费者可以依据《消费者权益保护法》的规定请求法院认定无效。2014 年商务部部务会议审议通过,并经国家发展改革委同意,2014 年 9 月 22 日商务部、国家发展改革委令 2014 年第 4 号发布《餐饮业经营管理办法(试行)》(以下简称《办法》)。该《办法》共 24 条,自 2014 年 11 月 1 日起实施。该规定第 12 条① 开宗明义规定,餐饮经营者不得设置最低消费。

笔者个人倒是认为"包房设最低消费"并不一定属于霸王条款。各位读者到餐厅吃饭,在消费前,如果商家明确告知在包房有最低消费,如果你不能接受这个安排,那么你可以不在这家餐厅就餐,也可以在非包房区域就餐。商家设立包房,给消费者提供了更好的服务,商家确实发生了更多的成本,消费者为了获得更为高品质的服务,应当支付相应的费用。总而言之,消费本是个民事活动,只要在消费过程中,经营者事先明确告知了消费者,也没有采取强制消费的手段,则收取最低消费并无不当。

---

① 《餐饮业经营管理办法(试行)》第 12 条　禁止餐饮经营者设置最低消费。

当然,工商行政管理机关、人民法院等将上述情形作为霸王条款处理,对消费者是有利的。但是如果你已经是经营者,则要提醒你:

(1)将包房的成本打入到菜价中去,也就是说包房菜系、菜价与大厅菜系、菜价区别开来,是有效规避所谓最低消费违法的陷阱。

(2)消费者订餐时明确告知设定了最低消费,事先的告知可以从道义层面有效地防止纷争的发生。

八、消费者因商品缺陷合法权益被损害的,赔偿责任由谁承担,证明商品存在缺陷的举证责任由谁承担

消费者因购买、使用商品合法权益受到损害,到底向谁主张权利呢? 是生产者,还是销售者,抑或是可以同时向生产者或销售者主张?

新《消法》第40条规定"消费者在购买、使用商品时,其合法权益受到损害的,可以向销售者要求赔偿。销售者赔偿后,属于生产者的责任或者属于向销售者提供商品的其他销售者的责任的,销售者有权向生产者或者其他销售者追偿。消费者或者其他受害人因商品缺陷造成人身、财产损害的,可以向销售者要求赔偿,也可以向生产者要求赔偿。属于生产者责任的,销售者赔偿后,有权向生产者追偿。属于销售者责任的,生产者赔偿后,有权向销售者追偿。消费者在接受服务时,其合法权益受到损害的,可以向服务者要求赔偿。"

依据上述规定,消费者主张权利的对象,首先要考量损害的发生是否是由于商品存在缺陷所导致的。如果商品本身不存在缺陷,则承担责任的是销售者。如果商品本身存在缺陷,消费者享受选择权,既可以向生产者主张,也可以向销售者主张。至于商品的缺陷是生产者导致的,还是销售者导致的,则是另一个法律问题,与消费者无关。

在处理该类法律问题时,最关键的是承担证明商品有缺陷的举证责任由谁承担? 比如你购买了一款手机,在使用过程中发现偶然会发生黑屏的情况,与销售商交涉,经销商认为不是商品缺陷,是正常现象,并告知:如果你认为商品有缺陷,要拿到生产商指定的机构进行检测,如果检测结果认定存

在问题,则可以退或换,如果检测结果认定不存在问题,则不能退换。一般而言,这种生产厂商指定的检测机构通常是其内部机构或者有经常性业务合作的机构,检测结果对消费者不利的情况下,消费者很容易认为检测有猫腻;如果是其他检测机构,一般要求消费者先预付检测费。不得不承认,经营者所做的该项狡辩给消费者维权设置了障碍,有的消费者受困于维权成本的压力,最后就在证明缺陷这一点上溃退了。新《消法》①直面了实践中消费者维权时对商品缺陷进行检测时面临的困境,对证明责任重新进行了分配。只要在商品接受之日起6个月内发现瑕疵,由经营者承担举证责任,如果经营者不能证明其对瑕疵没有过错,则会认定为对商品的瑕疵负有过错。所以,当消费者发现购买的耐用商品或者装饰装修等服务存在瑕疵时,应当尽快向经营者主张权利,并且要求经营者承担举证责任。

九、借用他人营业执照、租赁柜台等的违法经营,向消费者承担责任的主体是谁

实践当中,实际经营人与营业执照上名义经营主体并不一定一致,也就是说,有可能实际经营者是借用他人的营业执照进行经营活动。一旦消费者合法权益受到损失,就需要确定承认责任的主体是谁。是实际经营人呢,还是营业执照名义经营人。出于保护消费者合法权益角度,新《消法》规定②,如果消费者有证据证明实际经营人与营业执照持有人不一致的,则消费者具有选择权,但是并不能将其二者作为共同被告。消费者依据该条规定主张权利,前提是要证明存在着营业执照的借用关系,由此将实际经营者和营业执照载明的名义经营者区别开来,如果没有证据证明该借用关系,则只能向营业执照上载明的名义经营者主张权利。

---

① 新《消法》第23条第3款 经营者提供的机动车、计算机、电视机、电冰箱、空调器、洗衣机等耐用商品或者装饰装修等服务,消费者自接受商品或者服务之日起六个月内发现瑕疵,发生争议的,由经营者承担有关瑕疵的举证责任。

② 新《消法》第42条 使用他人营业执照的违法经营者提供商品或者服务,损害消费者合法权益的,消费者可以向其要求赔偿,也可以向营业执照的持有人要求赔偿。

十、消费者在展销会、租赁柜台购买商品或接受服务,合法权益受到侵害,承担责任的主体是谁

柜台、展位的出租经营有两种模式。

第一种模式,商场进行统一招租,将柜台对外出租,各家柜台各自独立经营,但是由商场对外统一开具发票。在这种情况下,应当将商场确定为经营者。同理,在举办展销会时,举办者将展销会的柜台对外出租,由各柜台对外独立经营,但是由举办者对外统一开具发票,此时应当将展销会的举办者确定为实际经营者。所以,在展销会举办者、商场出租者以自己名义对外开具发票时,消费者应当直接向柜台出租方、展销会的举办方主张权利。

第二种模式,商场或展销会将柜台或摊位出租,由租赁方自行经营,并且由该方自行开具发票。在这种情况下,应当将该实际经营者作为承担经营者责任的主体。在经营者自行作为责任主体的情况下,一旦展销会结束,或者柜台租赁结束,如果将消费者主张权利的对象局限为实际经营者,很有可能由于经营者的流动性过大而导致消费者权利无法得到有效保障。为此,新《消法》规定①,在展销会结束或者柜台租赁期满后,消费者可以向展销会的举办者、柜台的出租者要求赔偿。消费者依据该条规定向展销会举办方、柜台出租方主张权利时,要首先设法证明展销会的举办方、柜台出租方是谁。

十一、消费者通过网络交易平台购买商品或者接受服务,合法权益受到损害的,是否可以要求网络交易平台提供者承担责任

新《消法》一个引人注目的新规定就是要求网络交易平台的经营者在特定的条件下向消费者承担先行赔偿责任,这让经常在淘宝等交易平台上进行购物的消费者颇受安抚。但是当消费者为该项规定叫好时,还是需要

---

① 新《消法》第43条　消费者在展销会、租赁柜台购买商品或者接受服务,其合法权益受到损害的,可以向销售者或者服务者要求赔偿。展销会结束或者柜台租赁期满后,也可以向展销会的举办者、柜台的出租者要求赔偿。展销会的举办者、柜台的出租者赔偿后,有权向销售者或者服务者追偿。

审慎研究该项规定,清楚了解网络交易平台承担先行赔偿责任的前提条件。

新《消法》第44条第1款规定"消费者通过网络交易平台购买商品或者接受服务,其合法权益受到损害的,可以向销售者或者服务者要求赔偿。网络交易平台提供者不能提供销售者或者服务者的真实名称、地址和有效联系方式的,消费者也可以向网络交易平台提供者要求赔偿;网络交易平台提供者作出更有利于消费者的承诺的,应当履行承诺。网络交易平台提供者赔偿后,有权向销售者或者服务者追偿。"显而易见,消费者要求网络交易平台承担先行赔偿责任的前提是:网络交易平台提供者不能提供销售者或者服务者的真实名称、地址和有效联系方式。

换句话讲,只要网络交易平台提供者提供了销售者或服务者的真实名称、地址和有效联系方式的(但是请注意的是,上述三项信息应该缺一不可),网络平台提供者一般情况下无须承担法律责任,除非网络交易平台提供者明知或者应知销售者或者服务者利用其平台侵害消费者合法权益[①]。

无论网络平台提供者能否提供经营者的真实名称、地址和有效联系方式,只要网络交易平台提供者"明知"或者"应知"经营者利用其平台侵害消费者权益,未采取必要措施的,则应该承担连带责任。依此追究网络平台提供者法律责任时,有几个关键问题需要掌握,

(1) 如何确认"明知"、"应知"。事实上确实没有法律规定网络平台提供者需要对利用该平台销售的经营者的行为承担担保责任,比如商品质量符合质量标准等要求,也没有法律要求网络平台提供者需要对经营者销售的商品或服务进行实质性审查,为此要认定其存在明知、应知就变得很难。但是在一些大面积损害消费者权益的案件中,一定存在部分消费者已经先行向网络平台提供者举报、反映的情况,在收到该些举报、反映后,如果网络平台提供者仍然没有采取相应的措施,则对之后发生的同类案件,应该可以认定其存

---

① 参见新《消法》第44条第2款 网络交易平台提供者明知或者应知销售者或者服务者利用其平台侵害消费者合法权益,未采取必要措施的,依法与该销售者或者服务者承担连带责任。

在"明知"、"应知"。

（2）网络平台提供者没有采取必要措施。必要措施的内容是什么？法律也没有予以明确，需要根据个案的情况具体判断。

无论如何，消费者要求网络交易平台提供者承担责任，应把握住以下几点：

（1）发现利益受损害后，立即毫不迟延地通知网络平台提供者，并且注意留存证据。

（2）以书面形式要求网络交易平台提供者提供经营者的真实名称、地址、有效联系方式。

（3）注意搜集发生在同一交易平台的同类案件的信息。

十二、虚假广告中，广告经营者、发布者、"代言人"是否要承担责任

在众多消费者权益被侵犯的案件中，虚假广告就是个魔影，总是伴随着消费欺诈这个魔鬼，而在这些虚假广告中，不仅存在着不良广告经营者、发布者，有时还有这一些明星个人、机构，甚至公众机构的影像、名字。出于对这些明星、公众机构的信任，消费者建立了对于广告宣扬的内容的信任，进而做出了购买商品或服务的行为。在相当长时间内，社会公众对于虚假广告深恶痛绝，但是由于这是条顽固的利益链，加之先前的法律并未要求广告经营者、发布者、代言人等承担法律责任，情况真是越来越恶化。不良商人支付高额费用给明星或者公众机构，邀请其代言，他们不对代言的商品或者服务进行任何实质性审查，就向消费者推荐该商品、服务，广告经营者、发布者不做任何实质性审查，即发布广告。用这种欺诈性的方式从消费者处骗得款项后，各利益环节均成为实际得益者。从情理上来讲，这个利益链条的每个环节都是责任主体。但是情理不同于法律，我们还是需要依据《消法》、《广告法》等法律来确认各个环节的主体是否需要承担相应的法律责任。幸运的是，2015 年 9 月 1 日新生效的被称为史上最严《广告法》生效了，就广告的内容准则、行为准则、法律责任作出了很多新的有益于保护消费者合法权益的规定。综合新《消法》和新《广告法》，最重要的

规定有新《消法》第 45 条①,新《广告法》第 56 条②。

首先,消费者因虚假广告利益受损的,广告经营者、发布者不能提供经营者的真实名称、地址和有效联系方式的,应承担赔偿责任。经营者以虚假广告或虚假宣传侵犯消费者权益的,一般情况下,由经营者自己承担责任,广告经营者、发布者无须承担赔偿责任。但是如果广告经营者、发布者不能提供经营者的真实名称、地址和有效联系方式的,导致消费者向经营者主张权利遇到实质性障碍,则应承担赔偿责任。

其次,如果虚假广告中的商品、服务关乎消费者生命健康,则广告经营者、发布者、代言人需要承担连带责任。问题是何为“关系消费者生命健康”,现行法律并没有对之进行明确的界定。

第三,非关系消费者生命健康的商品或者服务的虚假广告,广告经营者、广告发布者、广告代言人,明知或者应知广告虚假仍设计、制作、代理、发布或者作推荐、证明的,应当与广告主承担连带责任。

十三、经营者民事责任的内容

经营者违反《消费者权益保护法》的规定,造成消费者财产损害的,应当依法承担相应的民事责任,这些民事责任的内容包括:修理、更换、重作、退货、补足数量、退还款项、赔偿损失等。这些请求的提出需要根据案件的具体

---

① 新《消法》第 45 条　消费者因经营者利用虚假广告或者其他虚假宣传方式提供商品或者服务,其合法权益受到损害的,可以向经营者要求赔偿。广告经营者、发布者发布虚假广告的,消费者可以请求行政主管部门予以惩处。广告经营者、发布者不能提供经营者的真实名称、地址和有效联系方式的,应当承担赔偿责任。

广告经营者、发布者设计、制作、发布关系消费者生命健康商品或者服务的虚假广告,造成消费者损害的,应当与提供该商品或者服务的经营者承担连带责任。

社会团体或者其他组织、个人在关系消费者生命健康商品或者服务的虚假广告或者其他虚假宣传中向消费者推荐商品或者服务,造成消费者损害的,应当与提供该商品或者服务的经营者承担连带责任。

② 新《广告法》第 56 条　违反本法规定,发布虚假广告,欺骗、误导消费者,使购买商品或者接受服务的消费者的合法权益受到损害的,由广告主依法承担民事责任。广告经营者、广告发布者不能提供广告主的真实名称、地址和有效联系方式的,消费者可以要求广告经营者、广告发布者先行赔偿。

关系消费者生命健康的商品或者服务的虚假广告,造成消费者损害的,其广告经营者、广告发布者、广告代言人应当与广告主承担连带责任。

前款规定以外的商品或者服务的虚假广告,造成消费者损害的,其广告经营者、广告发布者、广告代言人,明知或者应知广告虚假仍设计、制作、代理、发布或者作推荐、证明的,应当与广告主承担连带责任。

情况提出具有针对性的主张。在实务当中,比较复杂而难以处理的是消费者人身权益遭受侵害时的法律责任问题。

当消费者人身权遭受损害时,根据案件的具体情况,消费者享有如下方面的法律保护:

(1)经营者侵害消费者的人格尊严、侵犯消费者人身自由或者侵害消费者个人信息,消费者有权要求停止侵害、恢复名誉、消除影响、赔礼道歉。

(2)如果经营者有侮辱诽谤、搜查身体、侵犯人身自由等侵害消费者或者其他受害人人身权益的行为,造成严重精神损害的,受害人可以要求精神损害赔偿。

(3)经营者提供商品或者服务,造成消费者或者其他受害人人身伤害的,应当赔偿医疗费、护理费、交通费等为治疗和康复支出的合理费用,以及因误工减少的收入。造成残疾的,还应当赔偿残疾生活辅助具费和残疾赔偿金。造成死亡的,还应当赔偿丧葬费和死亡赔偿金①。

典型案例②

**消费者购物虽未遭受经济损失,但因人格受到侮辱并遭受严重
精神损害的,销售者应当承担精神损害赔偿责任**

2011 年 10 月 18 日下午,汪 x 兰在武汉汉福超市有限公司光谷分公司(以下简称汉福公司)开办的家乐福光谷店购物,见促销员推荐西麦麦片"买五赠一"活动,遂购 20 袋,并在促销员协助下,将 24 袋麦片装入购物袋。结账时,汪 x 兰与收银员为没有粘贴赠品标签的 4 袋麦片是否应付款而发生争执。店内的保安将原告汪 x 兰及选购的物品带至该店风险预防办公室。汪 x 兰辩解 4 袋麦片系赠品,无需付款。保安在店内两名工作人员陈述麦片没有做赠送活动后,对汪 x 兰及选购的商品拍照,并要其在一张表格上签名。汪 x 兰患有眼疾,并未看清具体内容即签名。此后,促销员将"非卖品"标签贴在 4

---

① 以上三项权利分别参照《消费者权益保护法》第 49、第 50、第 51 条。
② 摘自最高人民法院《2011—2013 年人民法院维护消费者权益状况》白皮书。

袋麦片上,带汪×兰结了账。

同月19日,汪×兰与丈夫一起到家乐福光谷店要求查看其签名的表格,看见办公室内《每日抓窃记录》的"窃嫌姓名"一栏有自己的名字,汪×兰签字及所购物品的照片作为"窃嫌截图"附后。汪×兰要求道歉,但被店方拒绝。20日上午,汪×兰在丈夫、长江商报记者的陪同下再次到家乐福光谷店,才得知其于18日在《保安部报告暨收据》上签了名。该表格中将其选购的全部物品列为"遗失商品",处理流程一栏注明"教育释放"。汪×兰提出表格中除签名是其书写外,其他内容及指印均是他人填写、加盖,要求汉福公司书面道歉。因该公司没有当场回复,汪×兰下跪要求还其清白。汉福公司遂将《每日抓窃记录》交给汪×兰。事发后因调解不成,汪×兰遂以汉福公司严重侵犯其人格尊严并损害其名誉为由,向湖北省武汉东湖新技术开发区人民法院起诉,请求汉福公司向其书面赔礼道歉并在其营业场所张贴道歉函或在媒体上刊登道歉函,消除影响,恢复名誉;汉福公司赔偿其精神损害抚慰金5 000元。

法院经审理认为,汉福公司的行为侵犯了汪×兰的人格尊严,客观上造成一定范围内对汪×兰社会评价的降低,损害了汪×兰的名誉。对汪×兰要求汉福公司书面赔礼道歉并在营业场所张贴道歉函的诉讼请求,该院予以支持。该院遂依法判决汉福公司向汪×兰书面赔礼道歉,在其经营的家乐福光谷店内张贴向汪×兰的道歉信,并向汪×兰赔付精神抚慰金5 000元。

十四、经营者行政法律责任、刑事法律责任的内容

经营者有下列情形之一,除承担相应的民事责任外,其他有关法律、法规对处罚机关和处罚方式有规定的,依照法律、法规的规定执行;法律、法规未作规定的,由工商行政管理部门或者其他有关行政部门责令改正,可以根据情节单处或者并处警告、没收违法所得、处以违法所得1倍以上10倍以下的罚款,没有违法所得的,处以50万元以下的罚款;情节严重的,责令停业整顿、吊销营业执照:(一)提供的商品或者服务不符合保障人身、财产安全要求的;(二)在商品中掺杂、掺假,以假充真,以次充好,或者以不合格商品冒

充合格商品的;(三)生产国家明令淘汰的商品或者销售失效、变质的商品的;(四)伪造商品的产地,伪造或者冒用他人的厂名、厂址,篡改生产日期,伪造或者冒用认证标志等质量标志的;(五)销售的商品应当检验、检疫而未检验、检疫或者伪造检验、检疫结果的;(六)对商品或者服务作虚假或者引人误解的宣传的;(七)拒绝或者拖延有关行政部门责令对缺陷商品或者服务采取停止销售、警示、召回、无害化处理、销毁、停止生产或者服务等措施的;(八)对消费者提出的修理、重作、更换、退货、补足商品数量、退还货款和服务费用或者赔偿损失的要求,故意拖延或者无理拒绝的;(九)侵害消费者人格尊严,侵犯消费者人身自由或者侵害消费者个人信息依法得到保护的权利的;(十)法律、法规规定的对损害消费者权益应当予以处罚的其他情形。经营者有前款规定情形的,除依照法律、法规规定予以处罚外,处罚机关应当记入信用档案,向社会公布。

2006 年,国家工商总局对 16 个省级卫视 3 月 20 日发布的医疗服务与健康资讯服务类广告,31 个省级广播电视报 3 月份第一周发布的药品、医疗服务、食品、化妆品及美容服务广告,进行了一季度广告监测,发现了 8 条报纸广告和 16 条电视广告是违法广告法,这些广告多是大量使用消费者、患者和专家名义或形象做证明,宣传治疗作用或夸大功效,或者以新闻报道形式发布广告,误导消费者,违反了广告法律法规规定。据此,工商行政管理机关对其进行了相应的处罚①。

经营者违反消费者权益保护法规定提供商品或者服务,侵害消费者合法

---

① 资料来源:《新京报》"北京新兴医院还在做违法广告",http://news.sina.com.cn/c/2006-04-18/13418728377s.shtml,最近浏览时间:2014 年 4 月 20 日。在监测到的违法广告中,有 10 条是来自北京本地医院在外地媒体发布的,涉及北京新兴医院、北京施恩医院白癜风治疗中心、中国中医药研究院高血压防治中心、华都中医院、时珍堂医院、京泰医药科学研究院、北京藏医院、金典糖尿病医院、同仁长虹医院共 9 家医院。新兴医院在外地电视台播出的《新兴晚会》栏目中讲述了第二届"新兴妈妈回娘家"联谊会的状况,200 多名"新兴妈妈"、"新兴爸爸"和"新兴宝宝"以及专家、社会各界800 多位嘉宾齐聚一起,著名影视演员、新兴医院形象代言人唐国强,著名歌星付笛生、任静夫妇也到场助兴。工商总局指出,栏目中的内容使用了患者、名人、专家名义做证明,属违法广告。去年,新兴医院因发布第一届"新兴妈妈回娘家"违法广告,曾被国家工商总局和北京市工商局曝光。工商总局表示,将要求广告发布所在工商机关立即查处上述虚假违法广告,加强跟踪监测,发现上述违法广告继续发布的,从严查处。同时将把公告的违法广告报纸样件、电视视频在中国广告监管网上公布,便于社会公众识别虚假违法广告。

权益,构成犯罪的,依法追究刑事责任,《中华人民共和国刑法》对此做了详尽的规定,由于一般消费权益案件中,不涉及刑事法律责任问题,在此不再过于赘述。有需要的读者可以自行对照《中华人民共和国刑法》学习[①]。2011 年 6 月 2 日,浙江省温州市鹿城区法院一审宣判,盛晓敏等 12 名贩卖"病死猪"的黑心商贩均犯生产、销售伪劣产品罪,分别处以十年至一年不等的有期徒刑,并各处罚金[②]。

经营者的上述行为除了违反《消费者权益保护法》之外,还违反了《产品质量法》等其他法律、法规的强制性规定,为此不仅需要向消费者承担民事责任,还将面临国家行政主管机关的行政处罚,甚至被追究刑事责任。上述行政处罚、刑事处罚虽然不能直接弥补消费者所受到的损失,但是与

[①] 以上内容依据消费者权益保护法第五十六条、第五十七条的规定。

[②] 资料来源:http://www.voc.com.cn/article/201106/20110607171842219.html ,最近浏览时间:2014 年 4 月 20 日,"温州 12 名商贩用死猪肉制作肉类熟食被判刑"。2010 年 5 月,温州市民提供的一条关于病死猪地下屠宰场的举报线索,最终端出了一条从收购、屠宰、加工到销售的病死猪肉利益链条。同年 5 月 20 日,温州市动物卫生监督所查处了陆和蓉、陆宝云位于鹿城区上田东路的猪肉加工场,现场查获 7.375 吨猪肉。经鉴定,均系死因不明的死猪肉。就在同日,温州市瓯海区经济贸易局查处了潘中胜位于瓯海区新桥街道旸湖西路的猪肉加工场,现场查获 0.253 吨死猪。经鉴定,均系病死猪。同年的 6 月 3 日,衢州市衢江区生猪屠宰执法监督检查大队查处了盛晓敏位于衢江区莲花镇五里村的屠宰场,现场查获 5.28 吨死猪肉。经鉴定,均为检疫不合格的猪肉。让温州市民吃惊的是,这条病死猪"非法利益链"已经存在不短的时间。从 2008 年至 2010 年 5 月期间,盛晓敏、陆和蓉、陆宝云等 12 人就开始做病死猪的生意。其中有收购病死猪的,有进行非法屠宰的,有加工成品的,有市场销售的,有的甚至"身兼数职",12 名被告人形成了一张错综复杂的利益关系网。这些病死猪肉主要来自衢州以及温州永嘉、瑞安等地,多为死因不明的病死猪。这些猪被地下屠宰场收购后,经屠宰加工,未经动物卫生监督机构检疫合格就被销往猪肉加工场,加工成酱油肉、炸排骨、煮排骨等各类猪肉制品,随后摆上温州鹿城、瓯海等农贸市场的某些熟食摊。通常这些摊位上卖的熟食比其他的要便宜。病死猪肉以其远低于市场价的价格吸引消费者。据悉,病死猪肉加工场多以每市斤 3 元至 3.5 元价格购入,最低的甚至在 1 元左右,而合格猪肉市场售价则为每市斤十几元。2011 年 1 月 13 日,温州市鹿城区检察院以生产、销售伪劣产品罪对盛晓敏、陆和蓉、陆宝云等 12 名黑心商贩提起公诉。法院经审理查明,12 名被告人销售病死猪肉的金额在 6 万元至 80 多万元不等。6 月 2 日,鹿城区法院经过审理,对此案作出宣判。12 名被告人分别被处 10 年到 1 年不等的有期徒刑,获刑最高的盛晓敏还被并处罚金 100 万元。承办法官解释说,根据我国生猪屠宰条例、食品安全法、动物防疫法等规定,我国实行生猪定点屠宰、集中检疫制度,禁止生产、经营未经检疫以及病死、毒死或死因不明的动物肉类及其制品产品,同时产品质量法规定产品应当不存在危及人身、财产安全的不合理的危险,不得掺杂、掺假,不得以假充真、以次充好,不得以不合格产品冒充合格产品。本案被告人生产或销售未经相关部门检验检疫的猪或猪肉制品,违反食品安全法和动物防疫法的相关规定,构成生产、销售伪劣产品罪。刑法中跟食品安全相关的还有一个罪名是生产、销售不符合卫生标准的食品罪。法官解释说,该罪名是以"足以造成严重食物中毒事故或者其他严重食源性疾患"为构成要件,最高刑罚可处无期徒刑。本案现有证据尚不足以证实造成上述危害后果,因此以生产、销售伪劣产品罪论处。

民事责任相比较,却可以对侵犯消费者合法权益的违法行为给予多层面的法律打击。为此,消费者在合法权益被侵害的情况下,除了可以向人民法院提起民事诉讼主张权利以外,还可以向行政机关投诉,向公安机关报案,行政机关对违法经营行为的查处,以及司法机关对违法经营行为的刑事调查将会对经营者产生强大的压力,进而可以为利益被损害的消费者维权提供更大的空间。

十五、对于商品缺陷应该及时向国家质检总局缺陷产品管理中心予以报告

传统的消费者维权主要关系到工商行政管理机关,但是对于商品缺陷所引致的维权,国际质检总局是个非常有用的可以借力的国家机关。

机动车、电子产品、儿童玩具等存在的质量问题经常是由产品本身的缺陷所导致的。所谓的缺陷是指由于设计、制造、标识等原因导致的在同一批次、型号或者类别的产品中普遍存在的不符合保障人身、财产安全的国家标准、行业标准的情形或者其他危及人身、财产安全的不合理的危险。当消费者认为商品存在缺陷,而经营者出于自身利益考虑却拒绝承认是缺陷时,消费者维权就会陷入僵局。在商品质量问题不是个别现象,而是普遍现象时,矛盾解决的难度变得愈发的大。因此,对于存在缺陷的商品,经营者应履行召回等义务,由于涉及的商品数量众多,将会使得经营者承担巨额成本压力。为此,经营者将很可能趋向于死撑、拒不承认。大众汽车的 DSG 变速箱在中国生产的汽车上使用后,不断产生关于其缺陷的报告与投诉,据统计 2011 年国家质检总局缺陷产品管理中心共收到汽车产品缺陷信息投诉 8 840 例,DSG 变速箱抖动、顿挫问题排在首位。但是相当长的时间内,大众并未采取召回等措施,为了平息消费者的担心,2010 年 5 月、2011 年 7 月,一汽大众和上海大众先后宣布将全系 DSG 变速箱的质保期调整为 4 年 15 万公里。2012 年 3 月 9 日,大众汽车对外发布公告,启动对国内使用 7 速 DSG 变速器车辆的客户提供软件升级服务。2012 年 3 月 13 日,质检总局官方网站发出消息《质检总局执法司负责人就 DSG 变速器故障问题再次约谈大众公司》,

就质检总局执法司再次约谈大众公司的相关内容进行了阐述。2012 年 4 月，国家质检总局缺陷产品管理中心宣布，向全社会公开征集大众汽车 DSG 变速器故障信息。在各方压力下，大众宣布 2013 年前(含 2013 年)生产的所有 DSG 变速箱质保期进一步延长至 10 年或者 16 万公里。2013 年 2 月 27 日，质检总局再次约见大众公司，要求其采取召回措施，尽快解决 DSG 故障问题①。2013 年 3 月 15 日，央视 315 晚会曝光大众汽车 DSG 存在问题，速腾、迈腾、高尔夫、尚酷、CC、斯柯达等大众汽车均存在 DSG 故障，可致汽车在行驶过程中突然失速或加速。2013 年 3 月 16 日，质检总局通知大众公司就 DSG 变速器动力中断故障问题实施召回，"大众公司如果不履行法定义务，质检总局将责令召回"。2013 年 3 月 16 日下午，大众汽车集团(中国)、一汽大众和上海大众随即在官方微博发布联合声明称："大众汽车将实施主动召回以解决 DSG 问题，有关召回具体细节将于近期公布。"

在 DSG 事件酝酿、发酵的过程中，消费者持之以恒的推动起了至关重要的作用，在此基础上推动了国家质检总局依法履责，并且赢得了媒体的关注与同情。所以消费者要维权，首先在于自己有坚韧的意志。不能总是抱着畏难的情绪，一个人的力量是单薄的，但是众人的力量汇集起来时就是力量的洪流；不能总是抱着搭便车的心态，如果人人都是这种犬儒的心态，那么没有人可以帮助到我们。消费者要善用各种资源，包括政府资源和媒体资源，要推动政府有关主管部门的参与，使得政府的行政强权对经营者形成强大的官方压力，要推动媒体的关注，使得事件演变成社会公众普遍关注的公众事件。

国家质检总局成立了缺陷产品管理中心，专门用以接受消费者对于产品缺陷所做的投诉或者报告。我以本人所经历的一起具体事例来说明该缺陷产品报告中心对于解决消费者维权所发挥的作用。

笔者于 2011 年底购买了一款品牌轿车，当时尚未出台并实行汽车三包，

---

① 参阅百度百科"大众 DSG 召回事件"，网址：http：//baike. baidu. com/link? url = Snd2kCp8yh6amEUcbYvRAymEAudiGAudyJ165RLZdE-Wokt9kV4XwtZS ＿ kUmmNUvGSz1sXI7z ＿ gjNFkd9cAkmK，最近浏览日期：2015 年 6 月 23 日。

根据厂家规定质保期间为 2 年或者 6 万公里。在车辆使用刚满 6 万公里,在 4S 店进行保养时被告知防冻液渗漏,维修需要 2 500 元人民币。我当即在国家质检总局缺陷产品管理中心的网站上将该车辆的缺陷予以了报告。大约两周之后,我接到了该厂商服务人员的电话,主要说了两点,一是车辆确实已经过了质保期,二是他们愿意和 4S 店协调,看能给我什么协助。电话放下不到 15 分钟,4S 店的客户经理电话进来了,讲了一箩筐客套话:你是我们的老客户,遇到麻烦,店里设法给你解决是应该的,当天现场客服没有把情况报告给我,我已经批评他了,这样,你把车开过来,其余的我来处理。就这样,防冻液渗漏问题维修,我一分未花。

国家质检总局缺陷产品管理中心网址:http://www.dpac.gov.cn/qxts/,提交缺陷产品的报告可以在网络上提交,也可以使用电话、传真、邮件等方式,电话:010 - 59799616。(工作日 8:30～11:30,13:30～16:30)电子邮件:tousu@dpac.gov.cn,传真:010 - 82800970。

对于为了读者更便利地理解如何在网站上提交缺陷的报告,做如下说明和演示:

第一步:登录国家质检总局缺陷产品管理中心的网站:http://www.dpac.gov.cn/qxts/。

第二步，在首页的底部点击"缺陷信息报告"下的"网络平台"。

第三步：勾选"我同意"，点击"下一步"按钮，将会出现儿童玩具、汽车、其他消费品三大类项目。

第四步：点击具体的项目，以汽车为例，将会出现如下对话框。

第五步：点击"汽车产品缺陷信息采集"，进入信息填报界面。

十六、消费者维权的技巧

（1）在交易前，了解清楚产品、服务的基本信息，尽可能避免冲动式消费。

（2）在交易前，要了解商家的基本信息，尽可能选择信用度高的商家作为交易对象。

（3）在交易前，要详细阅读商家对商品的说明书以及商家提供的合同文本（包括电子合同文本），对于文本中商家对于商品质量的说明，尤其是对瑕疵的说明，以及对于商家责任的免除的规定，要格外关注，如果存在这样的条款，一定要慎重考虑。因为这些条款的存在，日后主张权利时将会增加很多难度。

（4）对于签订的合同，商家提供的说明要妥善保管，如果是电子版本，最好对每个环节都拍照或者全屏复制留存。

（5）要求商家提供发票等票据，并留存商家的联系地址、联系电话等重要信息。它不仅是未来与商家交涉时的联系信息，更是在发生纠纷时主张权利的最重要证据。没有发票等票据，主张权利的对象就难以确定。

（6）商家交付商品时应进行认真查验，对于查验中发现的问题应该立即提出，如果是事后发现，也应当在发现后尽快提出。如果商家是以快递等方式交付商品，交付时应尽可能当面查验，对于查验中发现的问题应该在快递凭证上注明并拍照留存。

（7）商品妥收后应该尽快进行使用，只有使用这种方式才可能更全面地检验商品的质量是否存在瑕疵。延迟使用，容易使得商品的退、换等质量保证期限白白流逝。

（8）商品或者服务质量存在瑕疵，消费者向经营者提出时，要注意留存证据，如果是以电话的方式交涉，可以对通话内容进行录音、录像，如果是价格昂贵商品，而且经营者缺乏商业诚信，则建议以书面的形式进行交涉，发送该交涉函的封面上应该注明发件人、相应的主题，并且将寄送凭证妥善保管。

（9）如果是品牌商品，在交涉时不要只专注于销售者，可以同时向生产者施加压力,品牌商品的生产者与销售商相比而言,更重视信誉度。

(10) 在与经营者交涉过程中,要巧妙地使用微博、微信等自媒体或者传统媒体(比如上海人民广播电台渠成热线①),经营者最担心的是因为一起个案影响其品牌形象,恰当地通过媒体曝光是精明的消费者常用的方式。

(11) 在与经营者交涉过程中,应利用消费者权益保护委员会调解,消费者权益保护委员会虽然不是行政机关,没有处罚权,但是有广泛的社会影响力,其发布的消费警示对于经营者而言会形成较大的压力;在交涉过程中,还可以通过 12315 向工商行政管理机关投诉、向国家质量检验检疫总局投诉。总而言之,要会妥善地调动所有可使用的资源,使之形成合力,从不同的角度给经营者施加压力,最终促成有利于消费者的结果。

(12) 在典型性、群体性消费争议中,要力争与其他消费者建立联盟,整合各方资源,以合力与经营者死磕,一方面容易引起经营者的重视,另一方面也容易引起社会公众和政府主管机关的重视。

---

① 为东方广播电台的一档消费者维权栏目,每周一~周五 10:00~11:00,节目电话:6278-0792。主持人渠成对消费者权益保护法律功底深厚,节目强制能力强,说话公道正派。因主持"上海潮投诉热线"节目取得的突出成绩而荣获全国主持人"金话筒"奖;被国家广播电影电视总局授予全国广播影视系统"三五"(1996—2000 年度)法制宣传教育先进个人荣誉称号和上海市"三五"(1996—2000 年度)法制宣传教育先进个人荣誉称号;个人和节目唯一蝉联每届东方广播电台"双十佳"荣誉称号;在由上海广播电影电视信息咨询公司出具的"收听率分析报告"中,列上海广播系统最受欢迎的主持人第一名。

附　　录

中华人民共和国消费者权益保护法

（1993 年 10 月 31 日第八届全国人民代表大会常务委员会第四次会议通过 根据 2009 年 8 月 27 日第十一届全国人民代表大会常务委员会第十次会议《关于修改部分法律的决定》第一次修正 根据 2013 年 10 月 25 日第十二届全国人民代表大会常务委员会第五次会议《关于修改〈中华人民共和国消费者权益保护法〉的决定》第二次修正）

目录

第一章　总则

第二章　消费者的权利

第三章　经营者的义务

第四章　国家对消费者合法权益的保护

第五章　消费者组织

第六章　争议的解决

第七章　法律责任

第八章　附则

第一章　总　　则

第一条　为保护消费者的合法权益，维护社会经济秩序，促进社会主义市场经济健康发展，制定本法。

第二条　消费者为生活消费需要购买、使用商品或者接受服务，其权益受本法保护；本法未作规定的，受其他有关法律、法规保护。

第三条　经营者为消费者提供其生产、销售的商品或者提供服务，应当遵守本法；本法未作规定的，应当遵守其他有关法律、法规。

第四条 经营者与消费者进行交易,应当遵循自愿、平等、公平、诚实信用的原则。

第五条 国家保护消费者的合法权益不受侵害。

国家采取措施,保障消费者依法行使权利,维护消费者的合法权益。

国家倡导文明、健康、节约资源和保护环境的消费方式,反对浪费。

第六条 保护消费者的合法权益是全社会的共同责任。

国家鼓励、支持一切组织和个人对损害消费者合法权益的行为进行社会监督。

大众传播媒介应当做好维护消费者合法权益的宣传,对损害消费者合法权益的行为进行舆论监督。

第二章 消费者的权利

第七条 消费者在购买、使用商品和接受服务时享有人身、财产安全不受损害的权利。

消费者有权要求经营者提供的商品和服务,符合保障人身、财产安全的要求。

第八条 消费者享有知悉其购买、使用的商品或者接受的服务的真实情况的权利。

消费者有权根据商品或者服务的不同情况,要求经营者提供商品的价格、产地、生产者、用途、性能、规格、等级、主要成份、生产日期、有效期限、检验合格证明、使用方法说明书、售后服务,或者服务的内容、规格、费用等有关情况。

第九条 消费者享有自主选择商品或者服务的权利。

消费者有权自主选择提供商品或者服务的经营者,自主选择商品品种或者服务方式,自主决定购买或者不购买任何一种商品、接受或者不接受任何一项服务。

消费者在自主选择商品或者服务时,有权进行比较、鉴别和挑选。

第十条 消费者享有公平交易的权利。

消费者在购买商品或者接受服务时,有权获得质量保障、价格合理、计量正确等公平交易条件,有权拒绝经营者的强制交易行为。

第十一条　消费者因购买、使用商品或者接受服务受到人身、财产损害的,享有依法获得赔偿的权利。

第十二条　消费者享有依法成立维护自身合法权益的社会组织的权利。

第十三条　消费者享有获得有关消费和消费者权益保护方面的知识的权利。

消费者应当努力掌握所需商品或者服务的知识和使用技能,正确使用商品,提高自我保护意识。

第十四条　消费者在购买、使用商品和接受服务时,享有人格尊严、民族风俗习惯得到尊重的权利,享有个人信息依法得到保护的权利。

第十五条　消费者享有对商品和服务以及保护消费者权益工作进行监督的权利。

消费者有权检举、控告侵害消费者权益的行为和国家机关及其工作人员在保护消费者权益工作中的违法失职行为,有权对保护消费者权益工作提出批评、建议。

第三章　经营者的义务

第十六条　经营者向消费者提供商品或者服务,应当依照本法和其他有关法律、法规的规定履行义务。

经营者和消费者有约定的,应当按照约定履行义务,但双方的约定不得违背法律、法规的规定。

经营者向消费者提供商品或者服务,应当恪守社会公德,诚信经营,保障消费者的合法权益;不得设定不公平、不合理的交易条件,不得强制交易。

第十七条　经营者应当听取消费者对其提供的商品或者服务的意见,接受消费者的监督。

第十八条　经营者应当保证其提供的商品或者服务符合保障人身、财产安全的要求。对可能危及人身、财产安全的商品和服务,应当向消费者作出真实的说明和明确的警示,并说明和标明正确使用商品或者接受服务的方法以及防止危害发生的方法。

宾馆、商场、餐馆、银行、机场、车站、港口、影剧院等经营场所的经营者,应当对消费者尽到安全保障义务。

第十九条 经营者发现其提供的商品或者服务存在缺陷,有危及人身、财产安全危险的,应当立即向有关行政部门报告和告知消费者,并采取停止销售、警示、召回、无害化处理、销毁、停止生产或者服务等措施。采取召回措施的,经营者应当承担消费者因商品被召回支出的必要费用。

第二十条 经营者向消费者提供有关商品或者服务的质量、性能、用途、有效期限等信息,应当真实、全面,不得作虚假或者引人误解的宣传。

经营者对消费者就其提供的商品或者服务的质量和使用方法等问题提出的询问,应当作出真实、明确的答复。

经营者提供商品或者服务应当明码标价。

第二十一条 经营者应当标明其真实名称和标记。

租赁他人柜台或者场地的经营者,应当标明其真实名称和标记。

第二十二条 经营者提供商品或者服务,应当按照国家有关规定或者商业惯例向消费者出具发票等购货凭证或者服务单据;消费者索要发票等购货凭证或者服务单据的,经营者必须出具。

第二十三条 经营者应当保证在正常使用商品或者接受服务的情况下其提供的商品或者服务应当具有的质量、性能、用途和有效期限;但消费者在购买该商品或者接受该服务前已经知道其存在瑕疵,且存在该瑕疵不违反法律强制性规定的除外。

经营者以广告、产品说明、实物样品或者其他方式表明商品或者服务的质量状况的,应当保证其提供的商品或者服务的实际质量与表明的质量状况相符。

经营者提供的机动车、计算机、电视机、电冰箱、空调器、洗衣机等耐用商品或者装饰装修等服务,消费者自接受商品或者服务之日起六个月内发现瑕疵,发生争议的,由经营者承担有关瑕疵的举证责任。

第二十四条 经营者提供的商品或者服务不符合质量要求的,消费者可以依照国家规定、当事人约定退货,或者要求经营者履行更换、修理等义务。没有国家规定和当事人约定的,消费者可以自收到商品之日起七日内退货;七日后符合法定解除合同条件的,消费者可以及时退货,不符合法定解除合同条件的,可以要求经营者履行更换、修理等义务。

依照前款规定进行退货、更换、修理的,经营者应当承担运输等必要费用。

第二十五条 经营者采用网络、电视、电话、邮购等方式销售商品,消费者有权自收到商品之日起七日内退货,且无需说明理由,但下列商品除外:

(一)消费者定作的;

(二)鲜活易腐的;

(三)在线下载或者消费者拆封的音像制品、计算机软件等数字化商品;

(四)交付的报纸、期刊。

除前款所列商品外,其他根据商品性质并经消费者在购买时确认不宜退货的商品,不适用无理由退货。

消费者退货的商品应当完好。经营者应当自收到退回商品之日起七日内返还消费者支付的商品价款。退回商品的运费由消费者承担;经营者和消费者另有约定的,按照约定。

第二十六条 经营者在经营活动中使用格式条款的,应当以显著方式提请消费者注意商品或者服务的数量和质量、价款或者费用、履行期限和方式、安全注意事项和风险警示、售后服务、民事责任等与消费者有重大利害关系的内容,并按照消费者的要求予以说明。

经营者不得以格式条款、通知、声明、店堂告示等方式,作出排除或者限制消费者权利、减轻或者免除经营者责任、加重消费者责任等对消费者不公平、不合理的规定,不得利用格式条款并借助技术手段强制交易。

格式条款、通知、声明、店堂告示等含有前款所列内容的,其内容无效。

第二十七条 经营者不得对消费者进行侮辱、诽谤,不得搜查消费者的身体及其携带的物品,不得侵犯消费者的人身自由。

第二十八条 采用网络、电视、电话、邮购等方式提供商品或者服务的经营者,以及提供证券、保险、银行等金融服务的经营者,应当向消费者提供经营地址、联系方式、商品或者服务的数量和质量、价款或者费用、履行期限和方式、安全注意事项和风险警示、售后服务、民事责任等信息。

第二十九条 经营者收集、使用消费者个人信息,应当遵循合法、正当、必要的原则,明示收集、使用信息的目的、方式和范围,并经消费者同意。经营者收集、使用消费者个人信息,应当公开其收集、使用规则,不得违反法律、法规的规定和双方的约定收集、使用信息。

经营者及其工作人员对收集的消费者个人信息必须严格保密,不得泄露、出售或者非法向他人提供。经营者应当采取技术措施和其他必要措施,确保信息安全,防止消费者个人信息泄露、丢失。在发生或者可能发生信息泄露、丢失的情况时,应当立即采取补救措施。

经营者未经消费者同意或者请求,或者消费者明确表示拒绝的,不得向其发送商业性信息。

第四章 国家对消费者合法权益的保护

第三十条 国家制定有关消费者权益的法律、法规、规章和强制性标准,应当听取消费者和消费者协会等组织的意见。

第三十一条 各级人民政府应当加强领导,组织、协调、督促有关行政部门做好保护消费者合法权益的工作,落实保护消费者合法权益的职责。

各级人民政府应当加强监督,预防危害消费者人身、财产安全行为的发生,及时制止危害消费者人身、财产安全的行为。

第三十二条 各级人民政府工商行政管理部门和其他有关行政部门应当依照法律、法规的规定,在各自的职责范围内,采取措施,保护消费者的合法权益。

有关行政部门应当听取消费者和消费者协会等组织对经营者交易行为、商品和服务质量问题的意见,及时调查处理。

第三十三条 有关行政部门在各自的职责范围内,应当定期或者不定期对经营者提供的商品和服务进行抽查检验,并及时向社会公布抽查检验结果。

有关行政部门发现并认定经营者提供的商品或者服务存在缺陷,有危及人身、财产安全危险的,应当立即责令经营者采取停止销售、警示、召回、无害化处理、销毁、停止生产或者服务等措施。

第三十四条　有关国家机关应当依照法律、法规的规定,惩处经营者在提供商品和服务中侵害消费者合法权益的违法犯罪行为。

第三十五条　人民法院应当采取措施,方便消费者提起诉讼。对符合《中华人民共和国民事诉讼法》起诉条件的消费者权益争议,必须受理,及时审理。

第五章　消费者组织

第三十六条　消费者协会和其他消费者组织是依法成立的对商品和服务进行社会监督的保护消费者合法权益的社会组织。

第三十七条　消费者协会履行下列公益性职责:

(一)向消费者提供消费信息和咨询服务,提高消费者维护自身合法权益的能力,引导文明、健康、节约资源和保护环境的消费方式;

(二)参与制定有关消费者权益的法律、法规、规章和强制性标准;

(三)参与有关行政部门对商品和服务的监督、检查;

(四)就有关消费者合法权益的问题,向有关部门反映、查询,提出建议;

(五)受理消费者的投诉,并对投诉事项进行调查、调解;

(六)投诉事项涉及商品和服务质量问题的,可以委托具备资格的鉴定人鉴定,鉴定人应当告知鉴定意见;

(七)就损害消费者合法权益的行为,支持受损害的消费者提起诉讼或者依照本法提起诉讼;

(八)对损害消费者合法权益的行为,通过大众传播媒介予以揭露、批评。

各级人民政府对消费者协会履行职责应当予以必要的经费等支持。

消费者协会应当认真履行保护消费者合法权益的职责,听取消费者的意见和建议,接受社会监督。

依法成立的其他消费者组织依照法律、法规及其章程的规定,开展保护消费者合法权益的活动。

第三十八条 消费者组织不得从事商品经营和营利性服务,不得以收取费用或者其他牟取利益的方式向消费者推荐商品和服务。

第六章 争议的解决

第三十九条 消费者和经营者发生消费者权益争议的,可以通过下列途径解决:

(一)与经营者协商和解;

(二)请求消费者协会或者依法成立的其他调解组织调解;

(三)向有关行政部门投诉;

(四)根据与经营者达成的仲裁协议提请仲裁机构仲裁;

(五)向人民法院提起诉讼。

第四十条 消费者在购买、使用商品时,其合法权益受到损害的,可以向销售者要求赔偿。销售者赔偿后,属于生产者的责任或者属于向销售者提供商品的其他销售者的责任的,销售者有权向生产者或者其他销售者追偿。

消费者或者其他受害人因商品缺陷造成人身、财产损害的,可以向销售者要求赔偿,也可以向生产者要求赔偿。属于生产者责任的,销售者赔偿后,有权向生产者追偿。属于销售者责任的,生产者赔偿后,有权向销售者追偿。

消费者在接受服务时,其合法权益受到损害的,可以向服务者要求赔偿。

第四十一条 消费者在购买、使用商品或者接受服务时,其合法权益受到损害,因原企业分立、合并的,可以向变更后承受其权利义务的企业要求赔偿。

第四十二条 使用他人营业执照的违法经营者提供商品或者服务,损害消费者合法权益的,消费者可以向其要求赔偿,也可以向营业执照的持有人要求赔偿。

第四十三条　消费者在展销会、租赁柜台购买商品或者接受服务,其合法权益受到损害的,可以向销售者或者服务者要求赔偿。展销会结束或者柜台租赁期满后,也可以向展销会的举办者、柜台的出租者要求赔偿。展销会的举办者、柜台的出租者赔偿后,有权向销售者或者服务者追偿。

第四十四条　消费者通过网络交易平台购买商品或者接受服务,其合法权益受到损害的,可以向销售者或者服务者要求赔偿。网络交易平台提供者不能提供销售者或者服务者的真实名称、地址和有效联系方式的,消费者也可以向网络交易平台提供者要求赔偿;网络交易平台提供者作出更有利于消费者的承诺的,应当履行承诺。网络交易平台提供者赔偿后,有权向销售者或者服务者追偿。

网络交易平台提供者明知或者应知销售者或者服务者利用其平台侵害消费者合法权益,未采取必要措施的,依法与该销售者或者服务者承担连带责任。

第四十五条　消费者因经营者利用虚假广告或者其他虚假宣传方式提供商品或者服务,其合法权益受到损害的,可以向经营者要求赔偿。广告经营者、发布者发布虚假广告的,消费者可以请求行政主管部门予以惩处。广告经营者、发布者不能提供经营者的真实名称、地址和有效联系方式的,应当承担赔偿责任。

广告经营者、发布者设计、制作、发布关系消费者生命健康商品或者服务的虚假广告,造成消费者损害的,应当与提供该商品或者服务的经营者承担连带责任。

社会团体或者其他组织、个人在关系消费者生命健康商品或者服务的虚假广告或者其他虚假宣传中向消费者推荐商品或者服务,造成消费者损害的,应当与提供该商品或者服务的经营者承担连带责任。

第四十六条　消费者向有关行政部门投诉的,该部门应当自收到投诉之日起七个工作日内,予以处理并告知消费者。

第四十七条　对侵害众多消费者合法权益的行为,中国消费者协会以及在省、自治区、直辖市设立的消费者协会,可以向人民法院提起诉讼。

第七章　法律责任

第四十八条　经营者提供商品或者服务有下列情形之一的,除本法另有规定外,应当依照其他有关法律、法规的规定,承担民事责任:

(一) 商品或者服务存在缺陷的;

(二) 不具备商品应当具备的使用性能而出售时未作说明的;

(三) 不符合在商品或者其包装上注明采用的商品标准的;

(四) 不符合商品说明、实物样品等方式表明的质量状况的;

(五) 生产国家明令淘汰的商品或者销售失效、变质的商品的;

(六) 销售的商品数量不足的;

(七) 服务的内容和费用违反约定的;

(八) 对消费者提出的修理、重作、更换、退货、补足商品数量、退还货款和服务费用或者赔偿损失的要求,故意拖延或者无理拒绝的;

(九) 法律、法规规定的其他损害消费者权益的情形。

经营者对消费者未尽到安全保障义务,造成消费者损害的,应当承担侵权责任。

第四十九条　经营者提供商品或者服务,造成消费者或者其他受害人人身伤害的,应当赔偿医疗费、护理费、交通费等为治疗和康复支出的合理费用,以及因误工减少的收入。造成残疾的,还应当赔偿残疾生活辅助具费和残疾赔偿金。造成死亡的,还应当赔偿丧葬费和死亡赔偿金。

第五十条　经营者侵害消费者的人格尊严、侵犯消费者人身自由或者侵害消费者个人信息依法得到保护的权利的,应当停止侵害、恢复名誉、消除影响、赔礼道歉,并赔偿损失。

第五十一条　经营者有侮辱诽谤、搜查身体、侵犯人身自由等侵害消费者或者其他受害人人身权益的行为,造成严重精神损害的,受害人可以要求精神损害赔偿。

第五十二条　经营者提供商品或者服务,造成消费者财产损害的,应当依照法律规定或者当事人约定承担修理、重作、更换、退货、补足商品数量、退还货款和服务费用或者赔偿损失等民事责任。

第五十三条　经营者以预收款方式提供商品或者服务的,应当按照约定提供。未按照约定提供的,应当按照消费者的要求履行约定或者退回预付款;并应当承担预付款的利息、消费者必须支付的合理费用。

第五十四条　依法经有关行政部门认定为不合格的商品,消费者要求退货的,经营者应当负责退货。

第五十五条　经营者提供商品或者服务有欺诈行为的,应当按照消费者的要求增加赔偿其受到的损失,增加赔偿的金额为消费者购买商品的价款或者接受服务的费用的三倍;增加赔偿的金额不足五百元的,为五百元。法律另有规定的,依照其规定。

经营者明知商品或者服务存在缺陷,仍然向消费者提供,造成消费者或者其他受害人死亡或者健康严重损害的,受害人有权要求经营者依照本法第四十九条、第五十一条等法律规定赔偿损失,并有权要求所受损失二倍以下的惩罚性赔偿。

第五十六条　经营者有下列情形之一,除承担相应的民事责任外,其他有关法律、法规对处罚机关和处罚方式有规定的,依照法律、法规的规定执行;法律、法规未作规定的,由工商行政管理部门或者其他有关行政部门责令改正,可以根据情节单处或者并处警告、没收违法所得、处以违法所得一倍以上十倍以下的罚款,没有违法所得的,处以五十万元以下的罚款;情节严重的,责令停业整顿、吊销营业执照:

(一)提供的商品或者服务不符合保障人身、财产安全要求的;

(二)在商品中掺杂、掺假,以假充真,以次充好,或者以不合格商品冒充合格商品的;

(三)生产国家明令淘汰的商品或者销售失效、变质的商品的;

(四)伪造商品的产地,伪造或者冒用他人的厂名、厂址,篡改生产日期,伪造或者冒用认证标志等质量标志的;

(五)销售的商品应当检验、检疫而未检验、检疫或者伪造检验、检疫结果的;

（六）对商品或者服务作虚假或者引人误解的宣传的；

（七）拒绝或者拖延有关行政部门责令对缺陷商品或者服务采取停止销售、警示、召回、无害化处理、销毁、停止生产或者服务等措施的；

（八）对消费者提出的修理、重作、更换、退货、补足商品数量、退还货款和服务费用或者赔偿损失的要求，故意拖延或者无理拒绝的；

（九）侵害消费者人格尊严、侵犯消费者人身自由或者侵害消费者个人信息依法得到保护的权利的；

（十）法律、法规规定的对损害消费者权益应当予以处罚的其他情形。

经营者有前款规定情形的，除依照法律、法规规定予以处罚外，处罚机关应当记入信用档案，向社会公布。

第五十七条　经营者违反本法规定提供商品或者服务，侵害消费者合法权益，构成犯罪的，依法追究刑事责任。

第五十八条　经营者违反本法规定，应当承担民事赔偿责任和缴纳罚款、罚金，其财产不足以同时支付的，先承担民事赔偿责任。

第五十九条　经营者对行政处罚决定不服的，可以依法申请行政复议或者提起行政诉讼。

第六十条　以暴力、威胁等方法阻碍有关行政部门工作人员依法执行职务的，依法追究刑事责任；拒绝、阻碍有关行政部门工作人员依法执行职务，未使用暴力、威胁方法的，由公安机关依照《中华人民共和国治安管理处罚法》的规定处罚。

第六十一条　国家机关工作人员玩忽职守或者包庇经营者侵害消费者合法权益的行为的，由其所在单位或者上级机关给予行政处分；情节严重，构成犯罪的，依法追究刑事责任。

第八章　附　　则

第六十二条　农民购买、使用直接用于农业生产的生产资料，参照本法执行。

第六十三条　本法自 1994 年 1 月 1 日起施行。

家用汽车产品修理、更换、退货责任规定

（2012 年 12 月 29 日国家质量监督检验检疫总局令第 150 号公布，自 2013 年 10 月 1 日起施行）

第一章　总　　则

第一条　为了保护家用汽车产品消费者的合法权益，明确家用汽车产品修理、更换、退货（以下简称三包）责任，根据有关法律法规，制定本规定。

第二条　在中华人民共和国境内生产、销售的家用汽车产品的三包，适用本规定。

第三条　本规定是家用汽车产品三包责任的基本要求。鼓励家用汽车产品经营者做出更有利于维护消费者合法权益的严于本规定的三包责任承诺；承诺一经作出，应当依法履行。

第四条　本规定所称三包责任由销售者依法承担。销售者依照规定承担三包责任后，属于生产者的责任或者属于其他经营者的责任的，销售者有权向生产者、其他经营者追偿。

家用汽车产品经营者之间可以订立合同约定三包责任的承担，但不得侵害消费者的合法权益，不得免除本规定所规定的三包责任和质量义务。

第五条　家用汽车产品消费者、经营者行使权利、履行义务或承担责任，应当遵循诚实信用原则，不得恶意欺诈。

家用汽车产品经营者不得故意拖延或者无正当理由拒绝消费者提出的符合本规定的三包责任要求。

第六条　国家质量监督检验检疫总局（以下简称国家质检总局）负责本规定实施的协调指导和监督管理；组织建立家用汽车产品三包信息公开制度，并可以依法委托相关机构建立家用汽车产品三包信息系统，承担有关信息管理等工作。

地方各级质量技术监督部门负责本行政区域内本规定实施的协调指导

和监督管理。

第七条 各有关部门、机构及其工作人员对履行规定职责所知悉的商业秘密和个人信息依法负有保密义务。

第二章 生产者义务

第八条 生产者应当严格执行出厂检验制度;未经检验合格的家用汽车产品,不得出厂销售。

第九条 生产者应当向国家质检总局备案生产者基本信息、车型信息、约定的销售和修理网点资料、产品使用说明书、三包凭证、维修保养手册、三包责任争议处理和退换车信息等家用汽车产品三包有关信息,并在信息发生变化时及时更新备案。

第十条 家用汽车产品应当具有中文的产品合格证或相关证明以及产品使用说明书、三包凭证、维修保养手册等随车文件。

产品使用说明书应当符合消费品使用说明等国家标准规定的要求。家用汽车产品所具有的使用性能、安全性能在相关标准中没有规定的,其性能指标、工作条件、工作环境等要求应当在产品使用说明书中明示。

三包凭证应当包括以下内容:产品品牌、型号、车辆类型规格、车辆识别代号(VIN)、生产日期;生产者名称、地址、邮政编码、客服电话;销售者名称、地址、邮政编码、电话等销售网点资料、销售日期;修理者名称、地址、邮政编码、电话等修理网点资料或者相关查询方式;家用汽车产品三包条款、包修期和三包有效期以及按照规定要求应当明示的其他内容。

维修保养手册应当格式规范、内容实用。

随车提供工具、备件等物品的,应附有随车物品清单。

第三章 销售者义务

第十一条 销售者应当建立并执行进货检查验收制度,验明家用汽车产品合格证等相关证明和其他标识。

第十二条 销售者销售家用汽车产品,应当符合下列要求:

（一）向消费者交付合格的家用汽车产品以及发票；

（二）按照随车物品清单等随车文件向消费者交付随车工具、备件等物品；

（三）当面查验家用汽车产品的外观、内饰等现场可查验的质量状况；

（四）明示并交付产品使用说明书、三包凭证、维修保养手册等随车文件；

（五）明示家用汽车产品三包条款、包修期和三包有效期；

（六）明示由生产者约定的修理者名称、地址和联系电话等修理网点资料,但不得限制消费者在上述修理网点中自主选择修理者；

（七）在三包凭证上填写有关销售信息；

（八）提醒消费者阅读安全注意事项、按产品使用说明书的要求进行使用和维护保养。对于进口家用汽车产品,销售者还应当明示并交付海关出具的货物进口证明和出入境检验检疫机构出具的进口机动车辆检验证明等资料。

第四章　修理者义务

第十三条　修理者应当建立并执行修理记录存档制度。书面修理记录应当一式两份,一份存档,一份提供给消费者。

修理记录内容应当包括送修时间、行驶里程、送修问题、检查结果、修理项目、更换的零部件名称和编号、材料费、工时和工时费、拖运费、提供备用车的信息或者交通费用补偿金额、交车时间、修理者和消费者签名或盖章等。

修理记录应当便于消费者查阅或复制。

第十四条　修理者应当保持修理所需要的零部件的合理储备,确保修理工作的正常进行,避免因缺少零部件而延误修理时间。

第十五条　用于家用汽车产品修理的零部件应当是生产者提供或者认可的合格零部件,且其质量不低于家用汽车产品生产装配线上的产品。

第十六条　在家用汽车产品包修期和三包有效期内,家用汽车产品出现产品质量问题或严重安全性能故障而不能安全行驶或者无法行驶的,应当提供电话咨询修理服务;电话咨询服务无法解决的,应当开展现场修理服务,并承担合理的车辆拖运费。

第五章 三 包 责 任

第十七条 家用汽车产品包修期限不低于3年或者行驶里程60 000公里,以先到者为准;家用汽车产品三包有效期限不低于2年或者行驶里程50 000公里,以先到者为准。家用汽车产品包修期和三包有效期自销售者开具购车发票之日起计算。

第十八条 在家用汽车产品包修期内,家用汽车产品出现产品质量问题,消费者凭三包凭证由修理者免费修理(包括工时费和材料费)。

家用汽车产品自销售者开具购车发票之日起60日内或者行驶里程3 000公里之内(以先到者为准),发动机、变速器的主要零件出现产品质量问题的,消费者可以选择免费更换发动机、变速器。发动机、变速器的主要零件的种类范围由生产者明示在三包凭证上,其种类范围应当符合国家相关标准或规定,具体要求由国家质检总局另行规定。

家用汽车产品的易损耗零部件在其质量保证期内出现产品质量问题的,消费者可以选择免费更换易损耗零部件。易损耗零部件的种类范围及其质量保证期由生产者明示在三包凭证上。生产者明示的易损耗零部件的种类范围应当符合国家相关标准或规定,具体要求由国家质检总局另行规定。

第十九条 在家用汽车产品包修期内,因产品质量问题每次修理时间(包括等待修理备用件时间)超过5日的,应当为消费者提供备用车,或者给予合理的交通费用补偿。

修理时间自消费者与修理者确定修理之时起,至完成修理之时止。一次修理占用时间不足24小时的,以1日计。

第二十条 在家用汽车产品三包有效期内,符合本规定更换、退货条件的,消费者凭三包凭证、购车发票等由销售者更换、退货。

家用汽车产品自销售者开具购车发票之日起60日内或者行驶里程3 000公里之内(以先到者为准),家用汽车产品出现转向系统失效、制动系统失效、车身开裂或燃油泄漏,消费者选择更换家用汽车产品或退货的,销售者应当负责免费更换或退货。

在家用汽车产品三包有效期内,发生下列情况之一,消费者选择更换或退货的,销售者应当负责更换或退货:

(一)因严重安全性能故障累计进行了 2 次修理,严重安全性能故障仍未排除或者又出现新的严重安全性能故障的;

(二)发动机、变速器累计更换 2 次后,或者发动机、变速器的同一主要零件因其质量问题,累计更换 2 次后,仍不能正常使用的,发动机、变速器与其主要零件更换次数不重复计算;

(三)转向系统、制动系统、悬架系统、前/后桥、车身的同一主要零件因其质量问题,累计更换 2 次后,仍不能正常使用的;

转向系统、制动系统、悬架系统、前/后桥、车身的主要零件由生产者明示在三包凭证上,其种类范围应当符合国家相关标准或规定,具体要求由国家质检总局另行规定。

第二十一条　在家用汽车产品三包有效期内,因产品质量问题修理时间累计超过 35 日的,或者因同一产品质量问题累计修理超过 5 次的,消费者可以凭三包凭证、购车发票,由销售者负责更换。

下列情形所占用的时间不计入前款规定的修理时间:

(一)需要根据车辆识别代号(VIN)等定制的防盗系统、全车线束等特殊零部件的运输时间;特殊零部件的种类范围由生产者明示在三包凭证上;

(二)外出救援路途所占用的时间。

第二十二条　在家用汽车产品三包有效期内,符合更换条件的,销售者应当及时向消费者更换新的合格的同品牌同型号家用汽车产品;无同品牌同型号家用汽车产品更换的,销售者应当及时向消费者更换不低于原车配置的家用汽车产品。

第二十三条　在家用汽车产品三包有效期内,符合更换条件,销售者无同品牌同型号家用汽车产品,也无不低于原车配置的家用汽车产品向消费者更换的,消费者可以选择退货,销售者应当负责为消费者退货。

第二十四条 在家用汽车产品三包有效期内,符合更换条件的,销售者应当自消费者要求换货之日起15个工作日内向消费者出具更换家用汽车产品证明。

在家用汽车产品三包有效期内,符合退货条件的,销售者应当自消费者要求退货之日起15个工作日内向消费者出具退车证明,并负责为消费者按发票价格一次性退清货款。

家用汽车产品更换或退货的,应当按照有关法律法规规定办理车辆登记等相关手续。

第二十五条 按照本规定更换或者退货的,消费者应当支付因使用家用汽车产品所产生的合理使用补偿,销售者依照本规定应当免费更换、退货的除外。

合理使用补偿费用的计算公式为:{[车价款(元)×行驶里程(km)]/1 000}×n。使用补偿系数n由生产者根据家用汽车产品使用时间、使用状况等因素在0.5%至0.8%之间确定,并在三包凭证中明示。

家用汽车产品更换或者退货的,发生的税费按照国家有关规定执行。

第二十六条 在家用汽车产品三包有效期内,消费者书面要求更换、退货的,销售者应当自收到消费者书面要求更换、退货之日起10个工作日内,作出书面答复。逾期未答复或者未按本规定负责更换、退货的,视为故意拖延或者无正当理由拒绝。

第二十七条 消费者遗失家用汽车产品三包凭证的,销售者、生产者应当在接到消费者申请后10个工作日内予以补办。消费者向销售者、生产者申请补办三包凭证后,可以依照本规定继续享有相应权利。

按照本规定更换家用汽车产品后,销售者、生产者应当向消费者提供新的三包凭证,家用汽车产品包修期和三包有效期自更换之日起重新计算。

在家用汽车产品包修期和三包有效期内发生家用汽车产品所有权转移的,三包凭证应当随车转移,三包责任不因汽车所有权转移而改变。

第二十八条 经营者破产、合并、分立、变更的,其三包责任按照有关法律法规规定执行。

第六章　三包责任免除

第二十九条　易损耗零部件超出生产者明示的质量保证期出现产品质量问题的,经营者可以不承担本规定所规定的家用汽车产品三包责任。

第三十条　在家用汽车产品包修期和三包有效期内,存在下列情形之一的,经营者对所涉及产品质量问题,可以不承担本规定所规定的三包责任:

(一) 消费者所购家用汽车产品已被书面告知存在瑕疵的;

(二) 家用汽车产品用于出租或者其他营运目的的;

(三) 使用说明书中明示不得改装、调整、拆卸,但消费者自行改装、调整、拆卸而造成损坏的;

(四) 发生产品质量问题,消费者自行处置不当而造成损坏的;

(五) 因消费者未按照使用说明书要求正确使用、维护、修理产品,而造成损坏的;

(六) 因不可抗力造成损坏的。

第三十一条　在家用汽车产品包修期和三包有效期内,无有效发票和三包凭证的,经营者可以不承担本规定所规定的三包责任。

第七章　争议的处理

第三十二条　家用汽车产品三包责任发生争议的,消费者可以与经营者协商解决;可以依法向各级消费者权益保护组织等第三方社会中介机构请求调解解决;可以依法向质量技术监督部门等有关行政部门申诉进行处理。

家用汽车产品三包责任争议双方不愿通过协商、调解解决或者协商、调解无法达成一致的,可以根据协议申请仲裁,也可以依法向人民法院起诉。

第三十三条　经营者应当妥善处理消费者对家用汽车产品三包问题的咨询、查询和投诉。

经营者和消费者应积极配合质量技术监督部门等有关行政部门、有关机构等对家用汽车产品三包责任争议的处理。

第三十四条　省级以上质量技术监督部门可以组织建立家用汽车产品

三包责任争议处理技术咨询人员库,为争议处理提供技术咨询;经争议双方同意,可以选择技术咨询人员参与争议处理,技术咨询人员咨询费用由双方协商解决。

经营者和消费者应当配合质量技术监督部门家用汽车产品三包责任争议处理技术咨询人员库建设,推荐技术咨询人员,提供必要的技术咨询。

第三十五条 质量技术监督部门处理家用汽车产品三包责任争议,按照产品质量申诉处理有关规定执行。

第三十六条 处理家用汽车产品三包责任争议,需要对相关产品进行检验和鉴定的,按照产品质量仲裁检验和产品质量鉴定有关规定执行。

第八章 罚 则

第三十七条 违反本规定第九条规定的,予以警告,责令限期改正,处1万元以上3万元以下罚款。

第三十八条 违反本规定第十条规定,构成有关法律法规规定的违法行为的,依法予以处罚;未构成有关法律法规规定的违法行为的,予以警告,责令限期改正;情节严重的,处1万元以上3万元以下罚款。

第三十九条 违反本规定第十二条规定,构成有关法律法规规定的违法行为的,依法予以处罚;未构成有关法律法规规定的违法行为的,予以警告,责令限期改正;情节严重的,处3万元以下罚款。

第四十条 违反本规定第十三条、第十四条、第十五条或第十六条规定的,予以警告,责令限期改正;情节严重的,处3万元以下罚款。

第四十一条 未按本规定承担三包责任的,责令改正,并依法向社会公布。

第四十二条 本规定所规定的行政处罚,由县级以上质量技术监督部门等部门在职权范围内依法实施,并将违法行为记入质量信用档案。

第九章 附 则

第四十三条 本规定下列用语的含义:

家用汽车产品,是指消费者为生活消费需要而购买和使用的乘用车。

乘用车,是指相关国家标准规定的除专用乘用车之外的乘用车。

生产者,是指在中华人民共和国境内依法设立的生产家用汽车产品并以其名义颁发产品合格证的单位。从中华人民共和国境外进口家用汽车产品到境内销售的单位视同生产者。

销售者,是指以自己的名义向消费者直接销售、交付家用汽车产品并收取货款、开具发票的单位或者个人。

修理者,是指与生产者或销售者订立代理修理合同,依照约定为消费者提供家用汽车产品修理服务的单位或者个人。

经营者,包括生产者、销售者、向销售者提供产品的其他销售者、修理者等。

产品质量问题,是指家用汽车产品出现影响正常使用、无法正常使用或者产品质量与法规、标准、企业明示的质量状况不符合的情况。

严重安全性能故障,是指家用汽车产品存在危及人身、财产安全的产品质量问题,致使消费者无法安全使用家用汽车产品,包括出现安全装置不能起到应有的保护作用或者存在起火等危险情况。

第四十四条　按照本规定更换、退货的家用汽车产品再次销售的,应当经检验合格并明示该车是"三包换退车"以及更换、退货的原因。

"三包换退车"的三包责任按合同约定执行。

第四十五条　本规定涉及的有关信息系统以及信息公开和管理、生产者信息备案、三包责任争议处理技术咨询人员库管理等具体要求由国家质检总局另行规定。

第四十六条　有关法律、行政法规对家用汽车产品的修理、更换、退货等另有规定的,从其规定。

第四十七条　本规定由国家质量监督检验检疫总局负责解释。

第四十八条　本规定自 2013 年 10 月 1 日起施行。

移动电话机商品修理更换退货责任规定

第一条 为了切实保护消费者的合法权益,明确移动电话机商品销售者、修理者和生产者的修理、更换、退货(以下称"三包")责任和义务,根据《中华人民共和国产品质量法》、《中华人民共和国消费者权益保护法》、《中华人民共和国电信条例》制定本规定。

第二条 本规定适用于在中华人民共和国境内销售的由无线接入的移动电话机商品(包括手持式移动电话机、车载移动电话机、固定台站电话机及其附件,见本规定附录1《实施三包的移动电话机商品目录》)。

第三条 移动电话机商品实行谁销售谁负责三包的原则。销售者与生产者或供货者、销售者与修理者、生产者或供货者与修理者之间订立的合同,不得免除本规定的三包责任和义务。

第四条 本规定是实行移动电话机商品三包的最基本要求。国家鼓励销售者、生产者作出更有利于维护消费者合法权益的、严于本规定的三包承诺。承诺作为明示担保,应当依法履行,否则应当依法承担责任。

第五条 销售者应当承担以下责任和义务:

(一)销售移动电话机商品,应当严格执行本规定;

(二)应当执行进货检查验收制度;

(三)应当采取措施,保持销售的移动电话机商品的质量;

(四)销售时,应当符合以下要求:

1. 开箱检验,正确调试,当面向消费者交验移动电话机商品;

2. 核对移动电话机主机机身号(IMEI串号)和进网标志、附件的出厂序号(批号)、产品商标和型号;

3. 介绍产品的基本性能,使用、维护和保养方法,以及三包方式和修理者;

4. 提供三包凭证、有效发货票,三包凭证应当准确完整地填写(见附录2《移动电话机商品三包凭证》)并加盖销售者印章,有效发货票应当注明主机

机身号(IMEI串号)、附件的出厂序号(批号)、产品商标及型号、销售日期、销售者印章、金额等内容;

(五)不得销售不符合法定标识要求、不符合说明书等明示的性能及功能,或者产品质量不合格的移动电话机商品;不得销售未标注生产日期的电池;

(六)在三包有效期内,移动电话机商品出现故障,销售者应当根据本规定承担三包责任,不得故意拖延或无理拒绝;

(七)妥善处理消费者的查询、投诉,并提供服务。

第六条 修理者应当承担以下责任和义务:

(一)修理者应当具有行业主管部门委托的维修资质审批机构颁发的证书,维修人员应当经培训考核,持证上岗;

(二)承担三包有效期内的免费修理业务和三包有效期外的收费修理业务;

(三)维护销售者、生产者的信誉,应使用与产品技术要求和质量标准要求相符的新的零配件;认真记录修理前故障情况、故障处理情况和修理后的质量状况;

(四)按有关修理代理合同或者协议的约定,保证修理费用和修理配件全部用于修理;接受销售者或者生产者的监督和检查;

(五)保持常用维修配件的储备量,确保维修工作正常进行,避免因零配件缺少而延误维修时间;

(六)向消费者当面交验修理好的移动电话机商品并如实完整地在三包凭证上填写修理者名称、地址、邮政编码、电话及维修记录;

(七)承担因自身修理过错造成的责任和损失;

(八)妥善处理消费者投诉,接受消费者有关商品修理质量的查询。

第七条 生产者(进口者视同生产者)应当承担以下责任和义务:

(一)具有信息产业部颁发的电信设备进网许可证书;移动电话机主机机身贴有进网许可标志,并随机携带该机型的产品使用说明书、合格证和三包凭证;产品说明书应当按国家标准 GB5296.1《消费品使用说明总则》规定要求编写,应当明确产品的功能特点、适用范围、使用、维护与保养方法、注意和警示事项、常规故障判断等;三包凭证应当符合本规定附录2《移动电话机商品三包凭证》的要求;

(二) 保证移动电话机商品符合法定标识要求、符合产品说明书等明示的性能及功能,保证产品质量合格;应当明示待机时间,在电池显著位置清晰地标注生产日期;

(三) 应当自行设置或者指定与销售规模相适应的具有维修资质证书的修理者负责三包有效期内的修理,并提供修理者的名称、地址、邮政编码、联系电话等;修理者名称和地址撤销或者变更的,应当及时公告;

(四) 按照有关修理代理合同或者协议的约定,提供三包有效期内发生的维修费用;维修费用在产品流通的各个环节不得截留,应当最终全部支付给修理者;

(五) 按照有关修理代理合同或者协议的约定,提供足够的合格零配件;保证能够在产品停产后二年内,继续提供符合技术要求的零配件;

(六) 按照有关修理代理合同或者协议的约定,提供必需的维修技术软件、技术资料、技术培训等技术支持;

(七) 妥善处理消费者的投诉、查询,并提供咨询服务。

第八条 移动电话机主机三包有效期为一年,附件的三包有效期见附录1《实施三包的移动电话机商品目录》。三包有效期自开具发货票之日起计算,扣除因修理占用、无零配件待修延误的时间。三包有效期的最后一天为法定休假日的,以休假日的次日为三包有效期的最后一天。

第九条 在三包有效期内,消费者依照本规定享受修理、更换、退货的权利,修理、换货、退货应当凭发货票和三包凭证办理。

消费者丢失发货票和三包凭证,但能够提供发货票底联或者发货票(底联)复印件等有效证据,证明该移动电话机商品在三包有效期内的,销售者、修理者、生产者应当依照本规定承担免费修理、更换责任。

消费者丢失发货票和三包凭证,且不能提供发货票底联或者发货票(底联)复印件等有效证据,但依照主机机身号(IMEI串号)显示的出厂日期推算仍在三包有效期内的,应当以出厂日期后的第 90 日为三包有效期的起始日期,销售者、修理者、生产者应当按照本规定负责免费修理。

第十条　在三包有效期内,移动电话机主机出现质量问题的,由修理者免费修理。修理者应当保证修理后的移动电话机商品能够正常使用 30 日以上。

第十一条　自售出之日起 7 日内,移动电话机主机出现附录 3《移动电话机商品性能故障表》所列性能故障的,消费者可以选择退货、换货或者修理。消费者要求换货时,销售者应当免费为消费者更换同型号同规格的移动电话机。消费者要求退货时,销售者应当负责免费为消费者退货,并按发货票价格一次退清货款。

第十二条　自售出之日起第 8 日至第 15 日内,移动电话机主机出现附录 3《移动电话机商品性能故障表》所列性能故障的,消费者可以选择换货或者修理。消费者要求换货时,销售者应当免费为消费者更换同型号同规格的移动电话机主机。

第十三条　在三包有效期内,移动电话机主机出现附录 3《移动电话机商品性能故障表》所列性能故障,经两次修理,仍不能正常使用的,凭三包凭证中修理者提供的修理记录,由销售者负责为消费者免费更换同型号同规格的移动电话机主机。

第十四条　在三包有效期内,电池、充电器、移动终端卡、外接有线耳机、数据接口卡等移动电话机附件出现本规定附录 3《移动电话机商品性能故障表》所列性能故障的,销售者应当为消费者免费更换同品牌同型号同规格的附件。更换两次仍不能正常使用的,销售者应当负责免费为消费者退货,单独销售的,按发货票价格一次退还货款;与主机一起销售的,按退货当时单独销售的价格一次退还货款。

第十五条　送修的移动电话机主机在 7 日内不能修好的,修理者应当免费给消费者提供备用机,待原机修好后收回备用机。

第十六条　因生产者未按合同或者协议提供零配件,使维修者延误了维修时间,并自送修之日起超过 60 日未修好的,凭发货票和三包凭证中修理者提供的修理记录,由销售者负责免费为消费者更换同型号同规格的移动电话机主机。

第十七条 因修理者自身原因,使修理时间超过 30 日未修好的,凭发货票和三包凭证中修理者提供的修理记录由销售者负责免费为消费者更换同型号同规格的移动电话机主机。

第十八条 符合换货条件,但销售者无同型号同规格商品,消费者不愿意调换其他型号规格的商品而要求退货的,销售者应当负责免费为消费者退货,并按发货票的价格一次退清货款。

第十九条 符合换货条件,并且销售者有同型号同规格移动电话机商品,消费者不愿意调换而要求退货的,销售者应当予以退货,但对于使用过的商品应当按本规定附录1《实施三包的移动电话机商品目录》规定的折旧率收取折旧费。折旧费的计算日期自开具发货票之日起至退货之日止,其中应当扣除修理占用和待修时间。

第二十条 换货时,应当提供新的商品。

第二十一条 换货后,商品三包有效期自换货之日起重新计算。由销售者在发货票背面加盖印章,注明更换日期,并提供新的三包凭证。

第二十二条 销售者按本规定为消费者退货、换货后,属于生产者、供货者责任的,依法向负有责任的生产者、供货者追偿,或者按购销合同办理;属于修理者责任的,依法向修理者追偿,或者按代理修理合同或者协议办理。生产者、供货者按照上述规定赔偿后,属于修理者责任的,依法向修理者追偿,或者按代理修理合同或者协议办理。

第二十三条 对于在经营活动中赠送的移动电话机商品,应当按照本规定承担三包责任。

第二十四条 属下列情况之一的移动电话机商品,不实行三包,但可以实行合理的收费修理:

(一)超过三包有效期的;

(二)无三包凭证及有效发货票的,但能够证明该移动电话机商品在三包有效期内的除外;

（三）三包凭证上的内容与商品实物标识不符或者涂改的；

（四）未按产品使用说明书要求使用、维护、保养而造成损坏的；

（五）非承担三包的修理者拆动造成损坏的；

（六）因不可抗力造成损坏的。

第二十五条　生产者、销售者、修理者破产、倒闭、兼并、分立的，其三包责任按国家有关法律法规执行。

第二十六条　消费者因商品三包问题与销售者、修理者、生产者发生纠纷时，可以向消费者协会、信息产业部门移动电话机（电话机）产品质量投诉中心、质量管理协会用户委员会和其他有关组织申请调解，有关组织应当积极受理。

第二十七条　销售者、修理者、生产者未按本规定承担三包责任的，消费者可以向产品质量监督部门申诉机构或者工商行政管理部门消费者申诉举报中心申诉，由产品质量监督部门或者工商行政管理部门责令其改正。

销售者、修理者、生产者对消费者提出的修理、更换、退货的要求故意拖延或者无理拒绝的，由工商行政管理部门、产品质量监督部门、信息产业部门依据有关法律法规的规定予以处罚，并向社会公布。

第二十八条　销售者、修理者、生产者未按本规定承担三包责任的，消费者也可以依照《仲裁法》的规定与销售者、修理者或生产者达成仲裁协议，向国家设立的仲裁机构申请裁决；还可以直接向人民法院起诉。

第二十九条　需要进行商品质量检验或者鉴定的，可以委托依法考核合格和授权的产品质量检验机构或者省级以上产品质量监督部门进行产品质量检验或者鉴定。

第三十条　本规定由国家质量监督检验检疫总局、国家工商行政管理总局和信息产业部按职责分工负责解释。

第三十一条　本规定从 2001 年 11 月 15 日起实行。

附录1：实施三包的移动电话机商品目录

名　　称		三包有效期(年)	折旧率(日)
主机	手持移动电话机	1	0.50%
	车载移动电话机	1	0.50%
	固定台站电话机	1	0.50%
附件	电池	6个月	
	充电器(充电座)	3个月	
	外接有线耳机	3个月	
	移动终端卡	1	
	数据接口卡	1	

附录2：移动电话机商品三包凭证

三包凭证是移动电话机商品出现质量问题时，消费者享受三包权利的凭证。

三包凭证应当包括下列内容：

(1) 移动电话机主机及附件型号；

(2) 移动电话机主机机身号(IMEI 串号)、附件出厂序号或批号、进网标志扰码号；

(3) 商品产地；

(4) 销售者名称、地址、邮政编码、联系电话；

(5) 销售者印章；

(6) 发货票号码；

(7) 销售日期；

(8) 消费者姓名、地址、邮政编码、联系电话；

(9) 修理者名称、地址、邮政编码、联系电话；

(10) 维修记录

维修记录项目:送修日期、送修故障情况、故障原因、故障处理情况及退、换货证明、交验日期、维修人员签字。

附录3:移动电话机商品性能故障表

名　称	性　能　故　障
主机	说明书所列功能失效
	屏幕无显示/错字/漏划
	无法开机、不能正常登录或通信
	无振铃
	拨号错误
	非正常关机
	SIM卡接触不良
	按键控制失效
	无声响、单向无声或音量不正常
	因结构或材料因素造成的外表裂损
充电器	不工作或工作不正常、使用指定充电器无法正常充电
电池	充电后手机仍不能正常工作。判断依据为电池容量不小于80%
移动终端卡	不能正常工作
外接有线耳机	不能正常送受话
数据接口卡	不能正常工作

微型计算机商品修理更换退货责任规定

第一条 为了保护消费者合法权益,明确微型计算机商品销售者、修理者和生产者的修理、更换、退货(以下简称三包)责任和义务,根据《中华人民共和国产品质量法》《中华人民共和国消费者权益保护法》等法律的有关规定制定本规定。

第二条 本规定适用于在中华人民共和国境内销售的列入本规定《实施三包的微型计算机商品目录》(见附件1)的微型计算机主机、外部设备、选购件及软件(以下简称微型计算机商品)。

第三条 微型计算机商品实行谁销售谁负责三包的原则。销售者与生产者、销售者与供货者、销售者与修理者之间订立的合同,不得免除本规定的三包责任和义务。

第四条 本规定是微型计算机商品实行三包的最基本要求。国家鼓励销售者、生产者制定更有利于维护消费者合法权益的严于本规定的三包承诺。承诺作为明示担保,应当依法履行,否则应当依法承担责任。

第五条 销售者应当承担以下责任和义务:

(一)应当严格执行本规定;

(二)执行进货检查验收制度;

(三)采取有效措施,保持销售商品的质量;

(四)销售时,应当符合以下要求:

1. 应当说明微型计算机商品的配置,开箱检验,正确调试,保证商品符合产品使用说明明示的配置和产品质量状况,当面向消费者交验商品;

2. 核对商品商标、型号和编号;

3. 介绍产品的使用、维护和保养方法以及三包方式和修理者;

4. 明示三包有效期,提供三包凭证、有效发货票、产品合格证和产品使用说明;三包凭证应当按本规定《微型计算机商品三包凭证》(见附件2)的要求准确完整地填写,并加盖销售者印章;有效发货票应当注明商品商标及型号、销售日期、销售者印章、金额等内容；

（五）不得销售不符合法定标识要求的，不符合产品使用说明所述的性能及功能的，或者不合格的微型计算机商品；

（六）随销售的微型计算机商品一起赠送的微型计算机商品，应当负责三包；

（七）预装软件、随机销售和随机赠送的软件应当明示软件名称、版本、使用有效期、生产者名称；不得销售盗版软件；不得赠送盗版软件；

（八）销售软件时，应当验证软件介质的完好性；

（九）应当积极主动地与生产者、修理者加强联系，建立用户档案，做好三包服务工作；

（十）妥善处理消费者的查询、投诉，并提供服务。

第六条　修理者应当承担以下责任和义务：

（一）修理者应当具有维修资质证书，维修人员应当具有执业资格，持证上岗；

（二）承担三包有效期内的免费修理、软件维护业务和三包有效期外的收费修理业务；

（三）维护销售者、生产者的信誉，应使用新的、符合产品技术要求和质量标准要求的部件和元器件；

（四）按有关修理代理合同或者协议的约定，保证修理费用和修理用部件和元器件全部用于修理；

（五）接受生产者、销售者的监督和检查；

（六）保持常用维修部件和元器件的储备量，确保维修工作正常进行，避免因维修部件和元器件缺少延误维修时间；

（七）认真、如实、完整地填写维修记录，记录故障、修理情况和修理后的质量状况，向消费者当面交验修理好的微型计算机商品和维修记录；

（八）承担因自身修理失误造成的责任和损失；

（九）妥善处理消费者的投诉，接受消费者有关商品修理质量的查询。

第七条　生产者（微型计算机商品的供货者和进口者视同生产者）应当

承担以下责任和义务:

(一) 微型计算机商品应当随机配有产品的中文使用说明、产品合格证和三包凭证;产品使用说明应按照国家标准 GB5296.1《消费品使用说明》和 GB5296.2《家用和类似用途电器的使用说明》的规定编写;产品使用说明应当明确微型计算机商品硬件、软件的配置和兼容性,明示基本功能的操作程序;三包凭证应当符合本规定《微型计算机商品三包凭证》的要求;

(二) 应当自行设置或者指定具有维修资质的修理单位负责三包有效期内的修理,并提供修理者单位的名称、地址、联系电话等;修理者名称、地址、联系电话撤销或者变更的,应当及时告知消费者;

(三) 按有关修理代理合同或者协议的约定,提供合格的、足够的修理配件,满足维修的需求;

(四) 按有关修理代理合同或者协议的约定,提供三包有效期内发生的修理费用;维修费用在产品流通的各个环节不得截留,应当全部支付给修理者;

(五) 按有关修理代理合同或者协议的约定,提供技术资料,技术培训等技术支持;

(六) 妥善处理消费者的投诉、查询,并及时提供咨询服务。

第八条 微型计算机商品的三包有效期分为整机三包有效期、主要部件三包有效期。三包有效期见本规定《实施三包的微型计算机商品目录》。三包有效期自开具发货票之日起计算,扣除因修理占用、无零配件待修延误的时间。三包有效期的最后一天为法定休假日的,以休假日的次日为三包有效期的最后一天。

第九条 在三包有效期内,消费者凭发货票和三包凭证办理修理、换货、退货。如果消费者丢失发货票和三包凭证,但能够证明该微型计算机商品在三包有效期内,销售者、修理者、生产者应当按照本规定负责修理、更换。

第十条 在整机三包有效期内,微型计算机商品出现质量问题,应当由修理者负责免费维护、修理,并保证修理后的商品能够正常使用 30 日以上。

在主要部件三包有效期内,主要部件出现故障,应当由修理者负责免费修理或者免费更换新的主要部件(包括工时费和材料费)。

第十一条 自售出之日起 7 日内,微型计算机主机、外设商品出现本规定《微型计算机商品性能故障表》(见附件 3)所列性能故障时,消费者可以选择退货、换货或者修理。消费者要求退货时,销售者应当负责免费为消费者退货,并按发货票价格一次退清货款。

第十二条 售出后第 8 日至第 15 日内,微型计算机主机、外设商品出现本规定《微型计算机商品性能故障表》所列性能故障时,消费者可选择换货或者修理。消费者要求换货时,销售者应当负责为消费者调换同型号同规格的商品;同型号同规格的产品停止生产时,应当调换不低于原产品性能的同品牌商品。

第十三条 在整机三包有效期内,微型计算机主机、外设商品出现本规定《微型计算机商品性能故障表》所列性能故障,经两次修理,仍不能正常使用的,凭修理者提供的修理记录,由销售者负责免费为消费者调换同型号同规格的商品;同型号同规格产品停产的,应当调换不低于原产品性能的同品牌商品。

第十四条 在整机三包有效期内,符合第十三条规定的换货条件的,销售者既无同型号同规格的商品,也无不低于原产品性能的同品牌商品,消费者要求退货的,销售者应当负责免费为消费者退货,并按发货票价格一次退清货款。

第十五条 在整机三包有效期内,符合第十三条规定的换货条件的,销售者有同型号同规格的商品或者不低于原产品性能的同品牌商品,消费者不愿意换货而要求退货的,销售者应当予以退货,并按本规定《实施三包的微型计算机商品目录》规定的折旧率收取折旧费。

折旧费的计算日期自开具发货票之日起,至退货之日止,其中应当扣除修理占用和待修的时间。

第十六条 微型计算机主机商品符合退货条件时,销售者应当负责为消费者将与主机同时销售的显示器、键盘、鼠标器等商品一并退货。

第十七条 在三包有效期内,选购件出现本规定《微型计算机商品性能故障表》所列性能故障,销售者应当负责为消费者免费调换新的选购件。选购件更换两次后仍不能正常使用的,销售者应当负责免费为消费者退货,并按发货票价格一次退清货款。

第十八条 在三包有效期内,软件出现本规定《微型计算机商品性能故障表》所列性能故障,销售者应当为消费者免费更换新的同样软件。更换后仍不能正常使用的,应当由销售者负责免费为消费者退货,并按发货票价格一次退清货款。

第十九条 性能故障的判断,应当按商品销售时的配置,并在产品使用说明规定的状态下进行。

第二十条 整机换货时,应当提供新的商品。

第二十一条 整机换货后的三包有效期自换货之日起重新计算。由销售者在发货票背面加盖印章,并提供新的三包凭证。

第二十二条 更换主要部件时,应当使用新的主要部件。更换后的主要部件三包有效期自更换之日起重新计算,记录在维修记录的维修情况一栏中。

第二十三条 因修理者自身原因使修理期超过 30 日的,凭发货票和修理记录,由销售者负责为消费者调换同规格同型号商品;销售者无原规格型号商品的,应当调换不低于原商品性能的同品牌商品。

第二十四条 在三包有效期内,因生产者未供应零配件,自送修之日起超过 60 日未修好的,修理者应当在修理状况中注明,凭发货票和修理者提供的修理记录由销售者负责为消费者调换同规格同型号商品;销售者无原规格型号产品的,应当调换不低于原商品性能的同品牌商品。

第二十五条 销售者按本规定为消费者退货、换货后,属于生产者、供货者责任的,依法向负有责任的生产者、供货者追偿,或者按购销合同办理;属于修理者责任的,依法向修理者追偿,或者按修理代理合同或者协议办理。生产者、供货者赔偿后,属于修理者责任的,依法向修理者追偿,或者按修理代理合同或者协议办理。

第二十六条 生产者、销售者、修理者破产、兼并、分立的,其三包责任按国家有关法律、法规执行。

第二十七条 生产者提供三包有效期内发生的修理费用,各个流通环节均不得截留,最终应当全部支付给修理者。

第二十八条 属下列情况之一的微型计算机商品,不实行三包:

(一)超过三包有效期的;

(二)未按产品使用说明的要求使用、维护、保管而造成损坏的;

(三)非承担三包的修理者拆动造成损坏的;

(四)无有效三包凭证及有效发货票的(能够证明该商品在三包有效期内的除外);

(五)擅自涂改三包凭证的;

(六)三包凭证上的产品型号或编号与商品实物不相符合的;

(七)使用盗版软件造成损坏的;

(八)使用过程中感染病毒造成损坏的;

(九)无厂名、厂址、生产日期、产品合格证的;

(十)因不可抗力造成损坏的。

第二十九条 消费者因三包问题与销售者、修理者、生产者发生纠纷时,可以向消费者协会和其他消费者组织申请调解,有关组织应当积极受理。

第三十条 销售者、修理者、生产者未按本规定执行三包的,消费者可以向产品质量监督管理部门申诉机构申诉,由产品质量监督管理部门责令其按三包规定办理。

销售者、修理者、生产者对消费者提出的修理、更换、退货的要求故意拖延或者无理拒绝的,由产品质量监督管理部门予以处罚,并予以公告。

第三十一条 销售者、修理者、生产者未按本规定执行三包的,消费者也可以依照《仲裁法》的规定,与销售者、修理者或者生产者达成仲裁协议,向国家设立的仲裁机构申请裁决,或者直接向人民法院起诉。

第三十二条 需要进行商品质量检验或者鉴定的,可以委托依法设置并被授权的产品质量检验机构或者省级以上质量技术监督部门指定的鉴定组织单位,进行产品质量检验或者鉴定。

第三十三条 有关维修资质管理办法,由国家质量监督检验检疫总局和信息产业部另行制定。

第三十四条 本规定由国家质量监督检验检疫总局、信息产业部按职能分工负责解释。

第三十五条 本规定自 2002 年 9 月 1 日起实行。

附件 1：实施三包的微型计算机商品目录

名　　称		三包有效期(年)		主要部件名称	折旧率(日)%	备　注
		整机	主要部件			
主机	台式微型机主机	1	2	主板、CPU、内存、硬盘驱动器、电源、显示卡	0.25	
	笔记本微型机	1	2	主板、CPU、内存、显示屏、硬盘驱动器、键盘、电源适配器	0.25	
	手持式个人数字信息处理设备	1			0.25	含掌上电脑、电子记事簿、电子词典等
外设	显示器	1			0.25	含液晶显示器
	扫描仪	1			0.25	
	针式打印机	1			0.25	
	喷墨打印机	1			0.25	
	激光打印机	1			0.25	
	UPS 电源	1			0.25	含电池
	调制解调器	1			0.25	
	光盘刻录机	1			0.25	
	数码相机	1	1	专用充电池、存储卡	0.25	无微型计算机接口功能的除外
	投影机	2	0.5	灯泡	0.25	
	鼠标器	1			0.25	
	键盘	1			0.25	
	软盘驱动器	1			0.25	

续　表

名　　称		三包有效期(年)		主要部件名称	折旧率（日）%	备　注
		整机	主要部件			
外设	硬盘驱动器	1			0.25	
	手写板	1			0.25	
	电源	1			0.25	
	光盘驱动器	2			0.25	
选购件	内存条	1				
	主板	1				
	CPU	1				
	声卡	1				
	显示卡	1				
	盘控卡	1				
	网卡	1				
	其他功能扩展卡	1				
软件	软件	3个月				.
	预装软件	1				
	随机软件	3个月				含赠送软件

附件 2：微型计算机商品三包凭证

微型计算机商品三包凭证是消费者享受三包权利的凭证。三包凭证应当包括下列内容，并由销售者负责填写：

（1）微型计算机商品名称、商标、型号；

（2）微型计算机商品出厂编号或批号；

（3）商品产地；

（4）销售单位名称、地址、邮政编码、联系电话；

（5）销售者印章；

（6）发货票号码；

（7）销售日期；

（8）安装调试日期；

（9）消费者姓名、地址、邮政编码、联系电话；

（10）修理单位名称、地址、电话及邮政编码；

（11）维修记录。

维修记录项目：送修日期、送修次数、送修故障情况、故障原因、故障处理情况、交验日期、维修人员签字。

附件3：微型计算机商品性能故障表

序号	商 品 名 称	性 能 故 障
1	台式微型机主机	在产品使用说明书规定状态下，经维护不能正常启动、死机。
2	笔记本微型机	在产品使用说明书规定状态下，经维护不能正常启动、死机。
3	手持式个人信息处理设备	在产品使用说明规定状态下，经维护不能正常启动，死机，显示屏白斑、花斑。
4	显示器	1. 正常加电，电源指示灯亮后无显示图像。 2. 显示器图像不能同步，画面扭曲、摆动、撕裂。 3. 显示器图像亮度不可调。 4. 显示器图像缺色。
5	扫描仪	1. 开机电源不通，工作时灯管不亮或闪烁。 2. 扫描白纸出现明显条纹或者全黑。 3. 经维护，机械系统不归位。
6	针式打印机	1. 走纸异常。 2. 印字漏点、连点。 3. 打不上字。 4. 不能正常回车、归位。
7	喷墨打印机	1. 打印机不上纸。 2. 喷头不能定位、归位。 3. 由非消耗品引起的断线、漏字、缺色。

续 表

序号	商 品 名 称	性 能 故 障
8	激光打印机	1. 墨粉不能固化在纸上。 2. 打印机不上纸、卡纸。 3. 由非消耗品引起的断线、漏字、缺色。
9	UPS电源	持续供电时间、响应时间达不到产品使用说明明示的技术指标要求。
10	调制解调器	不能正常联机通讯。
11	光盘刻录机	不能刻录产品使用说明规定的光盘。
12	投影机	1. 无法加电。 2. 照明系统失效。 3. 功能键失效。 4. 接口故障。 5. 显示画面有固定暗点、亮点、色点。 6. 在规定使用条件下,显示亮度、对比度达不到使用说明书明示指标的要求。 7. 在使用说明书明示的环境条件下,投影中断。 8. 在使用说明书规定的距离内,投影图象模糊。
13	数码相机	1. 显示屏无显示。 2. 功能键失效。 3. 专用电池容量低于标称容量的80%。 4. 接口故障。 5. 照片缺色、偏色、色斑、色阶。 6. 存储容量达不到标称值。 7. 重现的死机。 8. 拍不上照片。 9. 机械故障。
14	鼠标器	不能正常使用。
15	键盘	不能正常使用。
16	内存条	不能正常工作。
17	硬盘驱动器	不能正常格式化。
18	光盘驱动器	不能读符合产品使用说明要求的光盘。
19	软盘驱动器	软盘驱动器
20	手写板	不能正常工作。

序号	商 品 名 称	性　能　故　障
21	电源	电源输出电压、电流达不到产品使用说明规定的指标要求。
22	主板	在产品使用说明规定状态下,不能启动。
23	CPU	不能正常工作。
24	其他功能扩展卡	不能正常工作。
25	声卡	安装后无声。
26	显示卡	1. 安装后不能正常显示图像。 2. 图像色彩分辨率达不到产品使用说明明示的技术指标。
27	盘控卡	不能正常工作。
28	网卡	网络联接不能正常通讯。
29	软件产品	1. 硬件系统标准配置情况下不能工作。 2. 不支持产品使用说明明示支持的产品及系统。 3. 不支持产品使用说明明示的软件功能。

法律宝典

第七章
民间借贷法律问题

一、民间借贷不同于高利贷，合法民间借贷受到法律保护

手中有余钱，存在银行的利率过低；有人愿意向你支付高于银行存款利率的利息，这样的情形在生活中比比皆是，尤其是在民间金融活动风气炽热的温州、江苏射阳、福建等地区。问题是这样的民间借贷活动是否受法律保护。

高利贷并不是一个法律概念，而是在实践当中，借贷关系的当事人约定的利率水平高于法定最高利率水平，这种借贷关系由此在实践中被称为高利贷。

所以，大可让你放心的是，合法的民间借贷受法律保护，但高利贷的利率超过了法定最高利率水平，因此超过规定的部分不能受到法律的保护。

二、民间借贷不同于非法集资、非法吸收公众存款

合法的民间借贷与非法集资、非法吸收公众存款等几乎是一线之隔，性

质发生了变化,不仅不受法律的保护,相反还需要承担不利的法律后果,甚至是被追究刑事责任。

非法集资是指单位或者个人未依照法定的程序经有关部门批准,以发行股票、债券、彩票、投资基金证券或者其他债权凭证的方式向社会公众筹集资金,并承诺在一定期限内以货币、实物及其他利益等方式向出资人还本付息给予回报的行为。其特点是:

(1)未经有关部门依法批准,包括没有批准权限的部门批准的集资;有审批权限的部门超越权限批准集资,即集资者不具备集资的主体资格。

(2)承诺在一定期限内给出资人还本付息。还本付息的形式除以货币形式为主外,也有实物形式和其他形式。

(3)向社会不特定的对象筹集资金。这里"不特定的对象"是指社会公众,而不是指特定少数人。

(4)以合法形式掩盖其非法集资的实质。

一般来说,企业的合法集资行为必须符合四个条件:

(1)集资的主体应当是符合公司法规定的有限责任公司或者股份有限公司,或者其他依法设立的具有法人资格的企业。我国目前没有个人募集资金的规定。也就是说,任何个人的募集行为均为违法。

(2)公司、企业聚集资金的目的,是为了用于公司、企业的设立或者公司、企业的生产和经营,不得用于弥补公司、企业的亏损和其他非经营性开支。

(3)公司、企业募集资金主要通过发行股票、债券或者融资租赁、联营、合资等方式进行,其中发行股票和债券是一种主要的集资方式。

(4)公司、企业在资金市场上募集资金的行为必须符合法律的规定,也就是说公司、企业在资金市场上募集资金的行为必须按照公司法及其他有关募集资金的法律、法规的规定,严格按照法定的方式、程序、条件、期限、募集的对象等进行,违反法律规定募集资金的行为是不允许的。

非法吸收公众存款有三种不同形式:

(1)以不法提高存款利率的方式吸收存款,扰乱金融秩序。其主要表现方式为：吸收存款人径直在当场交付存款人或储户的存单上开出高于央行法定利率的利率数额。

（2）以变相提高利率的方式吸收存款、扰乱金融秩序。所谓变相提高存款利率，是指吸收存款人虽未在开付出去的存单上直接提高存款利率，但却通过存款之际先行扣付、或允诺事后一次性地给付或许以其他物质、经济利益好处的方式来招揽存款，以使存款方在事实上获得相当于提高存款利率的实惠后，欣然"乐于存款"于该吸收人所在银行或其他金融机构。实践中，行为人以变相提高利率的方法来吸收存款的具体方式多种多样。

（3）依法无资格从事吸收公众存款业务的单位或个人非法吸收公众存款，扰乱金融秩序。对此类行为，无论其是否提高了国家规定的存款利率、也不问其是否采取了其他变相提高存款利率的手法来吸收存款，只要其从事了吸收公众存款的行为即属非法行为，一概构成本罪。根据立案标准规定，非法吸收公众存款具有下列情形之一的，应予追诉：① 个人非法吸收或者变相吸收公众存款，数额在 20 万元以上的，单位非法吸收或者变相吸收公众存款，数额在 100 万元以上的；② 个人非法吸收或者变相吸收公众存款 30 户以上的，单位非法吸收或者变相吸收公众存款 150 户以上的；③ 个人非法吸收或者变相吸收公众存款，给存款人造成直接经济损失数额在 10 万元以上的，单位非法吸收或者变相吸收公众存款，给存款人造成直接经济损失数额 50 万元以上的。

三、民间借贷主要适用法律

民间借贷关系经由合同建立，因此民间借贷纠纷应适用《合同法》总则部分及分则第 12 章"借款合同"部分的规定，但是该两部分的规定过于原则，无法全面解决实践中与民间借贷相关的法律问题。对民间借贷问题作出详尽规定的是最高人民法院的司法解释。

最高人民法院在 1991 年出台了《关于人民法院审理借贷案件的若干意见》，2015 年最高人民法院废止了该意见，发布了《最高人民法院关于审理民间借贷案件适用法律若干问题的规定》，该规定自 2015 年 9 月 1 日期生效。在司法实践中，对于一起特定的民间借贷纠纷而言，到底适用哪部司法解释呢？我国法律原则上没有溯及力，也就是说新的司法解释仅对新的解释生效后的民间借贷关系具有约束力，对于在此之前已经发生的民间借贷行为没有约束力。由于两部司法解释的具体内容存在一些差异，为此在处理具体的民间借贷法律问题时，需要审慎研究到底适用哪一部。

四、法人、其他组织之间的借贷是否属于合法的民间借贷

对于民间借贷的主体条件，我国法律的规定存在着变迁。按照最高人民法院在 1991 年出台的《关于人民法院审理借贷案件的若干意见》规定，民间借贷是指公民与法人之间的借贷纠纷以及公民与其他组织之间的借贷纠纷，显然，在该规定下，民间借贷的一方必定是自然人。2015 年最高人民法院废止了该意见，发布了《关于审理民间借贷案件适用法律若干问题的规定》，在该规定中，民间借贷是指自然人、法人、其他组织之间及其相互之间进行资金融通的行为。在新规定下，民间借贷不仅包括自然人与法人、其他组织之间的借贷，还包括法人之间、其他组织之间以及它们相互之间所发生的借贷，民间借贷的范畴由此被拓展。当然，经金融监管部门批准设立的从事贷款业务的金融机构及其分支机构发生的借贷行为，不属于此。

但是这并不意味着法人、其他组织可以随意进行借贷，甚至以借贷为主要经营活动。在 2015 年司法解释出台之前，法人、其他组织对外进行出借资金的行为常被法院认定为无效民事行为。在 2015 年司法解释出台之后，环境有所缓解。该意见第 11 条规定"法人之间、其他组织之间以及它们相互之间为生产、经营需要订立的民间借贷合同，除存在合同法第五十二条、本规定第十四条规定的情形外，当事人主张民间借贷合同有效的，人民法院应予支持。"显而易见，法人之间、其他组织之间及它们相互之间的借贷行为构成合法的民间借贷必须同时满足两个条件：① 为生产、经营需要；② 不存在合同

法第 52 条[①]、本司法解释第 14 条[②]规定的情形。

如果出借人是法人、其他组织,在进行资金出借活动时,考量它的行为是否有效,首先要关注它是否以放贷为主要经营活动,在这种情况下显然违反了金融专营的限制,应当属于无效。因此偶发性的从事资金出借,并且借款方亦是将资金投入到生产、经营活动中,属于受保护的合法的民间借贷。法人之间、其他组织之间或者它们之间的借贷一旦被认定为无效,裁决的结果不出乎如下内容:① 合同无效;② 借款人返还所借款项;③ 双方约定的利息予以追缴,收归国有。所以,要牢记的是,当我们有闲散资金对外出借给法人或者其他组织的,务必不要以法人或者其他组织的名义对外出借,而使用个人名义对外出借。

在实践中,确实存在企业之间有互相进行资金拆借需要的客观情况,规避企业之间借贷关系无效的最稳妥的做法是委托商业银行放款。诸多商业银行提供委托贷款服务,商业银行提供此项服务会收取一定的费用。经由商业银行委托放款的,则属于合法借贷。资金实际出借人、使用人都没有发生变化,只是在双边关系之间增加了受托放款的商业银行。

委托人及借款人应当是经工商行政管理机关(或主管机关)核准登记的企(事)业单位,其他经济组织、个体工商户,或具有完全民事行为能力的自然人;已在业务银行开立结算账户;委托资金来源必须合法及具有自主支配的权利;申办委托贷款必须独自承担贷款风险;需按照国家地方税务局的有关要求缴纳税款,并配合受托人办理有关代征代缴税款的缴纳工作;符合业务银行的其他要求。委托贷款的期限,由委托人根据借款人的贷款用途、偿还

---

① 《合同法》第 52 条　有下列情形之一的,合同无效:(1) 一方以欺诈、胁迫的手段订立合同,损害国家利益;(2) 恶意串通,损害国家、集体或者第三人利益;(3) 以合法形式掩盖非法目的;(4) 损害社会公共利益;(5) 违反法律、行政法规的强制性规定。

② 《最高人民法院关于审理民间借贷案件适用法律若干问题的规定》第 14 条　具有下列情形之一,人民法院应当认定民间借贷合同无效:(一) 套取金融机构信贷资金又高利转贷给借款人,且借款人事先知道或者应当知道的;(二) 以向其他企业借贷或者向本单位职工集资取得的资金又转贷给借款人牟利,且借款人事先知道或者应当知道的;(三) 出借人事先知道或者应当知道借款人借款用于违法犯罪活动仍然提供借款的;(四) 违背社会公序良俗的;(五) 其他违反法律、行政法规效力性强制性规定的。

能力或根据委托贷款的具体情况来确定;委托贷款中,所涉及的委托贷款利率是由委托双方自行商定,但是最高不能超过人民银行规定的同期贷款利率和上浮幅度。自 2004 年起,商业银行贷款利率浮动区间扩大到了(0.9,1.7),即商业银行对客户的贷款利率的下限为基准利率乘以下限系数 0.9,上限为基准利率乘以上限系数 1.7,金融机构可以根据中国人民银行的有关规定在人行规定的范围内自行确定浮动利率。

五、民间借贷的利率水平是有限制的

我们已经说过,合法的民间借贷和非法的高利贷之间的区别在于约定的利率水平有无超过法律所限制的水平。

根据 1991 年出《关于人民法院审理借贷案件的若干意见》,民间借贷利率不得超过同期银行贷款利率的 4 倍。在此规定下,决定民间借贷利率水平的有两个要素:① 借贷期限;② 同等期限的银行贷款利率。由于银行贷款利率会随着央行所公布的基准利率变化而做相应调整,所以不存在一个一成不变的统一的民间借贷利率。如果借贷双方的主体符合民间借贷的规定,但是约定的利率水平高于该 4 倍最高限额,并不是关于利息的约定均无效,而只是超过 4 倍的部分属于无效。

2015 年最高人民法院《关于审理民间借贷案件适用法律若干问题的规定》对于民间借贷允许利率水平进行了重大修订。对于民间借贷利率设定了两条界线,一是年利率 24%,在此界线内的利息受法律保护。二是 36%,在 24%~36% 之间的利息,如果借款人支付后要求返还的,不予支持;超过 36% 的部分,即使借款人已经支付,也有权要求返还[1]。

---

[1]　最高人民法院《关于审理民间借贷案件适用法律若干问题的规定》第 26 条　借贷双方约定的利率未超过年利率 24%,出借人请求借款人按照约定的利率支付利息的,人民法院应予支持。

借贷双方约定的利率超过年利率 36%,超过部分的利息约定无效。借款人请求出借人返还已支付的超过年利率 36% 部分的利息的,人民法院应予支持。

六、将利息计入本金计收复利、事先在本金中扣除利息的做法得不到法律保护

复利是指在每经过一个计息期后,都要将所生利息加入本金,以计算下期的利息。这样,在每一个计息期,上一个计息期的利息都将成为生息的本金,即以利生利,也就是俗称的"利滚利"。比如借贷本金为 50 000 元,利率或者投资回报率为 3%,投资年限为 3 年,假设允许计算复利,那么 3 年后所获得的利息收入加上本金合计为:5 000×(1+3%)×(1+3%)×(1+3%)。如果同种情况不允许计算复利,那么 3 年后本息总和为:5 000×(1+3×3%)。显然允许复利计算的情况下产生的利息将会高于单利计算情况下产生的利息。

实践中,计收复利这种做法在民间借贷中是屡见不鲜的。然而,依据最高人民法院《关于人民法院审理借贷案件的若干意见》的规定[①],出借人不得将利息计入本金谋取高利,如果将利息计入本金计算复利的,只返还本金。也就是说,将利息计入本金计收复利得不到法律保护,并且会收到惩罚性的处理,那就是借款人只需要返还本金就可以。在最新司法解释最高人民法院《关于审理民间借贷案件适用法律若干问题的规定》中,重申了在借款期限内,不得将利息计入本金,但是借款到期后,可以将 24% 利率水平内的前期借款利息计入后期借款本金。

在借贷关系中,出借人还经常会采用交付本金时即行扣除利息的做法,这使得出借人实际交付的本金低于约定的金额,对于借款人是不公平的,为此如果名义出借额与实际出借额不一致,在计算利息时,应该按照实际出借的本金进行计算[②]。

---

① 最高人民法院《关于人民法院审理借贷案件的若干意见》 出借人不得将利息计入本金谋取高利。审理中发现债权人将利息计入本金计算复利的,只返还本金。
② 最高人民法院《关于审理民间借贷案件适用法律若干问题的规定》第 27 条 借据、收据、欠条等债权凭证载明的借款金额,一般认定为本金。预先在本金中扣除利息的,人民法院应当将实际出借的金额认定为本金。

七、借款人逾期还款利息的计算

借款人逾期还款时的利息计算方法,无论是新旧司法解释,一般情况下,均遵循契约,前提是没有违反法律所设定的利率水平上限,以现行有效的司法解释①为例,该上限是年利率24%。在双方既没有约定借期内的利率,也没有约定逾期还款的利率时,出借人可以主张:自逾期还款之日起,按照年利率6%计算资金占用期间的利息;如果双方约定了借款期限内的利率,但是没有约定逾期还款利率的,则出借人可以主张按照借款期限内的利率计算逾期还款利率。

八、没有约定利率或利率约定不清时利息的计算

如果借款人和出借人约定贷款无息,则借款人在约定时间归还款项,显然就无须支付利息。但是在约定贷款无息的情况下,借款了超过了约定的期限还款,是否要支付利息呢? 如果借款人和出借人没有约定利息,那么借款人是否要支付利息呢? 如果借款人和出借人约定了利息,但是约定不清,双方存在争议,利率按照多少执行呢?

根据最高人民法院《关于人民法院审理借贷案件的若干意见》,① 借贷双方对有无约定利率发生争议,又不能证明的,可参照银行同类贷款利率计息;② 借贷双方对约定的利率发生争议,又不能证明的,利率可以适当高于银行的利率,各地人民法院可根据本地区的实际情况具体掌握,但最高不得超过银行同类贷款利率的四倍;③ 公民之间的定期无息借贷,出借人要求借款人偿付逾期利息,或者不定期无息贷款经催告不还;出借人要求偿付催告

---

① 最高人民法院《关于审理民间借贷案件适用法律若干问题的规定》第29条 借贷双方对逾期利率有约定的,从其约定,但以不超过年利率24%为限。

未约定逾期利率或者约定不明的,人民法院可以区分不同情况处理:

(一)既未约定借期内的利率,也未约定逾期利率,出借人主张借款人自逾期还款之日起按照年利率6%支付资金占用期间利息的,人民法院应予支持;

(二)约定了借期内的利率但未约定逾期利率,出借人主张借款人自逾期还款之日起按照借期内的利率支付资金占用期间利息的,人民法院应予支持。

后利息的,可参照银行同类贷款的利率计息。

在借款人和出借人双方没有约定利息的情况下,出借人主张利息,是否会得到支持,最高人民法院《关于审理民间借贷案件适用法律若干问题的规定》①进行了简化,区分为两种情形。第一种情形是针对自然人之间的借贷,如果没有约定利息,则对利息要求不予支持;第二种情形是自然人之间借贷的以外,在约定不明时,是否需要支付利息、利率是多少,需要由法官自由裁量。至于借款人迟延归还时的借款是否要支付利息,我们将在稍后专门讨论。

九、P2P 融资是否合法的关键在于是平台还是资金池,众筹目前被认定为非法集资的可能性极高;在 P2P 借贷中,网络平台是否承担责任的关键在于有无提供担保的意思表示

如今 P2P 和众筹等新事物层出不穷,你都不好意思说你不知道,否则显得你已经很 out,也有很多人已经迫不及待地投入了互联网金融的大潮中去了。

P2P 融资平台(Peer-to-Peer Platform),即在线个人对个人的网络平台。P2P 平台实现互联网直接交互的点对点技术向金融领域的延伸,摈弃了高准入、高成本的传统银行信贷体系,通过低门槛、低成本的互联网信息及交易平台,实现个体借款需求及投资需求的有效对接。借助互联网技术、实现经营模式变革的 P2P 平台,具有传统银行无法比拟的优势。首先,准入门槛低、可得性高。中小企业和低收入个人基本是被排除在银行信贷的视野之外的,无法通过向商业银行获得借款的方式融资,更加无须说发行信托产品、股票、债券了。其次,利率优化。由于 P2P 平台的运营承办远低于银行昂贵的运营成本,使得 P2P 平台贷借款人的借贷成本远低于银行贷款利率,同时出借方的

---

① 最高人民法院《关于审理民间借贷案件适用法律若干问题的规定》第 25 条　借贷双方没有约定利息,出借人主张支付借期内利息的,人民法院不予支持。

自然人之间借贷对利息约定不明,出借人主张支付利息的,人民法院不予支持。除自然人之间借贷的外,借贷双方对借贷利息约定不明,出借人主张利息的,人民法院应当结合民间借贷合同的内容,并根据当地或者当事人的交易方式、交易习惯、市场利率等因素确定利息。

投资回报高于银行储蓄利率。再次,简便快捷。以标准化互联网流程代替传统银行的审批流程,借款人所需资金能更快到位。第四,支持创新。第五,也是最重要的一点,金融资源配置效率大幅提高。

P2P平台在运作时一定要把自身定位为中介平台,为资金需求方和资金供给方提供点对点的服务,不能建立资金池,不能将资金融入后再融出。如果平台方面向不特定的公众直接吸收资金,或者面向不特定的公众出借资金,都有违民间借贷的属性,进而可能被认定为违法,甚至是犯罪行为。

众筹,翻译自国外 crowdfunding 一词,即大众筹资或群众筹资,香港译作"群众集资",台湾译作"群众募资"。是指用团购＋预购的形式,向网友募集项目资金的模式。众筹利用互联网和 SNS(社会性网络服务)传播的特性,让小企业、艺术家或个人对公众展示他们的创意,争取大家的关注和支持,进而获得所需要的资金援助。现代众筹指通过互联网方式发布筹款项目并募集资金。相对于传统的融资方式,众筹更为开放,能否获得资金也不再是由项目的商业价值作为唯一标准。只要是网友喜欢的项目,都可以通过众筹方式获得项目启动的第一笔资金,为更多小本经营或创作的人提供了无限的可能。虽然有人将众筹定位为团购,但是在实质上其针对的对象是不特定的社会公众,因此很容易为认定为非法集资。

在一些 P2P 融资中,由于借款人未能归还,出借人进而要求网络平台承担担保责任,这在法律上并没有充分的依据。一般情况下,网络平台提供的仅是媒介和信息服务,只有在网络平台做出了担保意思表示的情况下,要求其承担担保责任才具有事实基础①。对于通过网络平台购买 P2P 产品的投资者而言,在投资前,可以从以下几个角度考虑,以防范相应的风险:

(1) 平台提供的产品应该有具体的需求方、明确的投入方向。如果没有具体的需求方,没有明确的投入方向,则很可能属于平台方擅自融入资金,平

---

① 最高人民法院《关于审理民间借贷案件适用法律若干问题的规定》第二十二条　借贷双方通过网络贷款平台形成借贷关系,网络贷款平台的提供者仅提供媒介服务,当事人请求其承担担保责任的,人民法院不予支持。

网络贷款平台的提供者通过网页、广告或者其他媒介明示或者有其他证据证明其为借贷提供担保,出借人请求网络贷款平台的提供者承担担保责任的,人民法院应予支持。

台已经脱离了平台的属性,从而将平台的经营风险转嫁至购买者。

（2）需求的资金不能过大,过大的资金需求将使得借款人利息负担加重,从而加重偿付压力,增加违约风险。

（3）如果平台运营者能为产品提供担保,则可以增强未来偿还能力。要将网络平台经营者关于担保等的意思表示及时取证保全,以备不时之需。

十、有效识别及应对非法集资

非法集资花样多,非法集资最终能够使得投资者安全收回资金的少之又少。所以在民间借贷的过程中,要注意将民间借贷与非法集资相区别,要能识别非法集资。在实践中,非法集资案多量大[①],目前有六个典型手法。一是假冒民营银行的名义,借国家支持民间资本发起设立金融机构的政策,谎称已经获得或者正在申办民营银行的牌照,虚构民营银行的名义发售原始股或吸收存款;二是非融资性担保企业以开展担保业务为名非法集资,或发售虚假的理财产品,或虚构借款方,以提供借款担保名义非法吸收资金;三是以境外投资、高新科技开发的旗号,假冒或者虚构国际知名公司设立网站,并在网上发布销售境外基金、原始股、境外上市、开发高新技术等信息,虚构股权上市增值前景或者许诺高额预期回报,诱骗群众向指定的个人账户汇入资金,然后关闭网站,携款逃匿;四是以"养老"的旗号,目前常见两种形式:以投资养老公寓、异地联合安养为名,以高额回报、提供养老服务为诱饵,引诱老年群众"加盟投资";通过举办所谓的养生讲座、免费体检、免费旅游、发放小礼品方式,引诱老年人群众投入资金;五是以高价回购收藏品为名非法集资。

---

① 引自《法制日报》,2014年4月21日发布。当日召开的处置非法集资部际联席会议据处置非法集资部际联席会议办公室主任刘张君介绍,近年来非法集资形势非常严峻。这主要表现为:发案数量、涉案金额、参与集资的人数继续处于高位,达到历年来第二峰值;发案区域广泛,重点地区集中,跨省份案件突出。截至目前,非法集资案件涉及全国31个省(区、市)、87％的市(地、州、盟)和港澳台地区。新发案件更多地集中在中东部省份,跨省案件增多,影响较大。同时,非法集资不断向新的行业、领域蔓延。很多非融资性担保公司、投资咨询等中介机构公开"代人理财"大肆非法集资;许多小额贷款公司、私募股权投资等融资性机构超范围经营涉嫌非法集资;一些农业专业合作社以入股分红为诱饵吸收农民资金投资异地或放高利贷;网络平台非法集资也不容忽视。资料来源:http://www.legaldaily.com.cn/index/content/2014-04/21/content_5468831.htm,最近浏览时间:2014年4月24日。

以毫无价值或价格低廉的纪念币、纪念钞、邮票等所谓的收藏品为工具，声称有巨大升值空间，承诺在约定时间后高价回购，引诱群众购买，然后携款潜逃。六是假借 P2P 名义非法集资。

我们了解了非法集资之后当然可以提升防范的能力，但是随着社会的不断发展，非法集资还会伴随其他新生事物而不断变革其形式。要防患于未然，只有釜底抽薪这个办法，也就是要从潜意识中对非法集资提升警惕和防范意识。

对于因非法集资发生的借贷纠纷，在借款人危机没有全面爆发之际，如果借款人尚有财产用于偿债，并且能够申请法院进行诉前保全将财产控制，则经由民事诉讼是一个可以做的选项。如果借款人危机已经全面爆发，无法控制到债务人的财产，则最好的途径是就其非法集资涉嫌犯罪向公安机关报案，由公安机关经由刑事途径挽回损失。

十一、借款协议、借据、欠条并不是认定借款金额的唯一证据

在借贷中，出借人和借款人常常订立借款协议，或者由借款人出具借据、欠条等，它们是证明借贷关系存在及借贷金额、借款时间、借款利率等事项的重要凭证。但是事实上，这些文件中载明的借款金额与实际借款金额可能并不一致。比如，出借人在出借资金时，事先扣除了利息，实际交付的款项少于约定借款金额；再比如出借人因为自己资金短缺，导致实际交付的资金少于约定金额。所以，借款协议、借据、欠条等是确认出借人与借款人双方权利、义务的重要证据，但不是唯一证据。

在出借人主张借款人按照借款协议、借据、欠条等载明的金额返还款项时，法院或仲裁机构不仅会审查借款协议、借据、欠条的真实性，还会审查资金的实际交付情况。为此，对于出借人而言，在实际交付贷款的款项时，最好是以银行转账等可以查询的方式，尽可能避免以现金的方式直接交付，而且转账时最好是转到借款人名下的银行账户中。如果转让账户不是借款人名下账户，则在转让前要求借款人出具付款指令，明确载明付款账户。

如果借款人实际获得的款项低于约定的金额，并以此进行抗辩，此时出

借人有义务证明他实际交付的金额是多少。出借人几乎没有其他选择,除了辩称当时是以现金的方式交付以外。但是当出借人主张以现金的方式给付时,一般情况下,法院会要求出借人提供资金来源证据,比如银行取款凭证等。在金额较大,且出借人不能提供银行取款凭证等合理证据的情况下,或者出借人所称的出借金额与出借人正常的收入水平并不一致的情况下,法院按照出借人主张金额支持的可能性将大打折扣。

十二、收据、借据、欠条各不相同

从文件名称上看,收据是表示收到了某笔款项;借据则是表明借款的约定,能否表达所借款项是否已经实际交付取决于借据的具体内容;欠条则表示资金的应当偿还关系,欠条本身仅能表明当事人之间存在债权债务关系,但仅凭欠条本身无法明确是何基础法律关系产生的债权债务关系。借贷、交通事故、故意伤害、买卖等都能在当事人之间产生欠条凭证,所以欠条并不一定直接对应借贷关系。

在民间借贷中,当双方达成借贷的一致协议时,可以订立借款协议,或者由借款人订立借据,它的主要内容包括双方当事人、借款金额、起讫期间、利率等,它的性质类似于商业银行贷款时与借款人订立的《借款合同》。在出借人按照借款协议或者借据的约定交付款项时,可以要求借款人签署收据,表明其实际收到了相应款项。

如果要简略处理,双方之间没有签署借款协议、借据等,也可以在出借人实际交付款项时,由借款人只出一张借据或者欠条,但是内容不能受到名称的拘束,应当含有① 双方当事人、借款金额、起讫期间、利率;② 出借人已经交付,借款人已经实际收到款项。

十三、没有约定还款时间并非意味着由借款人任意决定还款时间

借贷双方在借贷关系成立时没有约定还款时间,那么借款人的还款义务在什么时候成立呢? 对这个问题,很多人想当然地回答:由于双方没有约定还款时间,因此我借款人愿意在什么时候还就是什么时候还。

如果我们具有基本的理性思维,站在立法者的角度来看这个问题,你就知道无论如何不会是用这个原则来确认还款时间了。那么在没有约定还款时间时,到底应该在什么时候归还呢?根据合同法的规定[1],当事人在合同中没有约定履行义务的时间的,那么债权人有权随时要求债务人履行,债务人也有权随时要求履行,但是应当给对方必要的准备时间。具体到借贷关系中,在双方没有约定还款时间时,出借人有权随时要求借款人归还借款,借款人也有权随时归还借款,但是都必须给对方必要的准备时间。如此,这样的规则对出借人是有利的。

十四、哪些民间借贷是无效的

具有下列情形之一民间借贷合同[2]无效:

(1)套取金融机构信贷资金又高利转贷给借款人,且借款人事先知道或者应当知道的。

(2)以向其他企业借贷或者向本单位职工集资取得的资金又转贷给借款人牟利,且借款人事先知道或者应当知道的。

(3)出借人事先知道或者应当知道借款人借款用于违法犯罪活动仍然提供借款的。

(4)违背社会公序良俗的。

(5)其他违反法律、行政法规效力性强制性规定的。

十五、几种常见的规避利率上限的做法

双方约定的利率超过法定最高限额,但确实一个愿打一个愿挨,出借人在操作上煞费苦心,用一些特别的做法来规避。常见做法如下:① 将超过规定的利息事先从本金中扣除;② 名为联营或者合作经营,约定固定收益;

---

[1] 合同法第62条 当事人就有关合同内容约定不明确,依照本法第六十一条的规定仍不能确定的,适用下列规定:(四)履行期限不明确的,债务人可以随时履行,债权人也可以随时要求履行,但应当给对方必要的准备时间。

[2] 参见最高人民法院《关于审理民间借贷案件适用法律若干问题的规定》第十四条。

③ 将超过规定部分的利息纳入本金。这些做法不可谓不精致,但是在根本上来讲违法了民间借贷的相关原则规定,为此都有可能被认定为无效。

　　福建省高级人民法院做出的一起判决倒是启发。那就是在借贷双方之间增加一个居间服务方,约定由居间服务方收取佣金。为了便于各位读者更好地理解这种做法,现将案情简要介绍如下:A 是出借人,B 公司是借款人,双方经由 C 介绍订立了借款协议,约定 A 出借一笔款项给 B,约定的利率水平并未超过同期银行贷款利率的四倍。同时,B 和 C 也订立了一份合同,合同约定由于 C 为 B 的该笔借款提供了中介服务,为此 B 向 C 支付一笔佣金,佣金的水平高于同期银行贷款利率的 4 倍。嗣后,由于 B 拒绝给付佣金,为此 C 向法院起诉 B 要求其支付,案件在一审法院被判决认定 B、C 之间的协议无效,理由是超过同期银行贷款利率 4 倍,败诉后,C 上诉于福建省高级人民法院,高级人民法院审理认为,B、C 之间的协议是居间服务,不是借贷关系,法律并未限定居间服务的收费标准,为此 B、C 可以自行约定。在没有其他证据证明 B 是受欺诈、胁迫等原因订立合同的情况下,约定应该有效,为此判决撤销一审判决,依法改判,支持了 C 要求 B 支付佣金的请求。

附　　录

最高人民法院关于人民法院审理
借贷案件的若干意见

（1991年7月2日最高人民法院审判委员会第502次会议讨论通过）

人民法院审理借贷案件，应按照自愿、互利、公平、合法的原则，保护债权人和债务人的合法权益，限制高利率。根据审判实践经验，现提出以下意见，供审理此类案件时参照执行。

1. 公民之间的借贷纠纷，公民与法人之间的借贷纠纷以及公民与其他组织之间的借贷纠纷，应作为借贷案件受理。

2. 因借贷外币、台币和国库券等有价证券发生纠纷诉讼到法院的，应按借贷案件受理。

3. 对于借贷关系明确，债权人申请支付令的，人民法院应按照民事诉讼法关于督促程序的有关规定审查受理。

4. 人民法院审查借贷案件的起诉时，根据民事诉讼法第108条的规定，应要求原告提供书面借据；无书面借据的，应提供必要的事实根据。对于不具备上述条件的起诉，裁定不予受理。

5. 债权人起诉时，债务人下落不明的，由债务人原住所地或其财产所在地法院管辖。法院应要求债权人提供证明借贷关系存在的证据，受理后公告传唤债务人应诉。公告期限届满，债务人仍不应诉，借贷关系明确的，经审理后可缺席判决；借贷关系无法查明的，裁定中止诉讼。

在审理中债务人出走，下落不明，借贷关系明确的，可以缺席判决；事实难以查清的，裁定中止诉讼。

6. 民间借贷的利率可以适当高于银行的利率，各地人民法院可根据本地区的实际情况具体掌握，但最高不得超过银行同类贷款利率的四倍（包含利率本数)。超出此限度的,超出部分的利息不予保护。

7. 出借人不得将利息计入本金谋取高利。审理中发现债权人将利息计入本金计算复利的,只返还本金。

8. 借贷双方对有无约定利率发生争议,又不能证明的,可参照银行同类贷款利率计息。借贷双方对约定的利率发生争议,又不能证明的,可参照本意见第6条规定计息。

9. 公民之间的定期无息借贷,出借人要求借款人偿付逾期利息,或者不定期无息贷款经催告不还;出借人要求偿付催告后利息的,可参照银行同类贷款的利率计息。

10. 一方以欺诈、胁迫等手段或者乘人之危,使对方在违背真实意思的情况下所形成的借贷关系,应认定为无效。借贷关系无效由债权人的行为引起的,只返还本金;借贷关系无效由债务人的行为引起的,除返还本金外,还应参照银行同类贷款利率给付利息。

11. 出借人明知借款人是为了进行非法活动而借款的,其借贷关系不予保护。对双方的违法借贷行为,可按照民法通则第134条第3款及《关于贯彻执行〈中华人民共和国民法通则〉若干问题的意见(试行)》[以下简称《意见》(试行)]第163条、第164条的规定予以制裁。

12. 公民之间因借贷外币、台币发生纠纷,出借人要求以同类货币偿还的,可以准许。借款人确无同类货币的,可参照偿还时当地外汇调剂价折合人民币偿还。出借人要求偿付利息的,可参照偿还时中国银行外币储蓄利率计息。

借贷外汇券发生的纠纷,参照以上原则处理。

13. 在借贷关系中,仅起联系、介绍作用的人,不承担保证责任。对债务的履行确有保证意思表示的,应认定为保证人,承担保证责任。

14. 行为人以借款人的名义出具借据代其借款,借款人不承认,行为人又不能证明的,由行为人承担民事责任。

15. 合伙经营期间,个人以合伙组织的名义借款,用于合伙经营的,由合伙人共同偿还;借款人不能证明借款用于合伙经营的,由借款人偿还。

16. 有保证人的借贷债务到期后,债务人有清偿能力的,由债务人承担责任;债务人无能力清偿、无法清偿或者债务人下落不明的,由保证人承担连带责任。

借期届满,债务人未偿还欠款,借、贷双方未征求保证人同意而重新对偿还期限或利率达成协议的,保证人不再承担保证责任。

无保证人的借贷纠纷,债务人申请追加新的保证人参加诉讼,法院不应准许。

对保证责任有争议的,按照《意见》(试行)第108条、109条、110条的规定处理。

17. 审理借贷案件时,对于因借贷关系产生的正当的抵押关系应予保护。如发生纠纷,分别按照民法通则第89条第2项以及《意见》(试行)第112条、113条、114条、115条、116条的规定处理。

18. 对债务人有可能转移、变卖、隐匿与案件有关的财产的,法院可根据当事人申请或依职权采取查封、扣押、冻结、责令提供担保等财产保全措施。被保全的财物为生产资料的,应责令申请人提供担保。财产保全应根据被保全财产的性质采用妥善的方式,尽可能减少对生产、生活的影响,避免造成财产损失。

19. 对债务人一次偿付有困难的借贷案件,法院可以判决或调解分期偿付。根据当事人的给付能力,确定每次给付的数额。

20. 执行程序中,双方当事人协商以债务人劳务或其他方式清偿债务,不违反法律规定,不损害社会利益和他人利益的,应予准许,并将执行和解协议记录在案。

21. 被执行人无钱还债,要求以其他财物抵偿债务,申请执行人同意的,应予准许。双方可以协议作价或请有关部门合理作价,按判决数额将相应部分财物交付申请执行人。

被执行人无钱还债,要求以债券、股票等有价证券抵偿债务,申请执行人同意的,应予准许;要求以其他债权抵偿债务的,须经申请执行人同意并通知执行人的债务人,办理相应的债权转移手续。

22. 被执行人有可能转移、变卖、隐匿被执行财产的,应及时采取执行措施。被执行人抗拒执行构成妨害民事诉讼的,按照民事诉讼法第 102 条、第 227 条的规定处理。

最高人民法院关于审理民间借贷
案件适用法律若干问题的规定

法释〔2015〕18 号

为正确审理民间借贷纠纷案件,根据《中华人民共和国民法通则》《中华人民共和国物权法》《中华人民共和国担保法》《中华人民共和国合同法》《中华人民共和国民事诉讼法》《中华人民共和国刑事诉讼法》等相关法律之规定,结合审判实践,制定本规定。

第一条 本规定所称的民间借贷,是指自然人、法人、其他组织之间及其相互之间进行资金融通的行为。

经金融监管部门批准设立的从事贷款业务的金融机构及其分支机构,因发放贷款等相关金融业务引发的纠纷,不适用本规定。

第二条 出借人向人民法院起诉时,应当提供借据、收据、欠条等债权凭证以及其他能够证明借贷法律关系存在的证据。

当事人持有的借据、收据、欠条等债权凭证没有载明债权人,持有债权凭证的当事人提起民间借贷诉讼的,人民法院应予受理。被告对原告的债权人资格提出有事实依据的抗辩,人民法院经审理认为原告不具有债权人资格的,裁定驳回起诉。

第三条 借贷双方就合同履行地未约定或者约定不明确,事后未达成补充协议,按照合同有关条款或者交易习惯仍不能确定的,以接受货币一方所在地为合同履行地。

第四条 保证人为借款人提供连带责任保证,出借人仅起诉借款人的,人民法院可以不追加保证人为共同被告;出借人仅起诉保证人的,人民法院可以追加借款人为共同被告。

保证人为借款人提供一般保证,出借人仅起诉保证人的,人民法院应当追加借款人为共同被告;出借人仅起诉借款人的,人民法院可以不追加保证人为共同被告。

第五条　人民法院立案后,发现民间借贷行为本身涉嫌非法集资犯罪的,应当裁定驳回起诉,并将涉嫌非法集资犯罪的线索、材料移送公安或者检察机关。

公安或者检察机关不予立案,或者立案侦查后撤销案件,或者检察机关作出不起诉决定,或者经人民法院生效判决认定不构成非法集资犯罪,当事人又以同一事实向人民法院提起诉讼的,人民法院应予受理。

第六条　人民法院立案后,发现与民间借贷纠纷案件虽有关联但不是同一事实的涉嫌非法集资等犯罪的线索、材料的,人民法院应当继续审理民间借贷纠纷案件,并将涉嫌非法集资等犯罪的线索、材料移送公安或者检察机关。

第七条　民间借贷的基本案件事实必须以刑事案件审理结果为依据,而该刑事案件尚未审结的,人民法院应当裁定中止诉讼。

第八条　借款人涉嫌犯罪或者生效判决认定其有罪,出借人起诉请求担保人承担民事责任的,人民法院应予受理。

第九条　具有下列情形之一,可以视为具备合同法第二百一十条关于自然人之间借款合同的生效要件:

(一) 以现金支付的,自借款人收到借款时;

(二) 以银行转账、网上电子汇款或者通过网络贷款平台等形式支付的,自资金到达借款人账户时;

(三) 以票据交付的,自借款人依法取得票据权利时;

(四) 出借人将特定资金账户支配权授权给借款人的,自借款人取得对该账户实际支配权时;

(五) 出借人以与借款人约定的其他方式提供借款并实际履行完成时。

第十条　除自然人之间的借款合同外,当事人主张民间借贷合同自合同成立时生效的,人民法院应予支持,但当事人另有约定或者法律、行政法规另有规定的除外。

第十一条　法人之间、其他组织之间以及它们相互之间为生产、经营需要订立的民间借贷合同,除存在合同法第五十二条、本规定第十四条规定的情形外,当事人主张民间借贷合同有效的,人民法院应予支持。

第十二条　法人或者其他组织在本单位内部通过借款形式向职工筹集资金,用于本单位生产、经营,且不存在合同法第五十二条、本规定第十四条规定的情形,当事人主张民间借贷合同有效的,人民法院应予支持。

第十三条　借款人或者出借人的借贷行为涉嫌犯罪,或者已经生效的判决认定构成犯罪,当事人提起民事诉讼的,民间借贷合同并不当然无效。人民法院应当根据合同法第五十二条、本规定第十四条之规定,认定民间借贷合同的效力。

担保人以借款人或者出借人的借贷行为涉嫌犯罪或者已经生效的判决认定构成犯罪为由,主张不承担民事责任的,人民法院应当依据民间借贷合同与担保合同的效力、当事人的过错程度,依法确定担保人的民事责任。

第十四条　具有下列情形之一,人民法院应当认定民间借贷合同无效:

(一)套取金融机构信贷资金又高利转贷给借款人,且借款人事先知道或者应当知道的;

(二)以向其他企业借贷或者向本单位职工集资取得的资金又转贷给借款人牟利,且借款人事先知道或者应当知道的;

(三)出借人事先知道或者应当知道借款人借款用于违法犯罪活动仍然提供借款的;

(四)违背社会公序良俗的;

(五)其他违反法律、行政法规效力性强制性规定的。

第十五条　原告以借据、收据、欠条等债权凭证为依据提起民间借贷诉讼,被告依据基础法律关系提出抗辩或者反诉,并提供证据证明债权纠纷非民间借贷行为引起的,人民法院应当依据查明的案件事实,按照基础法律关系审理。

当事人通过调解、和解或者清算达成的债权债务协议,不适用前款规定。

第十六条　原告仅依据借据、收据、欠条等债权凭证提起民间借贷诉讼,被告抗辩已经偿还借款,被告应当对其主张提供证据证明。被告提供相应证据证明其主张后,原告仍应就借贷关系的成立承担举证证明责任。

被告抗辩借贷行为尚未实际发生并能作出合理说明,人民法院应当结合借贷金额、款项交付、当事人的经济能力、当地或者当事人之间的交易方式、交易习惯、当事人财产变动情况以及证人证言等事实和因素,综合判断查证借贷事实是否发生。

第十七条 原告仅依据金融机构的转账凭证提起民间借贷诉讼,被告抗辩转账系偿还双方之前借款或其他债务,被告应当对其主张提供证据证明。被告提供相应证据证明其主张后,原告仍应就借贷关系的成立承担举证证明责任。

第十八条 根据《关于适用〈中华人民共和国民事诉讼法〉的解释》第一百七十四条第二款之规定,负有举证证明责任的原告无正当理由拒不到庭,经审查现有证据无法确认借贷行为、借贷金额、支付方式等案件主要事实,人民法院对其主张的事实不予认定。

第十九条 人民法院审理民间借贷纠纷案件时发现有下列情形,应当严格审查借贷发生的原因、时间、地点、款项来源、交付方式、款项流向以及借贷双方的关系、经济状况等事实,综合判断是否属于虚假民事诉讼:

(一)出借人明显不具备出借能力;

(二)出借人起诉所依据的事实和理由明显不符合常理;

(三)出借人不能提交债权凭证或者提交的债权凭证存在伪造的可能;

(四)当事人双方在一定期间内多次参加民间借贷诉讼;

(五)当事人一方或者双方无正当理由拒不到庭参加诉讼,委托代理人对借贷事实陈述不清或者陈述前后矛盾;

(六)当事人双方对借贷事实的发生没有任何争议或者诉辩明显不符合常理;

(七)借款人的配偶或合伙人、案外人的其他债权人提出有事实依据的异议;

(八)当事人在其他纠纷中存在低价转让财产的情形;

(九)当事人不正当放弃权利;

(十)其他可能存在虚假民间借贷诉讼的情形。

第二十条　经查明属于虚假民间借贷诉讼，原告申请撤诉的，人民法院不予准许，并应当根据民事诉讼法第一百一十二条之规定，判决驳回其请求。

诉讼参与人或者其他人恶意制造、参与虚假诉讼，人民法院应当依照民事诉讼法第一百一十一条、第一百一十二条和第一百一十三条之规定，依法予以罚款、拘留；构成犯罪的，应当移送有管辖权的司法机关追究刑事责任。

单位恶意制造、参与虚假诉讼的，人民法院应当对该单位进行罚款，并可以对其主要负责人或者直接责任人员予以罚款、拘留；构成犯罪的，应当移送有管辖权的司法机关追究刑事责任。

第二十一条　他人在借据、收据、欠条等债权凭证或者借款合同上签字或者盖章，但未表明其保证人身份或者承担保证责任，或者通过其他事实不能推定其为保证人，出借人请求其承担保证责任的，人民法院不予支持。

第二十二条　借贷双方通过网络贷款平台形成借贷关系，网络贷款平台的提供者仅提供媒介服务，当事人请求其承担担保责任的，人民法院不予支持。

网络贷款平台的提供者通过网页、广告或者其他媒介明示或者有其他证据证明其为借贷提供担保，出借人请求网络贷款平台的提供者承担担保责任的，人民法院应予支持。

第二十三条　企业法定代表人或负责人以企业名义与出借人签订民间借贷合同，出借人、企业或者其股东能够证明所借款项用于企业法定代表人或负责人个人使用，出借人请求将企业法定代表人或负责人列为共同被告或者第三人的，人民法院应予准许。

企业法定代表人或负责人以个人名义与出借人签订民间借贷合同，所借款项用于企业生产经营，出借人请求企业与个人共同承担责任的，人民法院应予支持。

第二十四条　当事人以签订买卖合同作为民间借贷合同的担保，借款到期后借款人不能还款，出借人请求履行买卖合同的，人民法院应当按照民间借贷法律关系审理，并向当事人释明变更诉讼请求。当事人拒绝变更的，人民法院裁定驳回起诉。

按照民间借贷法律关系审理作出的判决生效后,借款人不履行生效判决确定的金钱债务,出借人可以申请拍卖买卖合同标的物,以偿还债务。就拍卖所得的价款与应偿还借款本息之间的差额,借款人或者出借人有权主张返还或补偿。

第二十五条　借贷双方没有约定利息,出借人主张支付借期内利息的,人民法院不予支持。自然人之间借贷对利息约定不明,出借人主张支付利息的,人民法院不予支持。除自然人之间借贷的外,借贷双方对借贷利息约定不明,出借人主张利息的,人民法院应当结合民间借贷合同的内容,并根据当地或者当事人的交易方式、交易习惯、市场利率等因素确定利息

第二十六条　借贷双方约定的利率未超过年利率24%,出借人请求借款人按照约定的利率支付利息的,人民法院应予支持。

借贷双方约定的利率超过年利率36%,超过部分的利息约定无效。借款人请求出借人返还已支付的超过年利率36%部分的利息的,人民法院应予支持。

第二十七条　借据、收据、欠条等债权凭证载明的借款金额,一般认定为本金。预先在本金中扣除利息的,人民法院应当将实际出借的金额认定为本金。

第二十八条　借贷双方对前期借款本息结算后将利息计入后期借款本金并重新出具债权凭证,如果前期利率没有超过年利率24%,重新出具的债权凭证载明的金额可认定为后期借款本金;超过部分的利息不能计入后期借款本金。约定的利率超过年利率24%,当事人主张超过部分的利息不能计入后期借款本金的,人民法院应予支持。

按前款计算,借款人在借款期间届满后应当支付的本息之和,不能超过最初借款本金与以最初借款本金为基数,以年利率24%计算的整个借款期间的利息之和。出借人请求借款人支付超过部分的,人民法院不予支持。

第二十九条　借贷双方对逾期利率有约定的,从其约定,但以不超过年利率24%为限。

未约定逾期利率或者约定不明的,人民法院可以区分不同情况处理:

（一）既未约定借期内的利率，也未约定逾期利率，出借人主张借款人自逾期还款之日起按照年利率6‰支付资金占用期间利息的，人民法院应予支持；

（二）约定了借期内的利率但未约定逾期利率，出借人主张借款人自逾期还款之日起按照借期内的利率支付资金占用期间利息的，人民法院应予支持。

第三十条 出借人与借款人既约定了逾期利率，又约定了违约金或者其他费用，出借人可以选择主张逾期利息、违约金或者其他费用，也可以一并主张，但总计超过年利率24‰的部分，人民法院不予支持。

第三十一条 没有约定利息但借款人自愿支付，或者超过约定的利率自愿支付利息或违约金，且没有损害国家、集体和第三人利益，借款人又以不当得利为由要求出借人返还的，人民法院不予支持，但借款人要求返还超过年利率36‰部分的利息除外。

第三十二条 借款人可以提前偿还借款，但当事人另有约定的除外。

借款人提前偿还借款并主张按照实际借款期间计算利息的，人民法院应予支持。

第三十三条 本规定公布施行后，最高人民法院于1991年8月13日发布的《关于人民法院审理借贷案件的若干意见》同时废止；最高人民法院以前发布的司法解释与本规定不一致的，不再适用。

法律宝典

一、你知道机动车保险各项保险保的内容吗

　　车险大体上可以分为两大类，一类是交强险，还有一类是商业险。交强险全称是机动车交通事故责任强制保险，它是强制性的，必须购买，保险费率、保障范围、保障金额也是法定的，用来保障第三者的人身或财产损失。商业险并不是强制性的，车主可以自己的实际情况决定是否购买相应的商业保险的险种。在商业险中，车主普遍会购买车损险和第三者责任保险。

　　车损险是用来保障本车的，第三者责任保险是在交强险的份额以外，保障第三者的人身或者财产损失。如果要保障本车内的人员，则需要单独购买车上座位责任险。如果要保障玻璃单独破损的保险，则需要购买玻璃单独破损险。担心车辆被偷盗，则应该另行购买盗抢险。顾虑车辆自燃引发的损失，则要投保自燃险。

　　另外，需要特别提醒各位注意的是，在商业险种中，保险公司经常会约定特定的免赔率，发生保险事故时，保险公司会要求扣除相应的比率，也就是该

比率内的损失不予以赔偿。但是同时保险公司又创造了一个新的险种,这个险种就是"不计免赔险",建议各位购买保险时一并买下不计免赔险。

二、让你头大的保险公司责任免除条款你要牢记在心

保险公司在商业险当中设定了很多免责的条款,这些条款数目庞大且内容凌乱,文字晦涩而专业。很少有车主在拿到保险合同后会仔细阅读保险条款,更加不要说在投保前详细了解保险条款的详细规定了。但是无论如何,你要记住:并不是投了保险,出险后保险公司一定会赔偿。所以,你自己要记住看看保险公司在哪些情况下可以免责。如果你了解了这些特殊情形,那就有可能在出险的时候,会采取相应的行动,这些行动甚至会转而帮助你强化一些技术上的操作细节,最终可以帮助你更有效地获得保险公司的理赔。

以下情况下发生的保险事故造成的损失,保险公司不赔:修理厂发生的事故,不赔;发动机进水后再行启动损坏发动机的,不赔偿;车厢内物品或者车顶物品损毁车辆,不赔偿;单独爆胎损失不赔(如果由于轮胎爆裂而引起的碰撞、翻车等严重事故,造成车辆其他部位的损失,保险公司依然负责赔偿);地震导致的车损不赔;拖带中发生的事故不赔;驾驶员故意行为发生的保险事故不赔;车辆未年检不赔;没有驾驶证,或者驾驶证未按时年检,不赔;酒后驾驶不赔;放弃对责任人的追偿权不赔;撞到被保险人、驾驶员及其自家人的不赔;被同一单位名下的车辆碰撞也不能通过第三者责任险得到赔偿[①];车灯或者倒车镜单独破损的不赔;私自加装的设备损坏的不赔;没经过定损直接修理的不赔;车辆零部件被盗的不赔;实习期上高速发生事故的等情形,保险公司也可以拒绝赔付;保险事故发生后 48 小时内未向保险公司报案的不赔。关于盗抢险的免赔,稍后再专门说。

---

① 所谓第一者、第二者是指保险人、被保险人(驾驶员视同于被保险人),除去这些人以外的,都视为第三者。而在保险条款中,将被保险人或驾驶员的家庭成员排除在"第三者"的范畴之外。所以,如果车辆撞到自家人,保险公司视为免责。

三、机动车丢失,有盗抢险是个好消息,但不是万能的

车是移动的家,买的爱车最怕遇到的情况就是被盗被抢,这比车子受点伤还要让人难受。你恨不得把车停到家里,除非你有封闭的室内车位,不然只能停在外面,因此被盗抢的可能总是存在。尤其是当你驾驶爱车到人生地不熟的地方时,这种担心尤其强烈。

社会治安的水平是不受我们个人控制,我们能采取的最有效的风险控制措施就是投保盗抢险。发生机动车盗抢保险事故后,要立即向公安机关报案,并且在 48 小时内向保险公司报案。如果公安机关未能成功侦破案件,那么被保险人可以向保险公司索赔。

上海车主李先生的车子被窃贼撬锁,虽然窃贼最后没有得手,但锁芯已经被损坏,车门也无法正常使用。李先生想到已经投保了盗抢险,便马上给保险公司报案,询问盗抢车辆查询理赔的注意事项。出乎李先生意料的是保险公司告知锁芯及车门的损失不能得到保险公司的赔偿。李先生很困惑,明明买了盗抢险,为什么得不到赔偿? 保险公司是在推诿责任吗? 阅读了本部分的内容后,你就知道保险公司拒绝理赔是有依据的,依据就在于保险合同中的约定。

保险公司在对盗抢保险事故案件做理赔时,以下一些情况会影响保险公司的赔偿金额:

(1) 行驶证、购车发票、购置税发票等凭证遗失,每增加一项,保险公司增加 0.5% 的免赔额。

(2) 收费停车场、营业性修理厂内丢失,保险公司不赔,只能要求停车场、修理厂赔偿,所以要保留好停车费发票。

(3) 被保险人因与他人的民事、经济纠纷导致车辆被盗抢,保险公司不赔。

(4) 没有上牌,盗抢险不生效,发生的盗抢事故,保险公司不予赔偿。

(5) 盗抢险的全称是机动车辆全车盗抢险,只有当全车发生盗窃和抢劫成立后,才能赔偿盗抢损失。如果车辆没有被盗走,只是车门等部件遭到了

窃贼的破坏、附属设备(如轮胎)及车内物品被盗窃,按盗抢险的条款,这都不属于保险责任范围。

(6)保险车辆被诈骗、扣押、罚没、查封或政府征用。

2003年9月17日,海南一自驾车公司将一别克君威小轿车办理了"全车盗抢险",保险期间自2003年9月18日零时起至2004年9月18日零时止。但保险公司合同责任免除条款提示,"被他人诈骗造成的全车或部分损失",保险公司概不负责。孰料,合同签订半年后,这部车还真给丢了。2004年6月6日,一自称名叫周丰的男子,持假身份证入住海口某酒店。同年6月8日,陈某经职业介绍所的安排前往应聘司机职位,面试陈某的人自称是许经理。第二天下午,陈某被聘用后跟随许经理和周丰前往这家自驾车公司办理租赁一别克君威小轿车的自驾手续。办完租车手续后,陈某按许经理要求将车开至酒店停车场,并将车钥匙交给他;许要求陈某次日早晨来此上班。6月10日上午,陈某来到酒店,发现车辆不在停车场,许经理已退房,电话已关机。陈某立即赶到保险公司告知,公司启动车辆找寻设备,但无法检测到车辆信号,双方只好前往海口市公安局海甸派出所报案。自驾车公司按保险理赔的相关要求作了登报声明,并于同年9月11日找保险公司要求理赔。同年10月14日,保险公司向自驾车公司发出通知,认为该案已由公安机关以"诈骗案"立案侦查,而且根据机动车辆综合险条款中"全车盗抢险部分"第二条责任免除条款的规定,此案不属于保险责任的赔偿范畴,他们暂不予受理。双方为此闹上法庭。一审法院认为,虽然保险事故发生在保险期内,但根据原告与案外人陈某的报案材料陈述及公安机关的讯问笔录内容表明,原告投保车辆丢失的直接原因是被人利用租车合同诈骗所致。而且,公安机关已将此案定为合同诈骗案立案侦查。因此,根据保险法及保险合同的约定,原告向被告投保的车辆盗抢险中被他人诈骗造成的全车损失或部分损失属于免责范围,被告据此向原告发出的拒赔通知书及抗辩理由合法有据,应予以采纳[①]。

---

① 资料来源:新华网海南频道,http://www.hq.xinhuanet.com/news/2005-03/24/content_3933440.htm,最近浏览时间:2014年4月29日。

四、第三者责任保险你不能买得太少

各位读者们为什么会买车险？这个问题很简单，买车险，防风险。既然保险事故发生的概率那么低，你为什么还要买车险？因为事故发生的概率虽然低，但是一旦发生，后果却很严重，甚至无法承受。所以，千万不能因为有侥幸心理，认为自己驾驶水平高、驾驶小心谨慎，就以为自己绝对不会发生保险事故。笔者送各位一句话，虽然我们每个人不一定会是最倒霉的那个，但是同样也没有理由一定是最幸运的那个。

交强险的伤残与死亡赔偿限额为人民币 11 万元，医疗费用赔偿限额人民币 1 万元，财产损失赔偿限额 2 000 元。被保险机动车发生交通事故，造成第三方财产或人身损害，则首先由交强险赔偿；超出交强险的部分，如果被保险车辆的驾驶人有责任的，则由第三者责任保险赔偿。

第三者责任保险是用来保障本车以外的受交通事故伤害的人或财物。即使仅考虑残疾赔偿金或者死亡赔偿金。以上海市为例，2014 年度上海居民人均可支配收入为 47 710 元，农村居民人均纯收入 21 192 元。依据规定，城镇居民、农村居民一级残疾赔偿金、死亡赔偿金分别为：954 200 和 423 840 元[1]。在笔者看来，在上海地区，第三者责任保险至少应该买 100 万元。

如果笔者再告诉你，第三者责任保险保额 50 万和 100 万的对应的保险费差价在 500 元之内，那么你还会犹豫吗？笔者不是保险公司的业务员，只是律师，跟你做这个建议，我没有任何好处，非要说我有好处的话，就是如果有人听取了建议，购买了适当金额的第三者责任保险，发生了不幸的交通事故，不幸的是还要负全责，但是幸运的是你买了足够金额的保险。

---

[1]　依据相关规定，人身伤害受害者是城镇户籍时，死亡赔偿金与一级伤残赔偿金的计算标准是上一年度城镇居民人均可支配收入的 20 倍，人身伤害受害者是农村户籍时，死亡赔偿金与一级伤残赔偿金的计算标准是农村居民上一年度人均纯收入的 20 倍。

五、交强险的赔偿不以被保险车辆的驾驶员有责任为前提，最高保障限额 122 000 元

交强险是由保险公司对被保险机动车发生道路交通事故造成受害人（不包括本车人员和被保险人）的人身伤亡、财产损失，在责任限额内予以赔偿的强制性责任保险。被保险的机动车在交通事故有责任的，"交强险"的责任被分成了三部分：11 万元死亡伤残补偿，10 000 元医疗费用以及 2 000 元财产损失。被保险机动车在道路交通事故中无责任的赔偿限额为：死亡伤残赔偿限额 11 000 元人民币；医疗费用赔偿限额 1 000 元人民币；财产损失赔偿限额 100 元人民币。

交强险与机动车第三者责任保险在保险种类上属于同一个险种，都是保障道路交通事故中第三方受害人获得及时有效赔偿的险种，但尽管保险种类是一样的，但交强险与商业三责险存在着本质的区别：

一是赔偿原则不同。商业三责险采取的是过错责任原则，即保险公司根据被保险人在交通事故中所承担的事故责任来确定其赔偿责任。而交强险实行的是"无过错责任"原则，即无论被保险人是否在交通事故中负有责任，保险公司均应当予以赔偿。

二是保障范围不同。出于有效控制风险的考虑，商业三责险规定了较多的责任免除事项和免赔率（额）。而交强险的保险责任几乎涵盖了所有道路交通风险，且不设免赔率和免赔额，其保障范围远远大于商业三责险。

三是投保的强制性不一样。交强险具有法律强制性，实际上可叫做"强制三责险"。根据《机动车交通事故责任强制保险条例》规定，机动车的所有人或管理人都应当投保交强险，未按照规定投保交强险的，将由公安机关交通管理部门予以处罚。同时，保险公司不能拒绝承保交强险、不得拖延承保和不得随意解除合同。而三责险都是商业性的。

四是保险条款和基础费率不同。交强险在全国范围内执行统一保险条款和基础费率，并执行实行"奖优罚劣"的费率浮动机制。而目前各保险公司商业三责险的条款费率相互存在差异，并设有 5 万元、10 万元、20 万元乃至

100 万元以上等不同档次的责任限额。

五是出险后赔偿的限额不一样。交强险实行分项责任限额,与商业三责险相比,限额分项是"交强险"除无责赔偿以外最大的特点。"交强险"的责任被分成了三部分:11 万元死亡伤残补偿,10 000 元医疗费用以及 2 000 元财产损失。如果被撞的是机动车,没有人员伤亡,那么最多只能从保险中取出 2 000 元用于修车,不足部分只能由肇事方承担。商业三责险则没有对责任限额进行划分,只要损失不超过保险总限额,无论是修车还是救人都可以动用全部保费限额。

六、发生交通事故赔偿的项目琳琅满目,你或许知之甚少

在发生交通事故时,责任人的赔偿项目有哪些? 如果仅是造成他人财产损失的,则承担赔偿损失的法律责任。但如果造成人身损害,则情形复杂了很多。我们不仅需要了解具体有哪些赔偿项目,还应当了解各个赔偿项目具体的赔偿标准。《侵权责任法》第 16 条规定"侵害他人造成人身损害的,应当赔偿医疗费、护理费、交通费等为治疗和康复支出的合理费用,以及因误工减少的收入。造成残疾的,还应当赔偿残疾生活辅助具费和残疾赔偿金。造成死亡的,还应当赔偿丧葬费和死亡赔偿金。"《最高人民法院关于审理人身损害赔偿案件适用法律若干问题的解释》第 17 条规定"受害人遭受人身损害,因就医治疗支出的各项费用以及因误工减少的收入,包括医疗费、误工费、护理费、交通费、住宿费、住院伙食补助费、必要的营养费,赔偿义务人应当予以赔偿。受害人因伤致残的,其因增加生活上需要所支出的必要费用以及因丧失劳动能力导致的收入损失,包括残疾赔偿金、残疾辅助器具费、被扶养人生活费,以及因康复护理、继续治疗实际发生的必要的康复费、护理费、后续治疗费,赔偿义务人也应当予以赔偿。受害人死亡的,赔偿义务人除应当根据抢救治疗情况赔偿本条第一款规定的相关费用外,还应当赔偿丧葬费、被扶养人生活费、死亡补偿费以及受害人亲属办理丧葬事宜支出的交通费、住宿费和误工损失等其他合理费用。"第 18 条"受害人或者死者近亲属遭受精神损害,赔偿权利人向人民法院请求赔偿精神损害抚慰金的,适用《最高人民法

院关于确定民事侵权精神损害赔偿责任若干问题的解释》予以确定。"

在确定赔偿项目时,上述两个规定中的赔偿项目均应该予以赔偿。所以,在有人伤亡的交通事故中,责任人的赔偿项目包括:医疗费、护理费、营养费、交通费、住宿费、住院伙食补助费、误工费、被扶养人生活费、残疾自助具费和残疾赔偿金(残疾)、死亡赔偿金和丧葬费(死亡)、精神损害赔偿金。

七、与交通事故无关的医疗费,责任人无须赔偿,但是责任人有义务予以证明

医疗费主要包括挂号费、检查费、化验费、手术费、治疗费、住院费和药费等。医疗费可以为住院医疗费,也可以为门诊医疗费,但支出的目的在于治疗交通事故中的受伤人员、伤残人员以及抢救伤重死亡人员。医疗费的发生是道路交通事故的显而易见的后果,体现了对受害人身体权和健康权等基本人身权利的尊重和保障,自然应当予以赔偿。

交通事故的受害人或者家属拿出一沓医疗发票,但是你发现有的药是治疗胃炎、肝炎的,有的药是用来治疗性功能障碍的,你当然会觉得这些医疗费用与交通事故无关。与交通事故有关的医疗费用,责任人才有义务赔偿,与交通事故无关的医疗费用,与交通事故的结果没有关系,责任人无须赔偿,是应有之义。"医疗费根据医疗机构出具的医药费、住院费等收款凭证,结合病历和诊断证明等相关证据确定。赔偿义务人对治疗的必要性和合理性有异议的,应当承担相应的举证责任。"为此,如果认为有关医疗费用与交通事故无关,应当向法院提出申请,要求由有关专门机构对医疗费用与交通事故的相关性进行鉴定。未经鉴定,法院一般情况下不会采纳此项抗辩意见。

八、误工费的计算

在计算误工费时,有两个关键问题。一是误工了多长时间?二是误工费的标准如何计算。受害人主张误工费时,应当申请进行"三期"鉴定,"三期"鉴定包括误工期限、营养期限、护理期限。该三期鉴定确定的误工期限是确

认误工期限的最充分依据。

误工费根据受害人的误工时间和收入状况确定。误工时间根据受害人接受治疗的医疗机构出具的证明确定。受害人因伤致残持续误工的,误工时间可以计算至定残日前一天。受害人有固定收入的,误工费按照实际减少的收入计算。受害人无固定收入的,按照其最近三年的平均收入计算;受害人不能举证证明其最近三年的平均收入状况的,可以参照受诉法院所在地相同或者相近行业上一年度职工的平均工资计算。

受害人需要提供证据去证明正常收入是多少,这种证据包括但是不限于:劳动合同关于劳动关系的存续及工资标准的约定、交通事故发生前工资发放凭证(银行清单)、个人所得税税单、单位出具的误工证明、交通事故发生后误工期内工资发放凭证(银行清单)等。如果受害人的工资低于本地区相同或相近行业上一年度职工的平均工资的,可以不予举证,如此可以按照该平均工资标准计算。

如果受害人已经开始享受基本养老保险待遇,则可以抗辩其不存在误工费。

九、护理费可能是个让人惊惧的数字

计算护理费时需要确定护理的期限多长,护理费的标准是多少。护理期限的长短取决于"三期"鉴定的结果。

护理费的计算标准按照如下规则确定:"护理费根据护理人员的收入状况和护理人数、护理期限确定。护理人员有收入的,参照误工费的规定计算;护理人员没有收入或者雇佣护工的,参照当地护工从事同等级别护理的劳务报酬标准计算。护理人员原则上为一人,但医疗机构或者鉴定机构有明确意见的,可以参照确定护理人员人数。护理期限应计算至受害人恢复生活自理能力时止。受害人因残疾不能恢复生活自理能力的,可以根据其年龄、健康状况等因素确定合理的护理期限,但最长不超过二十年。"以2014年浙江省为例,护理费的标准为每日110元,即使护理人数以1人计算,如果护理期限较长,对于责任人来说,护理费都是一个比较大额的数字。如果护理期限长达 20 年,即使按照现行标准计算,护理费的总额也达到 792 000 元。

在实务中,责任人在抗辩时,主要从以下角度考量:

(1)"三期"鉴定的结论是否可靠。比如 2000 年江苏省人口统计数据表示,乡村人口预期寿命 72.48 岁,交通事故发生日 2010 年 12 月 1 日,原告出生日期 1953 年 6 月 11 日,交通事故发生当日原告年龄 57.5 岁,为此护理期限最长不应该超过 15 年。

(2)护理费的标准。

(3)护理依赖程度。在受害人构成伤残的情况下,由于伤残程度不同,为此对于护理的依赖程度也不同。

(4)护理费有无必要一次性支付。

关于第一点抗辩理由,稍后笔者会专门来谈。第二点是比较难的,因为各地基本上有比较固定的护理费标准;操作空间比较大的是第三个抗辩理由、第四个抗辩理由。

关于护理依赖程度。人身损害赔偿解释第 21 条第 3 款规定"受害人定残后的护理,应当根据其护理依赖程度并结合配制残疾辅助器具的情况确定护理级别"。所谓"配制残疾辅助器具的情况"是指致残的受害人在配制残疾辅助器具后在多大程度上恢复了生活自理能力。之所要考虑这一因素是因为,依据《人身损害赔偿解释》第 17 条第 2 款的规定,在受害人致残后赔偿义务人要承担残疾辅助器具费的赔偿责任,因此当配制了残疾辅助器具后受害人能够在一定程度上恢复生活自理的能力,自然其护理依赖程度降低,护理级别降低,护理费也相对较少。因此对需要配制残疾辅助器具的受害人作护理依赖鉴定时,应考虑其在配制残疾辅助器具后的护理级别而作出护理依赖程度的鉴定更为科学和合理。

公安部下发的于 2009 年 1 月 1 日实施的《人身损害护理依赖程度评定 GA/T800—2008》"本标准适用于因人为伤害、交通事故、意外伤害等因素所造成的人身伤残、精神障碍护理依赖程度的评定。国家和其他行业已有规定的,执行其相关规定。"附录 B(资料性附录)护理依赖赔付比例,分以下三等:a)完全护理依赖 100%;b)大部分护理依赖 80%;c)部分护理依赖 50%。

根据公安部《人身损害护理依赖程度评定 GA/T800—2008》的规定：按日常生活活动能力十个项目分别评分，每项 10 分，总分值 100 分。总分值在 61 分以上，日常生活活动基本自理，为不需要护理依赖。总分值在 60 分以下，为需要护理依赖。护理依赖程度总分值在 60 分～41 分，为部分护理依赖。总分值在 40 分～21 分，为大部分护理依赖。总分值在 20 分以下，为完全护理依赖。

根据《中华人民共和国国家标准职工工伤与职业病致残程度鉴定（劳动能力鉴定）GB/T16180—2006》的规定，护理依赖指伤、病致残者因生活不能自理需依赖他人护理者。生活自理范围主要包括下列五项：① 进食；② 翻身；③ 大、小便；④ 穿衣、洗漱；⑤ 自我移动。护理依赖的程度分三级：① 完全护理依赖指生活不能自理，上述五项均需护理者。② 大部分护理依赖指生活大部分不能自理，上述五项中三项需要护理者。③ 部分护理依赖指部分生活不能自理，上述五项中一项需要护理者。

为此，在交通事故护理费的问题上，责任人可以要求进行护理依赖程度鉴定，并且按照如下护理费赔偿计算公式：护理同等级别护理劳务报酬标准×护理依赖系数（完全护理依赖 100%，大部分护理依赖 80%，部分护理依赖 50%）×护理年限。

关于护理费的支付问题，责任人可以从以下角度抗辩：

（1）如果一次性赔偿，赔偿义务人的经济状况不是很好，可能使他们的生活一下子处于极度困难的境地。

（2）如果一次性赔偿，受害人提前取得了将来发生的财产损失的赔偿款，实际同时占有了赔偿义务人赔偿款的预期利息，虽然司法解释采取了定型化赔偿的方式，不计算提前占用资金的利息，但在实际适用时，仍然应该考虑公平的问题，否则就会导致利益失衡。

（3）如果一次性赔偿，可能造成执行困难或实质上的不公平。过大的一次性赔偿金额，往往使赔偿义务人无力承担，导致判决难以执行，实际损害了司法的权威，也容易加深受害人与赔偿义务人的矛盾，导致不稳定因素的出现。一次性赔偿判决后,可能会出现执行过程中或者执行完毕后不久,受害人死亡的情形,因为法院判决赔偿义务人一次性给付后,即产生既判效力,受害人获取这笔款项后,所有权即发生转移,其如何使用,在几年内使用,是受害人自己的权利,赔偿义务人在受害人死亡后,无权再要求索回,这就产生了实质上的不公平。

如果法官行使自由裁量权决定不采用一次性赔偿,则应根据受害人的年龄、健康状况等因素确定合理的护理期限。如果受害人年龄不大,健康状况较好,生命体征稳定,可先合理确认十年的护理期限。如果受害人年龄较大,健康状况不是很好,生命体征不够稳定,则可先合理确认五年的护理期限。

十、残疾赔偿金的计算

依据人身损害赔偿司法解释的规定[①],残疾赔偿金的多少取决于:

(1)伤残等级。伤残共分为十个等级,从一级到十级,十级最轻,一级最为严重。在计算赔偿额时,以一级伤残为基数,一级伤残按照100%计算,二级伤残90%,三级伤残80%,四级伤残70%,五级伤残60%,六级伤残50%,七级伤残40%,八级伤残30%,九级伤残20%,十级伤残10%。为此需要对受害人进行伤残等级鉴定。

(2)受害人年龄。自定残之日起按二十年计算。但六十周岁以上的,年龄每增加一岁减少一年;七十五周岁以上的,按五年计算。

(3)法院所在地上一年度城镇居民人均可支配收入或者农村居民人均纯收入。

(4)受害人从事的职业与户籍状况。如果受害人是城镇户籍,则应当按照城镇居民人均可支配收入计算;如果受害人是农村居民,从事农业生产,则按照农村居民人均纯收入计算;如果受害人是农村居民,但是在城市生活或

---

① 人身损害赔偿司法解释第 25 条 残疾赔偿金根据受害人丧失劳动能力程度或者伤残等级,按照受诉法院所在地上一年度城镇居民人均可支配收入或者农村居民人均纯收入标准,自定残之日起按二十年计算。但六十周岁以上的,年龄每增加一岁减少一年;七十五周岁以上的,按五年计算。受害人因伤致残但实际收入没有减少,或者伤残等级较轻但造成职业妨害严重影响其劳动就业的,可以对残疾赔偿金作相应调整。

工作,则应当按照城镇居民人均可支配收入计算。

（5）受害人受伤后就业和收入受影响情况。如果没有影响的,则应当减少赔偿金。伤残等级较轻,但是严重影响就业的,可以适当增加赔偿金。

单个伤残赔偿额＝受害人达到最高残级（按一级伤残计）能得到的伤残赔偿金总额 ×赔偿责任系数（即赔偿义务主体对造成事故负有责任的程度）×伤残赔偿比例×上一年度城镇居民人均可支配收入或农村居民人均纯收入×赔偿年限。

如果受害人有多项伤残的,并不是简单的累加,而是有相应的系数规则。受害人达到最高残级（按一级伤残计）能得到的伤残赔偿金总额×赔偿责任系数（即赔偿义务主体对造成事故负有责任的程度）×（最高的伤残等级对应的伤残赔偿指数＋其他伤残赔偿附加指数的和）。并且受到最多不超过1级伤残赔偿额度的限制。比如受害人在交通事故中发生1个6级伤残,1个9级、1个10级伤残,（最高的伤残等级对应的伤残赔偿指数＋其他伤残赔偿附加指数的和）＝50％＋2％＋1％＝53％。

表 8‑1

伤 残 等 级	伤残赔偿指数	伤残赔偿附加指数
1级伤残	100％	10％
2级伤残	90％	9％
3级伤残	80％	8％
4级伤残	70％	7％
5级伤残	60％	6％
6级伤残	50％	5％
7级伤残	40％	4％
8级伤残	30％	3％
9级伤残	20％	2％
10级伤残	10％	1％

法院在计算残疾赔偿金时,一般按照受诉法院所在地标准进行计算,但是如果受害人住所地或经常居住地城镇居民人均可支配收入或者农村居民人均纯收入标准高于受诉法院地标准,则赔偿标准按照有利于受害人的原则处理①。

十一、死亡赔偿金、丧葬费的计算

按照人身损害赔偿司法解释的规定②,死亡赔偿金的多少取决于:

(1)受害人年龄。一般情况下,按二十年计算。但六十周岁以上的,年龄每增加一岁减少一年;七十五周岁以上的,按五年计算。

(2)法院所在地上一年度城镇居民人均可支配收入或者农村居民人均纯收入。

(3)受害人从事的职业与户籍状况。如果受害人是城镇户籍,则应当按照城镇居民人均可支配收入计算;如果受害人是农村居民,从事农业生产,则按照农村居民人均纯收入计算;如果受害人是农村居民,但是在城市生活或工作,则应当按照城镇居民人均可支配收入计算。

与残疾赔偿金相同,法院在计算死亡赔偿金时,一般按照受诉法院所在地标准进行计算。但是如果受害人住所地或经常居住地城镇居民人均可支配收入或者农村居民人均纯收入标准高于受诉法院地标准,则赔偿标准按照有利于受害人的原则处理。

丧葬费按照受诉法院所在地上一年度职工月平均工资标准,以六个月总额计算③。

---

① 人身损害赔偿司法解释第30条第1款 赔偿权利人举证证明其住所地或者经常居住地城镇居民人均可支配收入或者农村居民人均纯收入高于受诉法院所在地标准的,残疾赔偿金或者死亡赔偿金可以按照其住所地或者经常居住地的相关标准计算。

② 人身损害赔偿司法解释第29条 死亡赔偿金按照受诉法院所在地上一年度城镇居民人均可支配收入或者农村居民人均纯收入标准,按二十年计算。但六十周岁以上的,年龄每增加一岁减少一年;七十五周岁以上的,按五年计算。

③ "城镇居民人均可支配收入""农村居民人均纯收入""城镇居民人均消费性支出""农村居民人均年生活消费支出""职工平均工资",按照政府统计部门公布的各省、自治区、直辖市以及经济特区和计划单列市上一年度相关统计数据确定。

十二、被扶养人生活费的关键在于被扶养人的范围及赔偿标准

被扶养人一般包括：受害人应当承担抚养义务的未成年人、受害人的不具有独立经济能力的父母，特殊情况下还包括丧失劳动能力又无其他生活来源的成年近亲属。对于未成年子女而言，纳入被扶养人范畴，没有任何争议。对于父母而言，取决于父母是否有独立的经济能力。如果父母有独立的经济能力，能维持当地平均生活水平，此时一般情况下，法院不会判决要求责任人赔偿该父母的生活费。至于丧失劳动能力又无其他生活来源的成年近亲属能否纳入被扶养人范畴，法院会更为慎重，权利主张人最好能举证证明在交通事故发生前，受害人事实上已经在长期扶养。

依据相关司法解释的规定[①]，在计算被扶养人生活费时，要考虑如下因素：

（1）受害人丧失劳动能力的程度。也就是说，如果受害人仅是部分丧失劳动能力，那么其对被扶养人的扶养能力仅受到交通事故的部分影响，责任人赔偿应当相应减少。

（2）被扶养人的年龄。如果是未成年人，最多扶养到 18 岁；如果是成人，则根据年龄依据法律确定扶养期限。

（3）被扶养人有多个扶养人的，应当按照比例来确认扶养责任。

（4）受诉法院所在地上一年度城镇居民人均消费性支出和农村居民人均年生活消费支出标准计算。如果权利主张人住所地或者经常居住地标准高于受诉法院所在地标准的，就高执行。

（5）被扶养人有数人的，扶养费年赔偿总额累计不超过上一年度城镇居民人均消费性支出额或者农村居民人均年生活消费支出额。

---

① 人身损害赔偿司法解释第 28 条　被扶养人生活费根据扶养人丧失劳动能力程度，按照受诉法院所在地上一年度城镇居民人均消费性支出和农村居民人均年生活消费支出标准计算。被扶养人为未成年人的，计算至十八周岁；被扶养人无劳动能力又无其他生活来源的，计算二十年。但六十周岁以上的，年龄每增加一岁减少一年；七十五周岁以上的，按五年计算。被扶养人是指受害人依法应当承担扶养义务的未成年人或者丧失劳动能力又无其他生活来源的成年近亲属。被扶养人还有其他扶养人的，赔偿义务人只赔偿受害人依法应当负担的部分。被扶养人有数人的，年赔偿总额累计不超过上一年度城镇居民人均消费性支出额或者农村居民人均年生活消费支出额。

十三、精神损害赔偿金一般不超过 5 万元，在起诉时，应要求保险公司在交强险范围内优先支付

受害人或者其近亲属主张了残疾赔偿金、死亡赔偿金，不影响其要求精神损害赔偿的权利。人身损害赔偿司法解释第 18 条"受害人或者死者近亲属遭受精神损害，赔偿权利人向人民法院请求赔偿精神损害抚慰金的，适用《最高人民法院关于确定民事侵权精神损害赔偿责任若干问题的解释》予以确定。精神损害抚慰金的请求权，不得让与或者继承。但赔偿义务人已经以书面方式承诺给予金钱赔偿，或者赔偿权利人已经向人民法院起诉的除外。"在受害人死亡的情况下，目前司法实践中，精神损害赔偿金一般界定为五万元。在受害人一级伤残的情况下，精神损害赔偿金一般也界定为五万元，在其余伤残等级下，每降低一级，扣减 0.1 的系数。由于在机动车投保的第三者责任保险中一般会约定，保险人不对第三人的精神损害承担赔偿责任。为此，受害人在起诉责任人和保险公司时，应该要求保险公司在交强险范围内优先承担给付精神损害赔偿金的责任。

十四、交通事故责任认定书作出的责任认定是确认当事人责任比例的基础，对公安交管部门作出的交通事故责任认定不服可以申请复核，可以在民事诉讼中要求法院再行认定

公安交管部门作出的交通事故责任认定书是确定当事人在交通事故中责任的最重要的依据，交通事故责任认定书应当载明交通事故的基本事实、成因和当事人的责任，并送达当事人，它对交通事故当事人责任的认定是确认各方责任比例的基础。

如果当事人对交通事故责任认定不服，可以自道路交通事故责任认定书送达之日起三日内，向上一级公安机关交通管理部门提出书面复核申请。复核申请应当载明复核请求及其理由和主要证据。上一级公安交管部门收到当事人书面复核申请后 5 日内，就会作出是否受理的决定。公安交管部门受理复核申请的，如果认为原交通事故责任认定书事实不清、证据不确实充分、

责任划分不公正或者调查及认定违反法定程序的,作出复核结论,责令原办案单位对原交通事故责任认定重新调查、认定;如果认为原交通事故责任认定书事实清楚、证据确实充分、适用法律正确、责任认定公正、调查程序合法的,就会维持交通事故责任认定书的内容。向上一级公安交管部门复核交通事故责任认定书以一次为限。在复核期间,被害人向法院起诉的,停止复核。要说的一个常识问题是,公安交管部门做出交通事故责任认定并不属于具体行政行为,而仅是专业技术认定,所以不能对此提出行政诉讼,也不能对此进行行政复议。

如果对上一级公安交管部门维持原交通事故责任认定书还不服的,可以在开庭的时候,向法院提出异议,法院会对交通事故认定书的内容进行审查。如果发现交通事故责任认定书确实有误的话,法院可以对交警部门作出的交通事故责任认定书不予采信①。

如果对交通事故责任认定不服,最好从开始就表示不服,这些不服的态度应当体现在交通事故处理全程中。

（1）在事故处理初期,如果了解到经办警官倾向性的态度对自己不利,则在公安交管部门的笔录等中应明确表示自己的意见、理由。

（2）一旦责任认定书作出后,应立即向上级公安交管部门申请复核。

（3）在民事诉讼中,明确提出公安交管部门的责任认定书不能采纳的意见及相应的理由。

十五、发生交通事故后,为防止对事实有争议,最好先拍照取证

碰瓷是这个社会不稀奇的现象,你好端端地开车直行,突然从侧后方窜出来一辆车,你来不及刹车,追尾! 交警看到是追尾,把责任全部认定给你。让人抓狂的社会,既然我们没有办法来改变这个社会的风气,没有办法来改

---

① 《最高人民法院、公安部关于处理道路交通事故案件有关问题的通知》第四条　……当事人对作出的行政处罚不服提起行政诉讼或就损害赔偿问题提起民事诉讼的,以及人民法院审理交通肇事刑事案件时,人民法院经审查认为公安机关所作出的责任认定、伤残评定确属不妥,则不予采信,以人民法院审理认定的案件事实作为定案的依据。

变某些碰瓷人的行为模式,那么就从自我防范做起。自我防范的方法就是给车辆安装上行驶摄像头,价格不贵,容量不小,在必须的时候,它挺身而出,可以帮你一把。

同样的问题,在城市主要道路发生交通事故后,只要车辆可以移动,一般要求车辆移动到不影响道路通行的位置。本来在事故现场是可以很容易确认各方的责任归属的,但是移动以后,现场无法再还原,而且对方不认可事故发生的过程,这个时候你除了忿恨之外,只能抱怨自己在当时没有及时把事故现场拍下来。所以,你没有移动摄像头的话,如果你有一部可以拍照的手机,发生交通事故后,要做的第一件事情就是把事故现场拍下来,包括两车的相对位置等。

十六、机动车发生交通事故,责任比例如何划分

机动车发生交通事故,首先由交强险承担赔偿责任,超过交强险的部分,则区别机动车与机动车事故,机动车与非机动车或行人事故,有所不同。

机动车之间发生交通事故造成人身伤亡、财产损失的,超过交强险的部分取决于交通事故各方在其中的责任比例。责任比例如何确定呢? 如果各方均是机动车,则按各自的过错比例分担责任。

如果一方是机动车,另一方是非机动车或者行人,本着保护弱者的原则出发,在责任分摊上会倾向于保护非机动车和行人。在交强险以外的部分,机动车一方在交通事故中负全部责任的,承担 100％的赔偿责任;机动车一方在交通事故中负主要责任的,承担 80％的赔偿责任;机动车一方在交通事故中负同等责任的,承担 60％的赔偿责任;机动车一方在交通事故中负次要责任的,承担 40％的赔偿责任。

机动车与非机动车驾驶人、行人发生交通事故的损失超出强制保险责任限额的部分,在有证据证明非机动车驾驶人、行人违反道路交通安全法律、法规,机动车驾驶人已经采取必要处置措施的情形下,按照下列规定减轻机动车一方的赔偿责任:

(1) 在高速公路、高架道路以及其他封闭道路上发生交通事故的,机动

车一方按 5% 的赔偿责任给予赔偿,但赔偿金额最高不超过一万元。

（2）在其他道路上发生交通事故的,机动车一方按 10% 的赔偿责任给予赔偿,但赔偿金额最高不超过 5 万元。如果有证据证明交通事故的损失是由非机动车驾驶人、行人故意造成的,机动车方不承担赔偿责任。非机动车驾驶人、行人与处于静止状态的机动车发生交通事故,机动车一方无交通事故责任的,不承担赔偿责任[①]。

十七、有些时候对方全责,你会发现麻烦死

目前国内机动车事故保险理赔流程有利于保险公司,那自然麻烦了被保险人。假如某车在保险事故中无责,该车投保的保险公司会对该车辆所受的损失不予理赔,受损方只能向肇事车辆及其投保的保险公司主张赔偿。对方会说,你先去修车吧,修好车把发票拿过来找我报销。你只能自己掏腰包去修车,除此之外,你还能做什么? 好吧,忍气吞声修好车,你给对方打电话,态度特别好,"先生你好,抱歉打扰你,我是前次和你发生交通事故的当事人,我的车修好了,要把发票给你。"你为什么需要如此低声下气呀? 因为钱在对方兜里,对方不乐意就会挂了你电话,或者跟你说等我有空再说。如果幸运,你遇到一个好人,他会说"好的。那这样吧,这两天我比较忙,跑不开,你要是方便的话到我这儿来一趟。"你只能委曲求全地跑过去。最终发票给对方时,对方又说"抱歉我手头比较紧,等我从保险公司理赔出来我再把钱给你。"你废了那么多力气,牺牲了那么多精力,拿回来的可能是很小额的一笔款项。

如果发生交通事故了,后果不严重,没有人伤,车子的维修款花不了几个钱,我建议最好的方法就是双方各自管各自,找自己的保险公司。没有必要

---

① 道路交通安全法第 76 条　机动车发生交通事故造成人身伤亡、财产损失的,由保险公司在机动车第三者责任强制保险责任限额范围内予以赔偿;不足的部分,按照下列规定承担赔偿责任:（一）机动车之间发生交通事故的,由有过错的一方承担责任;双方都有过错的,按照各自过错的比例分担责任。（二）机动车与非机动车驾驶人、行人之间发生交通事故,非机动车驾驶人、行人没有过错的,由机动车一方承担赔偿责任;有证据证明非机动车驾驶人、行人有过错的,根据过错程度适当减轻机动车一方的赔偿责任;机动车一方没有过错的,承担不超过百分之十的赔偿责任。交通事故的损失是由非机动车驾驶人、行人故意碰撞机动车造成的,机动车一方不承担赔偿责任。《上海市机动车道路交通事故赔偿责任若干规定》第 6 条、第 7 条。

分出谁全责、谁主责。如果做不到双方各自管各自的话，还不如自己认领了责任，到时候麻烦的就不是你自己，而是对方了。

十八、交通事故发生后，你无须自己与对方谈判、沟通，无须先行垫资等，一切依照法定程序走，建议对方来起诉你和保险公司，这样的做法对你最为安全

发生了交通事故，对方缠着你掏钱修车、看病，钱少就算了，还要狮子大张口；交警在边上若有若无的帮腔，甚至威胁要扣车，你举手投降？付了的钱再想要回来就不容易了，要找保险公司赔，保险公司却告诉你没有凭证，或者告诉你赔偿的金额不合理，不予理赔。你问我遇到这种情况怎么办？答案很简单：依照法律程序办。

如果对方的要求在合理范围之内，那就和他调解。如果对方的要求不在合理范围内，那就把车交给交警吧。请注意的是，交警扣车的目的不是为了担保你对对方承担的责任，而是为了确认事故责任归属。所以你不要担心公安交管部门会无期限地扣押你的车辆，按照相关规定，车辆的鉴定、检验结论作出后5日内，公安机关就应该通知领取车辆。在扣押期间，公安机关必须妥善保管好你的车辆，同时也不得收取拖车费、保管费、停车费[①]。

待公安交管部门出具交通事故责任认定书后，公安交管部门可以根据双方的要求组织调解，但既然是调解，是否能够达成一致，就取决于双方自愿，交管部门没有权力强迫或者要求某一方一定接受另一方的条件。建议在这个过程中，可以与保险公司多沟通，以了解保险公司关于赔偿的各项政策。要当心的是，很多时候保险公司有一些操作层面的细节性规定，要尽可能了

---

① 《道路交通安全法》第72条 交通警察应当对交通事故现场进行勘验、检查，收集证据；因收集证据的需要，可以扣留事故车辆，但是应当妥善保管，以备核查。《道路交通事故处理程序规定》（公安部颁）第28条 "因收集证据的需要，公安机关交通管理部门可以扣留事故车辆及机动车行驶证，并开具行政强制措施凭证。扣留的车辆及机动车行驶证应当妥善保管。"同时规定"第四十四条 检验、鉴定结论确定之日起五日内，公安机关交通管理部门应当通知当事人领取扣留的事故车辆、机动车行驶证以及扣押的物品。对驾驶人逃逸的无主车辆或者经通知当事人三十日后仍不领取的车辆，经公告三个月仍不来接受处理的，对扣留的车辆依法处理。"

解齐全。如果可能,可以要求保险公司派人参与谈判,至于保险公司是否愿意派人来,那就他们的意愿了。

如果存在人伤,我个人认为走司法程序可以彻底了却顾虑和担忧。交通事故发生时,公安交管部门已经留有你的身份信息、交强险的相关信息,只要你与对方调解不成,或者直接拒绝调解,或者建议对方直接起诉,那么案件将会进入诉讼程序。如果对方有律师,那很简单,你等着收法院的传票就好。如果对方没有请律师,你可以耐心地给些建议,最重要的内容就是要求对方把你的保险公司作为共同被告一并起诉到法院。如果对方没有把保险公司作为共同被告,你在收到法院的传票后要立即向法院发出书面申请,要求把保险公司追加为共同被告。如此法院在判决时,首先判决保险公司在交强险范围内承担责任,超过交强险的部分,根据保险合同等的约定在第三者责任保险的保障范围内判决由保险公司直接支付给被害人。你现在不要担心自己垫付了资金却在向保险公司理赔时有麻烦了,刚开始顶住对方的压力,不同意私了是值得的。

十九、饮酒后驾车可能会被拘留,它可能不是唯一的可能被处以拘留的交通违法行为

由于禁止酒驾的宣传深入人心,公众都知道酒驾会被处罚,醉驾会被追究刑事责任,以至很多人以为酒驾就会被行政拘留。事实上,根据道路交通安全法的规定:饮酒后驾车会被处罚,但是对于非营运车辆而言,第一次酒驾并不会被处以拘留,而是处暂扣六个月机动车驾驶证,并处 1 000 元以上 2 000 元以下罚款。因饮酒后驾驶机动车被处罚,再次饮酒后驾驶机动车的,处十日以下拘留,并处 1 000 元以上 2 000 元以下罚款,吊销机动车驾驶证。如果你是个喜欢喝两口的,看到这儿或许会松口气,觉得这下子至少有一次机会了。但是酒驾不处以拘留必须具备两个条件:第一次,驾驶的是非营运车辆。换句话讲,如果是第二次酒驾,或者虽然是第一次酒驾,但是驾驶的是营运车辆,则都会被处以拘留[1]。

---

① 参见《道路交通安全法》第九十一条。

除了酒驾可能会被拘留外,以下情形中,驾驶员也会被处以十五日以下拘留:

(1) 未取得机动车驾驶证、机动车驾驶证被吊销或者机动车驾驶证被暂扣期间驾驶机动车的。

(2) 造成交通事故后逃逸,尚不构成犯罪的。

(3) 强迫机动车驾驶人违反道路交通安全法律、法规和机动车安全驾驶要求驾驶机动车,造成交通事故,尚不构成犯罪的。

(4) 违反交通管制的规定强行通行,不听劝阻的。

(5) 故意损毁、移动、涂改交通设施,造成危害后果,尚不构成犯罪的。

(6) 非法拦截、扣留机动车辆,不听劝阻,造成交通严重阻塞或者较大财产损失的[①]。

二十、某些交通违法行为将会被追究刑事责任

刑事法律责任是最为严厉的法律责任,交通违法行为承担的法律责任从低到高依次表现为:民事责任(赔偿)、行政责任(扣分、吊销驾驶证、拘留)、刑事责任。根据道路交通安全法和刑法的相关规定,与交通违法行为相关的罪名主要有:交通肇事罪、危害公共安全罪、危险驾驶罪,在特殊情形下,会有故意杀人罪、故意伤害罪、危害公共安全罪。

1. 交通肇事罪

违反交通运输管理法规,因而发生重大事故,致人重伤、死亡或者使公私财产遭受重大损失的,处三年以下有期徒刑或者拘役:(一)死亡一人或者重伤三人以上,负事故全部或者主要责任的;(二)死亡三人以上,负事故同等责任的;(三)造成公共财产或者他人财产直接损失,负事故全部或者主要责任,无能力赔偿数额在三十万元以上的。交通肇事致一人以上重伤,负事故全部或者主要责任,并具有下列情形之一的,以交通肇事罪定罪处罚:(一)酒后、吸食毒品后驾驶机动车辆的;(二)无驾驶资格驾驶机动车辆的;

---

① 参见《道路交通安全法》第九十九条。

（三）明知是安全装置不全或者安全机件失灵的机动车辆而驾驶的；（四）明知是无牌证或者已报废的机动车辆而驾驶的；（五）严重超载驾驶的；（六）为逃避法律追究逃离事故现场的。

交通肇事后逃逸或者有其他特别恶劣情节的，处三年以上七年以下有期徒刑：（一）死亡二人以上或者重伤五人以上，负事故全部或者主要责任的；（二）死亡六人以上，负事故同等责任的；（三）造成公共财产或者他人财产直接损失，负事故全部或者主要责任，无能力赔偿数额在六十万元以上的。因逃逸致人死亡的，处七年以上有期徒刑。"因逃逸致人死亡"，是指行为人在交通肇事后为逃避法律追究而逃跑，致使被害人因得不到救助而死亡的情形。

2. 故意杀人罪、故意伤害罪

行为人在交通肇事后为逃避法律追究，将被害人带离事故现场后隐藏或者遗弃，致使被害人无法得到救助而死亡或者严重残疾的，以故意杀人罪或者故意伤害罪定罪处罚。

3. 危险驾驶罪

根据最高人民法院统计，仅酒后和醉酒驾车肇事，2009 年 1 月至 8 月，发生 3 206 起，造成 1 302 人死亡。2009 年 8 月 15 日起，公安部在全国部署开展严厉整治酒后驾驶交通违法行为专项行动。3 个月，全国共查处酒后驾驶违法行为 21.3 万起，其中醉酒驾驶 3.2 万起。因酒后驾驶引发交通事故 1 382 起，死亡 600 人，受伤 1 573 人。2008 年 12 月 14 日，孙伟铭醉酒驾车致 4 人死亡，1 人重伤。2009 年 7 月 23 日，成都市中院一审以"以危险方法危害公共安全罪"判处孙伟铭死刑，剥夺政治权利终身。之后，四川省高院二审改判为无期徒刑。2009 年 5 月 7 日，胡斌因驾驶非法改装的三菱跑车在杭州街头"飙车"撞死一人，被杭州市西湖区人民法院判处有期徒刑 3 年。以上案件引发社会空前关注醉驾肇事。以交通肇事罪处罚时显得太轻，以危害公共安全罪处罚又似乎显得畸重。

《中华人民共和国刑法》中的交通肇事罪是结果犯，只有造成严重结果的才构成犯罪，而对于那些醉酒等危险状态下实施驾驶行为的，虽然威胁到了公共安全,但由于没有造成严重后果,法无明文规定不为罪,这显然不利于对酒驾案件的处理。从当时有的刑法规范上看,无论是交通肇事罪还是以危险方法危害公共安全罪,都不能准确地反映出以醉驾方式危害公共安全行为的罪质特征,而我国刑法中并没有专门针对此类犯罪的具体条款。2011 年全国人大对刑法进行了修订,增加了危险驾驶罪的规定"在道路上驾驶机动车追逐竞驶,情节恶劣的,或者在道路上醉酒驾驶机动车的,处拘役,并处罚金。"自此,但凡是醉驾一律入刑。第一个挨刀的就是著名音乐人高晓松。2011 年 5 月 9 日晚,高晓松醉驾发生事故,被交警查获并拘留。随后,高晓松被吊销驾照,5 年内不能再重考。17 日,高晓松因醉驾案出庭接受公诉。尽管并未造成严重后果,而且取得了交通事故中另一方的谅解,法庭判决高晓松因危险驾驶罪被判拘役六个月,罚金 4 000 元。

4. 危害公共安全罪

2008 年之后,发生了多起由于驾驶人员醉酒,造成大量无辜路人死亡的案件,很多人认为用交通肇事罪进行惩处远远起不到效用,进而呼吁用危害公共安全罪进行处罚。最高人民法院发布了两期典型案件,认同了在特定情形下可以用危害公共安全罪惩处交通肇事行为。最高人民法院认为:行为人明知酒后驾车违法、醉酒驾车会危害公共安全,却无视法律醉酒驾车,特别是在肇事后继续驾车冲撞,造成重大伤亡,说明行为人主观上对持续发生的危害结果持放任态度,具有危害公共安全的故意。对此类醉酒驾车造成重大伤亡的,应依法以以危险方法危害公共安全罪定罪①。危害公共安全罪的处罚②远远严厉于交通肇事罪,最重可以判处死刑。

2008 年 5 月,被告人孙伟铭购买一辆车牌号为川 A43K66 的别克轿车。之后,孙伟铭在未取得驾驶证的情况下长期驾驶该车,并多次违反交通法规。同年 12 月 14 日中午,孙伟铭与其父母为亲属祝寿,大量饮酒。当日 17 时

---

① 参见《最高人民法院关于醉酒驾车犯罪法律适用问题的意见》。
② 刑法第一百一十五条 放火、决水、爆炸、投毒或者以其他危险方法致人重伤、死亡或者使公私财产遭受重大损失的,处十年以上有期徒刑、无期徒刑或者死刑。过失犯前款罪的,处三年以上七年以下有期徒刑;情节较轻的,处三年以下有期徒刑或者拘役。

许,孙伟铭驾驶其别克轿车行至四川省成都市成龙路"蓝谷地"路口时,从后面撞向与其同向行驶的车牌号为川A9T332的一辆比亚迪轿车尾部。肇事后,孙伟铭继续驾车超限速行驶,行至成龙路"卓锦城"路段时,越过中心黄色双实线,先后与对面车道正常行驶的车牌号分别为川AUZ872的长安奔奔轿车、川AK1769的长安奥拓轿车、川AVD241的福特蒙迪欧轿车、川AMC337的奇瑞QQ轿车等4辆轿车相撞,造成车牌号为川AUZ872的长安奔奔轿车上的张景全、尹国辉夫妇和金亚民、张成秀夫妇死亡,代玉秀重伤,以及公私财产损失5万余元。经鉴定,孙伟铭驾驶的车辆碰撞前瞬间的行驶速度为134~138公里/小时;孙伟铭案发时血液中的乙醇含量为135.8毫克/100毫升。案发后,孙伟铭的亲属赔偿被害人经济损失11.4万元。四川省成都市人民检察院指控被告人孙伟铭犯以危险方法危害公共安全罪,向成都市中级人民法院提起公诉。成都市中级人民法院于2009年7月22日以(2009)成刑初字第158号刑事判决,认定被告人孙伟铭犯以危险方法危害公共安全罪,判处死刑,剥夺政治权利终身。宣判后,孙伟铭提出上诉。

四川省高级人民法院审理期间,被告人孙伟铭之父孙林表示愿意代为赔偿被害人的经济损失,社会各界人士也积极捐款帮助赔偿。经法院主持调解,孙林代表孙伟铭与被害方达成民事赔偿协议,并在身患重病、家庭经济并不宽裕的情况下,积极筹款赔偿了被害方经济损失,取得被害方一定程度的谅解。四川省高级人民法院审理认为,被告人孙伟铭无视交通法规和公共安全,在未取得驾驶证的情况下,长期驾驶机动车辆,多次违反交通法规,且在醉酒驾车发生交通事故后,继续驾车超限速行驶,冲撞多辆车辆,造成数人伤亡的严重后果,说明其主观上对危害结果的发生持放任态度,具有危害公共安全的间接故意,其行为已构成以危险方法危害公共安全罪。孙伟铭犯罪情节恶劣,后果严重。但鉴于孙伟铭是间接故意犯罪,不希望、也不积极追求危害后果发生,与直接故意驾车撞击车辆、行人的犯罪相比,主观恶性不是很深,人身危险性不是很大;犯罪时处于严重醉酒状态,其对自己行为的辨认和控制能力有所减弱;案发后,真诚悔罪,并通过亲属积极筹款赔偿被害方的经济损失,依法可从轻处罚。据此,四川省高级人民法院于2009年9月8日作出（2009）川刑终字第 690 号刑事判决，认定被告人孙伟铭犯以危险方法危害公共安全罪，判处无期徒刑，剥夺政治权利终身①。

二十一、一年的分数只有 12 分，有些交通违法行为会让你的分数一次扣完

驾驶与驾驶证载明的准驾车型不相符合的车辆的；饮酒后驾驶机动车的：饮酒后驾驶机动车的，处暂扣六个月机动车驾驶证，并处 1 000 元以上 2 000 元以下罚款，因饮酒后驾驶机动车被处罚，再次饮酒后驾驶机动车的，处 10 日以下拘留，并处 1 000 元以上 2 000 元以下罚款，吊销机动车驾驶证，醉酒驾驶机动车的，由公安机关交通管理部门约束至酒醒，吊销机动车驾驶证，依法追究刑事责任，五年内不得重新取得机动车驾驶证；驾驶营运客车、校车超员 20％以上的；造成交通事故后逃逸，尚不构成犯罪的；使用伪造、变造校车标牌的，使用伪造和变造的机动车号牌、行驶证、驾驶证或者使用其他机动车号牌、行驶证的；在高速公路上倒车、逆行、穿越中央分隔带掉头的；大中型客货车、危险品运输车在高速公路、城市快速路行驶超速 20％以上，或在其他道路行驶超速 50％以上；疲劳驾驶载客汽车、危险品运输车的；未取得校车驾驶资格驾驶校车的；未悬挂或者不按规定安装号牌、故意遮挡或污损号牌。

二十二、把机动车出借给他人使用发生交通事故的，一般情况下，出借人无须承担法律责任

2013 年 7 月 1 日，在个旧市老厂镇驶往老冠村委会方向 212 省道 K26＋700 米处，一辆重型自卸货车与一辆面包车相撞，造成面包车内的乘客 2 人当场死亡，1 人重伤，2 人轻伤。经过交警部门认定，两辆车的驾驶员负同等事故责任，5 名乘客无责任。事故发生后，死者钱某家属起诉到法院，要求两车的保险公司、驾驶员、车主共同赔偿医药费、死亡赔偿金、丧葬费、精神损失费等合计 56 万余元。事故发生时，肇事面包车驾驶员为李可，车主是刘欢。刘

---

① 参见《最高人民法院关于醉酒驾车犯罪法律适用问题的意见》。

欢陈述,他并不认识李可,在事发前几天,他把车子借给了朋友卢某,车子如何到李可手里他并不知情。肇事当晚李可属于酒后、无证驾驶①。由于侵权行为是由李可实际实施的,李可当然需要担责。问题是刘欢、卢某要否承担责任呢?

依据《侵权责任法》规定②,如果机动车车主将机动车出借期间发生交通事故,车主对事故的发生有过错的,则承担赔偿责任;没有过错的,则不承担赔偿责任。根据上述规定,只要刘欢对于交通事故的发生没有过错,就不需要对损害结果承担法律责任。那么如何来认定机动车所有人是否有过错呢?

《最高人民法院关于审理道路交通事故损害赔偿案件适用法律若干问题的解释》第1条规定,因租赁、借用等情形机动车所有人与使用人不是同一人时,机动车所有人对损害的发生有过错的,需要承担相应的赔偿责任。机动车所有人或者管理人有下列情形之一人民法院应当认定其对损害的发生有过错:(一)知道或者应当知道机动车存在缺陷,且该缺陷是交通事故发生原因之一的;(二)知道或者应当知道驾驶人无驾驶资格或者未取得相应驾驶资格的;(三)知道或者应当知道驾驶人因饮酒、服用国家管制的精神药品或者麻醉药品,或者患有妨碍安全驾驶机动车的疾病等依法不能驾驶机动车的;(四)其他应当认定机动车所有人或者管理人有过错的。

在本案中,刘欢不具备上述任何一项情形,为此刘欢对于交通事故的发生没有过错;但是卢某明知李某酒驾,仍然将车辆出借给李某,卢某需要承担一定的责任。最终法院判决:面包车车主刘欢在本案中不存在任何过错,不承担赔偿责任。卢某作为车子的临时管理人员将车子转借给不具备驾驶资格的李可存在过错,卢某、李可在保险公司赔偿后需对剩余损失的50%承担连带赔偿责任。

---

① 资料来源:云南日报2013年12月30日报道"出借机动车发生交通事故车主如何维权",网址:http://yndaily.yunnan.cn/html/2013-12/30/content_791962.htm?div=-1,最近浏览时间:2014年4月29日。

② 侵权责任法第49条　因租赁、借用等情形机动车所有人与使用人不是同一人时,发生交通事故后属于该机动车一方责任的,由保险公司在机动车强制保险责任限额范围内予以赔偿。不足部分,由机动车使用人承担赔偿责任;机动车所有人对损害的发生有过错的,承担相应的赔偿责任。

在现实生活中,朋友之间出借机动车时有发生,有时因出借的机动车发生交通事故使得出借人(车主)要承担巨额的赔偿,这样既违背了出借人的善意,还给出借人带来巨大的经济损失。出借时应注意以下事项:确保出借车辆不存在影响安全驾驶的缺陷,出借前应做好车辆灯光、制动、转向等部件的检查;审查借用人驾驶资格,看其是否具备驾驶资格以及出借车辆是否属于借用人准驾车型;借用人无影响安全驾驶的情形,不能将车子出借给酒后,服用过精神类、麻醉类药品,过度疲劳以及其他有影响安全驾驶情形的人员。

附　　录

最高法院关于审理道路交通事故损害赔偿案件适用法律若干问题的解释

法释〔2012〕19 号

为正确审理道路交通事故损害赔偿案件,根据《中华人民共和国侵权责任法》《中华人民共和国合同法》《中华人民共和国道路交通安全法》《中华人民共和国保险法》《中华人民共和国民事诉讼法》等法律的规定,结合审判实践,制定本解释。

一、关于主体责任的认定

第一条　机动车发生交通事故造成损害,机动车所有人或者管理人有下列情形之一,人民法院应当认定其对损害的发生有过错,并适用侵权责任法第四十九条的规定确定其相应的赔偿责任:

(一)知道或者应当知道机动车存在缺陷,且该缺陷是交通事故发生原因之一的;

(二)知道或者应当知道驾驶人无驾驶资格或者未取得相应驾驶资格的;

(三)知道或者应当知道驾驶人因饮酒、服用国家管制的精神药品或者麻醉药品,或者患有妨碍安全驾驶机动车的疾病等依法不能驾驶机动车的;

其他应当认定机动车所有人或者管理人有过错的。

第二条　未经允许驾驶他人机动车发生交通事故造成损害,当事人依照侵权责任法第四十九条的规定请求由机动车驾驶人承担赔偿责任的,人民法院应予支持。机动车所有人或者管理人有过错的,承担相应的赔偿责任,但具有侵权责任法第五十二条规定情形的除外。

第三条　以挂靠形式从事道路运输经营活动的机动车发生交通事故造成损害,属于该机动车一方责任,当事人请求由挂靠人和被挂靠人承担连带责任的,人民法院应予支持。

第四条　被多次转让但未办理转移登记的机动车发生交通事故造成损害,属于该机动车一方责任,当事人请求由最后一次转让并交付的受让人承担赔偿责任的,人民法院应予支持。

第五条　套牌机动车发生交通事故造成损害,属于该机动车一方责任,当事人请求由套牌机动车的所有人或者管理人承担赔偿责任的,人民法院应予支持;被套牌机动车所有人或者管理人同意套牌的,应当与套牌机动车的所有人或者管理人承担连带责任。

第六条　拼装车、已达到报废标准的机动车或者依法禁止行驶的其他机动车被多次转让,并发生交通事故造成损害,当事人请求由所有的转让人和受让人承担连带责任的,人民法院应予支持。

第七条　接受机动车驾驶培训的人员,在培训活动中驾驶机动车发生交通事故造成损害,属于该机动车一方责任,当事人请求驾驶培训单位承担赔偿责任的,人民法院应予支持。

第八条　机动车试乘过程中发生交通事故造成试乘人损害,当事人请求提供试乘服务者承担赔偿责任的,人民法院应予支持。试乘人有过错的,应当减轻提供试乘服务者的赔偿责任。

第九条　因道路管理维护缺陷导致机动车发生交通事故造成损害,当事人请求道路管理者承担相应赔偿责任的,人民法院应予支持,但道路管理者能够证明已按照法律、法规、规章、国家标准、行业标准或者地方标准尽到安全防护、警示等管理维护义务的除外。

依法不得进入高速公路的车辆、行人,进入高速公路发生交通事故造成自身损害,当事人请求高速公路管理者承担赔偿责任的,适用侵权责任法第七十六条的规定。

第十条　因在道路上堆放、倾倒、遗撒物品等妨碍通行的行为,导致交通事故造成损害,当事人请求行为人承担赔偿责任的,人民法院应予支持。道路管理者不能证明已按照法律、法规、规章、国家标准、行业标准或者地方标准尽到清理、防护、警示等义务的,应当承担相应的赔偿责任。

第十一条 未按照法律、法规、规章或者国家标准、行业标准、地方标准的强制性规定设计、施工,致使道路存在缺陷并造成交通事故,当事人请求建设单位与施工单位承担相应赔偿责任的,人民法院应予支持。

第十二条 机动车存在产品缺陷导致交通事故造成损害,当事人请求生产者或者销售者依照侵权责任法第五章的规定承担赔偿责任的,人民法院应予支持。

第十三条 多辆机动车发生交通事故造成第三人损害,当事人请求多个侵权人承担赔偿责任的,人民法院应当区分不同情况,依照侵权责任法第十条、第十一条或者第十二条的规定,确定侵权人承担连带责任或者按份责任。

二、关于赔偿范围的认定

第十四条 道路交通安全法第七十六条规定的"人身伤亡",是指机动车发生交通事故侵害被侵权人的生命权、健康权等人身权益所造成的损害,包括侵权责任法第十六条和第二十二条规定的各项损害。

道路交通安全法第七十六条规定的"财产损失",是指因机动车发生交通事故侵害被侵权人的财产权益所造成的损失。

第十五条 因道路交通事故造成下列财产损失,当事人请求侵权人赔偿的,人民法院应予支持:

(一)维修被损坏车辆所支出的费用、车辆所载物品的损失、车辆施救费用;

(二)因车辆灭失或者无法修复,为购买交通事故发生时与被损坏车辆价值相当的车辆重置费用;

(三)依法从事货物运输、旅客运输等经营性活动的车辆,因无法从事相应经营活动所产生的合理停运损失;

(四)非经营性车辆因无法继续使用,所产生的通常替代性交通工具的合理费用。

三、关于责任承担的认定

第十六条 同时投保机动车第三者责任强制保险(以下简称"交强险")和第三者责任商业保险(以下简称"商业三者险")的机动车发生交通事故造

成损害,当事人同时起诉侵权人和保险公司的,人民法院应当按照下列规则确定赔偿责任:

(一) 先由承保交强险的保险公司在责任限额范围内予以赔偿;

(二) 不足部分,由承保商业三者险的保险公司根据保险合同予以赔偿;

(三) 仍有不足的,依照道路交通安全法和侵权责任法的相关规定由侵权人予以赔偿。

被侵权人或者其近亲属请求承保交强险的保险公司优先赔偿精神损害的,人民法院应予支持。

第十七条 投保人允许的驾驶人驾驶机动车致使投保人遭受损害,当事人请求承保交强险的保险公司在责任限额范围内予以赔偿的,人民法院应予支持,但投保人为本车上人员的除外。

第十八条 有下列情形之一导致第三人人身损害,当事人请求保险公司在交强险责任限额范围内予以赔偿,人民法院应予支持:

(一) 驾驶人未取得驾驶资格或者未取得相应驾驶资格的;

(二) 醉酒、服用国家管制的精神药品或者麻醉药品后驾驶机动车发生交通事故的;

(三) 驾驶人故意制造交通事故的。

保险公司在赔偿范围内向侵权人主张追偿权的,人民法院应予支持。追偿权的诉讼时效期间自保险公司实际赔偿之日起计算。

第十九条 未依法投保交强险的机动车发生交通事故造成损害,当事人请求投保义务人在交强险责任限额范围内予以赔偿的,人民法院应予支持。

投保义务人和侵权人不是同一人,当事人请求投保义务人和侵权人在交强险责任限额范围内承担连带责任的,人民法院应予支持。

第二十条 具有从事交强险业务资格的保险公司违法拒绝承保、拖延承保或者违法解除交强险合同,投保义务人在向第三人承担赔偿责任后,请求该保险公司在交强险责任限额范围内承担相应赔偿责任的,人民法院应予支持。

第二十一条 多辆机动车发生交通事故造成第三人损害,损失超出各机动车交强险责任限额之和的,由各保险公司在各自责任限额范围内承担赔偿责任;损失未超出各机动车交强险责任限额之和,当事人请求由各保险公司按照其责任限额与责任限额之和的比例承担赔偿责任的,人民法院应予支持。

依法分别投保交强险的牵引车和挂车连接使用时发生交通事故造成第三人损害,当事人请求由各保险公司在各自的责任限额范围内平均赔偿的,人民法院应予支持。

多辆机动车发生交通事故造成第三人损害,其中部分机动车未投保交强险,当事人请求先由已承保交强险的保险公司在责任限额范围内予以赔偿的,人民法院应予支持。保险公司就超出其应承担的部分向未投保交强险的投保义务人或者侵权人行使追偿权的,人民法院应予支持。

第二十二条　同一交通事故的多个被侵权人同时起诉的,人民法院应当按照各被侵权人的损失比例确定交强险的赔偿数额。

第二十三条　机动车所有权在交强险合同有效期内发生变动,保险公司在交通事故发生后,以该机动车未办理交强险合同变更手续为由主张免除赔偿责任的,人民法院不予支持。

机动车在交强险合同有效期内发生改装、使用性质改变等导致危险程度增加的情形,发生交通事故后,当事人请求保险公司在责任限额范围内予以赔偿的,人民法院应予支持。

前款情形下,保险公司另行起诉请求投保义务人按照重新核定后的保险费标准补足当期保险费的,人民法院应予支持。

第二十四条　当事人主张交强险人身伤亡保险金请求权转让或者设定担保的行为无效的,人民法院应予支持。

四、关于诉讼程序的规定

第二十五条　人民法院审理道路交通事故损害赔偿案件,应当将承保交强险的保险公司列为共同被告。但该保险公司已经在交强险责任限额范围内予以赔偿且当事人无异议的除外。

人民法院审理道路交通事故损害赔偿案件,当事人请求将承保商业三者险的保险公司列为共同被告的,人民法院应予准许。

第二十六条 被侵权人因道路交通事故死亡,无近亲属或者近亲属不明,未经法律授权的机关或者有关组织向人民法院起诉主张死亡赔偿金的,人民法院不予受理。

侵权人以已向未经法律授权的机关或者有关组织支付死亡赔偿金为理由,请求保险公司在交强险责任限额范围内予以赔偿的,人民法院不予支持。

被侵权人因道路交通事故死亡,无近亲属或者近亲属不明,支付被侵权人医疗费、丧葬费等合理费用的单位或者个人,请求保险公司在交强险责任限额范围内予以赔偿的,人民法院应予支持。

第二十七条 公安机关交通管理部门制作的交通事故认定书,人民法院应依法审查并确认其相应的证明力,但有相反证据推翻的除外。

五、关于适用范围的规定

第二十八条 机动车在道路以外的地方通行时引发的损害赔偿案件,可以参照适用本解释的规定。

第二十九条 本解释施行后尚未终审的案件,适用本解释;本解释施行前已经终审,当事人申请再审或者按照审判监督程序决定再审的案件,不适用本解释。

最高人民法院关于审理人身损害赔偿
案件适用法律若干问题的解释

法释〔2003〕20 号

为正确审理人身损害赔偿案件,依法保护当事人的合法权益,根据《中华人民共和国民法通则》(以下简称民法通则)、《中华人民共和国民事诉讼法》(以下简称民事诉讼法)等有关法律规定,结合审判实践,就有关适用法律的问题作如下解释:

第一条 因生命、健康、身体遭受侵害,赔偿权利人起诉请求赔偿义务人赔偿财产损失和精神损害的,人民法院应予受理。

本条所称"赔偿权利人",是指因侵权行为或者其他致害原因直接遭受人身损害的受害人、依法由受害人承担扶养义务的被扶养人以及死亡受害人的近亲属。

本条所称"赔偿义务人",是指因自己或者他人的侵权行为以及其他致害原因依法应当承担民事责任的自然人、法人或者其他组织。

第二条 受害人对同一损害的发生或者扩大有故意、过失的,依照民法通则第一百三十一条的规定,可以减轻或者免除赔偿义务人的赔偿责任。但侵权人因故意或者重大过失致人损害,受害人只有一般过失的,不减轻赔偿义务人的赔偿责任。

适用民法通则第一百零六条第三款规定确定赔偿义务人的赔偿责任时,受害人有重大过失的,可以减轻赔偿义务人的赔偿责任。

第三条 二人以上共同故意或者共同过失致人损害,或者虽无共同故意、共同过失,但其侵害行为直接结合发生同一损害后果的,构成共同侵权,应当依照民法通则第一百三十条规定承担连带责任。

二人以上没有共同故意或者共同过失,但其分别实施的数个行为间接结合发生同一损害后果的,应当根据过失大小或者原因力比例各自承担相应的赔偿责任。

第四条 二人以上共同实施危及他人人身安全的行为并造成损害后果,

不能确定实际侵害行为人的,应当依照民法通则第一百三十条规定承担连带责任。共同危险行为人能够证明损害后果不是由其行为造成的,不承担赔偿责任。

第五条 赔偿权利人起诉部分共同侵权人的,人民法院应当追加其他共同侵权人作为共同被告。赔偿权利人在诉讼中放弃对部分共同侵权人的诉讼请求的,其他共同侵权人对被放弃诉讼请求的被告应当承担的赔偿份额不承担连带责任。责任范围难以确定的,推定各共同侵权人承担同等责任。

人民法院应当将放弃诉讼请求的法律后果告知赔偿权利人,并将放弃诉讼请求的情况在法律文书中叙明。

第六条 从事住宿、餐饮、娱乐等经营活动或者其他社会活动的自然人、法人、其他组织,未尽合理限度范围内的安全保障义务致使他人遭受人身损害,赔偿权利人请求其承担相应赔偿责任的,人民法院应予支持。

因第三人侵权导致损害结果发生的,由实施侵权行为的第三人承担赔偿责任。安全保障义务人有过错的,应当在其能够防止或者制止损害的范围内承担相应的补充赔偿责任。安全保障义务人承担责任后,可以向第三人追偿。赔偿权利人起诉安全保障义务人的,应当将第三人作为共同被告,但第三人不能确定的除外。

第七条 对未成年人依法负有教育、管理、保护义务的学校、幼儿园或者其他教育机构,未尽职责范围内的相关义务致使未成年人遭受人身损害,或者未成年人致他人人身损害的,应当承担与其过错相应的赔偿责任。

第三人侵权致未成年人遭受人身损害的,应当承担赔偿责任。学校、幼儿园等教育机构有过错的,应当承担相应的补充赔偿责任。

第八条 法人或者其他组织的法定代表人、负责人以及工作人员,在执行职务中致人损害的,依照民法通则第一百二十一条的规定,由该法人或者其他组织承担民事责任。上述人员实施与职务无关的行为致人损害的,应当由行为人承担赔偿责任。

属于《国家赔偿法》赔偿事由的,依照《国家赔偿法》的规定处理。

第九条 雇员在从事雇佣活动中致人损害的,雇主应当承担赔偿责任;

雇员因故意或者重大过失致人损害的,应当与雇主承担连带赔偿责任。雇主承担连带赔偿责任的,可以向雇员追偿。

前款所称"从事雇佣活动",是指从事雇主授权或者指示范围内的生产经营活动或者其他劳务活动。雇员的行为超出授权范围,但其表现形式是履行职务或者与履行职务有内在联系的,应当认定为"从事雇佣活动"。

第十条　承揽人在完成工作过程中对第三人造成损害或者造成自身损害的,定作人不承担赔偿责任。但定作人对定作、指示或者选任有过失的,应当承担相应的赔偿责任。

第十一条　雇员在从事雇佣活动中遭受人身损害,雇主应当承担赔偿责任。雇佣关系以外的第三人造成雇员人身损害的,赔偿权利人可以请求第三人承担赔偿责任,也可以请求雇主承担赔偿责任。雇主承担赔偿责任后,可以向第三人追偿。

雇员在从事雇佣活动中因安全生产事故遭受人身损害,发包人、分包人知道或者应当知道接受发包或者分包业务的雇主没有相应资质或者安全生产条件的,应当与雇主承担连带赔偿责任。

属于《工伤保险条例》调整的劳动关系和工伤保险范围的,不适用本条规定。

第十二条　依法应当参加工伤保险统筹的用人单位的劳动者,因工伤事故遭受人身损害,劳动者或者其近亲属向人民法院起诉请求用人单位承担民事赔偿责任的,告知其按《工伤保险条例》的规定处理。

因用人单位以外的第三人侵权造成劳动者人身损害,赔偿权利人请求第三人承担民事赔偿责任的,人民法院应予支持。

第十三条　为他人无偿提供劳务的帮工人,在从事帮工活动中致人损害的,被帮工人应当承担赔偿责任。被帮工人明确拒绝帮工的,不承担赔偿责任。帮工人存在故意或者重大过失,赔偿权利人请求帮工人和被帮工人承担连带责任的,人民法院应予支持。

第十四条　帮工人因帮工活动遭受人身损害的,被帮工人应当承担赔偿责任。被帮工人明确拒绝帮工的,不承担赔偿责任;但可以在受益范围内予以适当补偿。

帮工人因第三人侵权遭受人身损害的,由第三人承担赔偿责任。第三人不能确定或者没有赔偿能力的,可以由被帮工人予以适当补偿。

第十五条 为维护国家、集体或者他人的合法权益而使自己受到人身损害,因没有侵权人、不能确定侵权人或者侵权人没有赔偿能力,赔偿权利人请求受益人在受益范围内予以适当补偿的,人民法院应予支持。

第十六条 下列情形,适用民法通则第一百二十六条的规定,由所有人或者管理人承担赔偿责任,但能够证明自己没有过错的除外:

(一) 道路、桥梁、隧道等人工建造的构筑物因维护、管理瑕疵致人损害的;

(二) 堆放物品滚落、滑落或者堆放物倒塌致人损害的;

(三) 树木倾倒、折断或者果实坠落致人损害的。

前款第(一)项情形,因设计、施工缺陷造成损害的,由所有人、管理人与设计、施工者承担连带责任。

第十七条 受害人遭受人身损害,因就医治疗支出的各项费用以及因误工减少的收入,包括医疗费、误工费、护理费、交通费、住宿费、住院伙食补助费、必要的营养费,赔偿义务人应当予以赔偿。

受害人因伤致残的,其因增加生活上需要所支出的必要费用以及因丧失劳动能力导致的收入损失,包括残疾赔偿金、残疾辅助器具费、被扶养人生活费,以及因康复护理、继续治疗实际发生的必要的康复费、护理费、后续治疗费,赔偿义务人也应当予以赔偿。

受害人死亡的,赔偿义务人除应当根据抢救治疗情况赔偿本条第一款规定的相关费用外,还应当赔偿丧葬费、被扶养人生活费、死亡补偿费以及受害人亲属办理丧葬事宜支出的交通费、住宿费和误工损失等其他合理费用。

第十八条 受害人或者死者近亲属遭受精神损害,赔偿权利人向人民法院请求赔偿精神损害抚慰金的,适用《最高人民法院关于确定民事侵权精神损害赔偿责任若干问题的解释》予以确定。

精神损害抚慰金的请求权,不得让与或者继承。但赔偿义务人已经以书面方式承诺给予金钱赔偿,或者赔偿权利人已经向人民法院起诉的除外。

第十九条　医疗费根据医疗机构出具的医药费、住院费等收款凭证,结合病历和诊断证明等相关证据确定。赔偿义务人对治疗的必要性和合理性有异议的,应当承担相应的举证责任。

医疗费的赔偿数额,按照一审法庭辩论终结前实际发生的数额确定。器官功能恢复训练所必要的康复费、适当的整容费以及其他后续治疗费,赔偿权利人可以待实际发生后另行起诉。但根据医疗证明或者鉴定结论确定必然发生的费用,可以与已经发生的医疗费一并予以赔偿。

第二十条　误工费根据受害人的误工时间和收入状况确定。

误工时间根据受害人接受治疗的医疗机构出具的证明确定。受害人因伤致残持续误工的,误工时间可以计算至定残日前一天。

受害人有固定收入的,误工费按照实际减少的收入计算。受害人无固定收入的,按照其最近三年的平均收入计算;受害人不能举证证明其最近三年的平均收入状况的,可以参照受诉法院所在地相同或者相近行业上一年度职工的平均工资计算。

第二十一条　护理费根据护理人员的收入状况和护理人数、护理期限确定。

护理人员有收入的,参照误工费的规定计算;护理人员没有收入或者雇佣护工的,参照当地护工从事同等级别护理的劳务报酬标准计算。护理人员原则上为一人,但医疗机构或者鉴定机构有明确意见的,可以参照确定护理人员人数。

护理期限应计算至受害人恢复生活自理能力时止。受害人因残疾不能恢复生活自理能力的,可以根据其年龄、健康状况等因素确定合理的护理期限,但最长不超过二十年。

受害人定残后的护理,应当根据其护理依赖程度并结合配制残疾辅助器具的情况确定护理级别。

第二十二条　交通费根据受害人及其必要的陪护人员因就医或者转院治疗实际发生的费用计算。交通费应当以正式票据为凭;有关凭据应当与就医地点、时间、人数、次数相符合。

第二十三条 住院伙食补助费可以参照当地国家机关一般工作人员的出差伙食补助标准予以确定。

受害人确有必要到外地治疗,因客观原因不能住院,受害人本人及其陪护人员实际发生的住宿费和伙食费,其合理部分应予赔偿。

第二十四条 营养费根据受害人伤残情况参照医疗机构的意见确定。

第二十五条 残疾赔偿金根据受害人丧失劳动能力程度或者伤残等级,按照受诉法院所在地上一年度城镇居民人均可支配收入或者农村居民人均纯收入标准,自定残之日起按二十年计算。但六十周岁以上的,年龄每增加一岁减少一年;七十五周岁以上的,按五年计算。

受害人因伤致残但实际收入没有减少,或者伤残等级较轻但造成职业妨害严重影响其劳动就业的,可以对残疾赔偿金作相应调整。

第二十六条 残疾辅助器具费按照普通适用器具的合理费用标准计算。伤情有特殊需要的,可以参照辅助器具配制机构的意见确定相应的合理费用标准。

辅助器具的更换周期和赔偿期限参照配制机构的意见确定。

第二十七条 丧葬费按照受诉法院所在地上一年度职工月平均工资标准,以六个月总额计算。

第二十八条 被扶养人生活费根据扶养人丧失劳动能力程度,按照受诉法院所在地上一年度城镇居民人均消费性支出和农村居民人均年生活消费支出标准计算。被扶养人为未成年人的,计算至十八周岁;被扶养人无劳动能力又无其他生活来源的,计算二十年。但六十周岁以上的,年龄每增加一岁减少一年;七十五周岁以上的,按五年计算。

被扶养人是指受害人依法应当承担扶养义务的未成年人或者丧失劳动能力又无其他生活来源的成年近亲属。被扶养人还有其他扶养人的,赔偿义务人只赔偿受害人依法应当负担的部分。被扶养人有数人的,年赔偿总额累计不超过上一年度城镇居民人均消费性支出额或者农村居民人均年生活消费支出额。

第二十九条 死亡赔偿金按照受诉法院所在地上一年度城镇居民人均可支配收入或者农村居民人均纯收入标准,按二十年计算。但六十周岁以上的,年龄每增加一岁减少一年;七十五周岁以上的,按五年计算。

第三十条 赔偿权利人举证证明其住所地或者经常居住地城镇居民人均可支配收入或者农村居民人均纯收入高于受诉法院所在地标准的,残疾赔偿金或者死亡赔偿金可以按照其住所地或者经常居住地的相关标准计算。

被扶养人生活费的相关计算标准,依照前款原则确定。

第三十一条 人民法院应当按照民法通则第一百三十一条以及本解释第二条的规定,确定第十九条至第二十九条各项财产损失的实际赔偿金额。

前款确定的物质损害赔偿金与按照第十八条第一款规定确定的精神损害抚慰金,原则上应当一次性给付。

第三十二条 超过确定的护理期限、辅助器具费给付年限或者残疾赔偿金给付年限,赔偿权利人向人民法院起诉请求继续给付护理费、辅助器具费或者残疾赔偿金的,人民法院应予受理。赔偿权利人确需继续护理、配制辅助器具,或者没有劳动能力和生活来源的,人民法院应当判令赔偿义务人继续给付相关费用五至十年。

第三十三条 赔偿义务人请求以定期金方式给付残疾赔偿金、被扶养人生活费、残疾辅助器具费的,应当提供相应的担保。人民法院可以根据赔偿义务人的给付能力和提供担保的情况,确定以定期金方式给付相关费用。但一审法庭辩论终结前已经发生的费用、死亡赔偿金以及精神损害抚慰金,应当一次性给付。

第三十四条 人民法院应当在法律文书中明确定期金的给付时间、方式以及每期给付标准。执行期间有关统计数据发生变化的,给付金额应当适时进行相应调整。

定期金按照赔偿权利人的实际生存年限给付,不受本解释有关赔偿期限的限制。

第三十五条 本解释所称"城镇居民人均可支配收入"、"农村居民人均纯收入"、"城镇居民人均消费性支出"、"农村居民人均年生活消费支出"、"职工平均工资"，按照政府统计部门公布的各省、自治区、直辖市以及经济特区和计划单列市上一年度相关统计数据确定。

"上一年度"，是指一审法庭辩论终结时的上一统计年度。

第三十六条 本解释自 2004 年 5 月 1 日起施行。2004 年 5 月 1 日后新受理的一审人身损害赔偿案件，适用本解释的规定。已经作出生效裁判的人身损害赔偿案件依法再审的，不适用本解释的规定。

在本解释公布施行之前已经生效施行的司法解释，其内容与本解释不一致的，以本解释为准。

最高人民法院公告

《最高人民法院关于审理交通肇事刑事案件具体应用法律若干问题的解释》已于 2000 年 11 月 10 日由最高人民法院审判委员会第 1136 次会议通过,现予公布,自 2000 年 11 月 21 日起施行。

最高人民法院

二〇〇〇年十一月十五日

最高人民法院关于审理交通肇事刑事案件具体应用法律若干问题的解释

法释〔2000〕33 号

为依法惩处交通肇事犯罪活动,根据刑法有关规定,现将审理交通肇事刑事案件具体应用法律的若干问题解释如下:

第一条 从事交通运输人员或者非交通运输人员,违反交通运输管理法规发生重大交通事故,在分清事故责任的基础上,对于构成犯罪的,依照刑法第一百三十三条的规定定罪处罚。

第二条 交通肇事具有下列情形之一的,处三年以下有期徒刑或者拘役:

(一)死亡一人或者重伤三人以上,负事故全部或者主要责任的;

(二)死亡三人以上,负事故同等责任的;

(三)造成公共财产或者他人财产直接损失,负事故全部或者主要责任,无能力赔偿数额在三十万元以上的。

交通肇事致一人以上重伤,负事故全部或者主要责任,并具有下列情形之一的,以交通肇事罪定罪处罚:

(一)酒后、吸食毒品后驾驶机动车辆的;

(二)无驾驶资格驾驶机动车辆的;

（三）明知是安全装置不全或者安全机件失灵的机动车辆而驾驶的；

（四）明知是无牌证或者已报废的机动车辆而驾驶的；

（五）严重超载驾驶的；

（六）为逃避法律追究逃离事故现场的。

第三条　"交通运输肇事后逃逸"，是指行为人具有本解释第二条第一款规定和第二款第（一）至（五）项规定的情形之一，在发生交通事故后，为逃避法律追究而逃跑的行为。

第四条　交通肇事具有下列情形之一的，属于"有其他特别恶劣情节"，处三年以上七年以下有期徒刑：

（一）死亡二人以上或者重伤五人以上，负事故全部或者主要责任的；

（二）死亡六人以上，负事故同等责任的；

（三）造成公共财产或者他人财产直接损失，负事故全部或者主要责任，无能力赔偿数额在六十万元以上的。

第五条　"因逃逸致人死亡"，是指行为人在交通肇事后为逃避法律追究而逃跑，致使被害人因得不到救助而死亡的情形。

交通肇事后，单位主管人员、机动车辆所有人、承包人或者乘车人指使肇事人逃逸，致使被害人因得不到救助而死亡的，以交通肇事罪的共犯论处。

第六条　行为人在交通肇事后为逃避法律追究，将被害人带离事故现场后隐藏或者遗弃，致使被害人无法得到救助而死亡或者严重残疾的，应当分别依照刑法第二百三十二条、第二百三十四条第二款的规定，以故意杀人罪或者故意伤害罪定罪处罚。

第七条　单位主管人员、机动车辆所有人或者机动车辆承包人指使、强令他人违章驾驶造成重大交通事故，具有本解释第二条规定情形之一的，以交通肇事罪定罪处罚。

第八条　在实行公共交通管理的范围内发生重大交通事故的，依照刑法第一百三十三条和本解释的有关规定办理。

在公共交通管理的范围外，驾驶机动车辆或者使用其他交通工具致人伤亡或者致使公共财产或者他人财产遭受重大损失，构成犯罪的，分别依照刑法第一百三十四条、第一百三十五条、第二百三十三条等规定定罪处罚。

  第九条　各省、自治区、直辖市高级人民法院可以根据本地实际情况,在三十万元至六十万元、六十万元至一百万元的幅度内,确定本地区执行本解释第二条第一款第(三)项、第四条第(三)项的起点数额标准,并报最高人民法院备案。

最高人民法院关于醉酒驾车
犯罪法律适用问题的意见

（2009 年 9 月 11 日　法发〔2009〕47 号）

为依法严肃处理醉酒驾车犯罪案件，统一法律适用标准，充分发挥刑罚惩治和预防犯罪的功能，有效遏制酒后和醉酒驾车犯罪的多发、高发态势，切实维护广大人民群众的生命健康安全，有必要对醉酒驾车犯罪法律适用问题作出统一规范。

一、准确适用法律，依法严惩醉酒驾车犯罪

刑法规定，醉酒的人犯罪，应当负刑事责任。行为人明知酒后驾车违法、醉酒驾车会危害公共安全，却无视法律醉酒驾车，特别是在肇事后继续驾车冲撞，造成重大伤亡，说明行为人主观上对持续发生的危害结果持放任态度，具有危害公共安全的故意。对此类醉酒驾车造成重大伤亡的，应依法以危险方法危害公共安全罪定罪。

2009 年 9 月 8 日公布的两起醉酒驾车犯罪案件中，被告人黎景全和被告人孙伟铭都是在严重醉酒状态下驾车肇事，连续冲撞，造成重大伤亡。其中，黎景全驾车肇事后，不顾伤者及劝阻他的众多村民的安危，继续驾车行驶，致 2 人死亡，1 人轻伤；孙伟铭长期无证驾驶，多次违反交通法规，在醉酒驾车与其他车辆追尾后，为逃逸继续驾车超限速行驶，先后与 4 辆正常行驶的轿车相撞，造成 4 人死亡、1 人重伤。被告人黎景全和被告人孙伟铭在醉酒驾车发生交通事故后，继续驾车冲撞行驶，其主观上对他人伤亡的危害结果明显持放任态度，具有危害公共安全的故意。二被告人的行为均已构成以危险方法危害公共安全罪。

二、贯彻宽严相济刑事政策，适当裁量刑罚

根据刑法第一百一十五条第一款的规定，醉酒驾车，放任危害结果发生，造成重大伤亡事故，构成以危险方法危害公共安全罪的，应处以十年以上有期徒刑、无期徒刑或者死刑。具体决定对被告人的刑罚时，要综合考虑此类犯罪的性质、被告人的犯罪情节、危害后果及其主观恶性、人身危险性。一般情况下,醉酒驾车构成本罪的,行为人在主观上并不希望、也不追求危害结果的发生,属于间接故意犯罪,行为的主观恶性与以制造事端为目的而恶意驾车撞人并造成重大伤亡后果的直接故意犯罪有所不同,因此,在决定刑罚时,也应当有所区别。此外,醉酒状态下驾车,行为人的辨认和控制能力实际有所减弱,量刑时也应酌情考虑。

被告人黎景全和被告人孙伟铭醉酒驾车犯罪案件,依法没有适用死刑,而是分别判处无期徒刑,主要考虑到二被告人均系间接故意犯罪,与直接故意犯罪相比,主观恶性不是很深,人身危险性不是很大;犯罪时驾驶车辆的控制能力有所减弱;归案后认罪、悔罪态度较好,积极赔偿被害方的经济损失,一定程度上获得了被害方的谅解。广东省高级人民法院和四川省高级人民法院的终审裁判对二被告人的量刑是适当的。

三、统一法律适用,充分发挥司法审判职能作用

为依法严肃处理醉酒驾车犯罪案件,遏制酒后和醉酒驾车对公共安全造成的严重危害,警示、教育潜在违规驾驶人员,今后,对醉酒驾车,放任危害结果的发生,造成重大伤亡的,一律按照本意见规定,并参照附发的典型案例,依法以以危险方法危害公共安全罪定罪量刑。

为维护生效裁判的既判力,稳定社会关系,对于此前已经处理过的将特定情形的醉酒驾车认定为交通肇事罪的案件,应维持终审裁判,不再变动。

本意见执行中有何情况和问题,请及时层报最高人民法院。